스타트업 101
STARTUPS 101

스타트업 101

STARTUPS 101

하세가와 가쓰야 지음

차용욱 · 윤석주 옮김

미래 성장 동력과 혁신의 아이콘
스타트업 창업과 경영의 기초 입문서

도쿄대 최고의
스타트업 강의!

이 책은 도쿄대 학생을 대상으로 하는 '앙트러프러너십Entrepreneurship [1]' 과목 및 특별강좌인 '도쿄대학 앙트러프러너 스쿨 Entrepreneur School [2]'의 수업 교재입니다. 처음 '앙트러프로너십' 과목은 공학부 공통 과목으로 개설되었지만, 2016년부터는 대학원 과목으로도 지정되어 도쿄대 내 10개 학부, 15개 대학원 연구실 소속 학생들을 대상으로도 강의를 진행하고 있습니다. 2005년부터 시작한 '앙트러프러너 스쿨' 역시 처음에는 학부생과 대학원생을 대상으로 했지만, 지금은 수강 신청이 자유로워져 박사 후 과정Post Doc. 학생이나 교직원들도 수강하고 있습니다.

도쿄대에서 창업가정신을 교육하는 목적은 이 세상에 경제적으로 크게 영향을 줄 수 있는 스타트업을 창업할 만한, 뛰어난 역량을 가진 창업가를 배출하기 위해서입니다. 여전히 경제 발전의 중심 역할을 대기업이 주도해야 한다는 의견이 많지만, 그러한 대기업 역시

---

1) Entrepreneurship : 창업가정신(創業家精神). 외부환경 변화에 민감하게 대응하면서 항상 기회를 추구하고, 그 기회를 잡기 위해 혁신적인 사고와 행동을 하고, 그로 인해 시장에 새로운 가치를 창조하고자 하는 생각과 의지를 말한다.(출처: 위키피디아)
2) 정식 명칭은 '도쿄대학 앙트러프러너 도장(道場)'이다.

처음 사업을 시작할 때는 작은 회사였습니다. 미래의 경제 발전을 생각한다면, 다음 세대에 대기업으로 성장할 수 있는 새로운 기업이 계속 생겨나야 하고, 이러한 기업을 만들 우수한 창업가를 배출하는 것이야말로 대학의 사회적 큰 사명입니다.

목차에서 보다시피, 이 책은 비즈니스 경험이나 경영 지식이 부족한 사람들을 대상으로 하며 큰 회사로 키우겠다는 목표를 가지고 새로운 비즈니스를 시작할 때 알아두어야 할 여러 가지 지식이나 방법을 담고 있습니다. 학생, 특히 공학, 자연과학, 인문과학 전공 학생들은 비즈니스 실무를 경험할 기회가 부족하므로 이 책을 통해 그 기초 지식을 익힐 필요가 있습니다.

그러나 이 책에 쓰여 있는 지식을 익힌다고 반드시 창업가가 되는 것은 아니며, 회사를 바로 경영할 수 있는 것도 아닙니다. 이 책에서는 새로운 비즈니스 아이디어를 발굴하는 방법이나 창업 멤버를 모으는 방법에 대해서 언급하지 않습니다. 성공한 많은 창업가는 사회적인 문제를 발견하고, 이를 해결하기 위해 지금까지 없던 새로운 방법이나 획기적인 신제품을 만들어 내놓았지만, 이 책에는 사회 문제를 발견하는 법이나 신제품 기획 방법에 대한 내용도 없습니다.

또, 창업가는 여러 제약 조건하에서 사업을 해야 하는데, 이 책은 창업가가 직면한 불확실성이나 리스크를 관리하는 방법에 대한 솔루션도 담고 있지 않습니다.

그렇다고 걱정할 필요는 없습니다. '앙트러프러너십' 과목과 '앙트러프러너 스쿨'의 수강생 중 내가 기필코 해결하고야 말겠다는 사회문제를 발견한 사람은 극소수에 불과합니다. 대부분은 창업에 흥미는 있지만, 나만의 비즈니스 아이디어를 갖고 있지 않거나 창업 후 실패에 대한 불안감을 가지고 있습니다. 또한 부모님이나 주위 친척 모두 정년까지 회사에 다니는 것을 당연시하는 환경에서 자랐거나 학교 선배들도 졸업 후 모두 대기업에 취직하는 분위기라면, 창업이나 창업가정신이라는 단어들은 비록 많이 들어봤을지라도 나와 상관없는 일이라고 여기는 것이 당연할 것입니다. 저 역시 강의시간에 수강생에게 '벤처만이 살 길이다'라고 주장하거나 강요하지 않습니다.

이 세상에는 사장이 되고 싶어 창업하는 사람도 있고 샐러리맨으로 있다가 도저히 다른 사람 밑에서 일하지 못하겠다고 창업한 사람도 있습니다. 이 책은 창업가 기질을 타고난 사람을 위한 책이 아닙니다. 오히려 '창업이나 창업가정신은 나와 상관없다'고 생각하는 사람들에게 필요한 책입니다. 왜냐하면 다가올 미래에는 그 누구라도 창업이 인생에서 중요한 선택 옵션 중 하나가 되기 때문입니다.

큰 조직에 속한 개인이 자기가 하고 싶은 것을 마음껏 해보는 것은 불가능에 가깝습니다. 지금까지 없던 새로운 것을 만들어내고자 하는 경우, 기존 조직 안에서는 여러 가지 제약 때문에 오히려 새롭게 조직을 만들어 시작하는 것이 쉬운 경우가 많습니다. 대기업에 취직하거나 대학원에 진학하는 학생들도 언젠가 자기가 하고 싶은 일을 발견했을 때, 창업이라는 옵션을 선택할 수 있도록 학창시절부터 창업가정신이나 비즈니스 기초 지식을 익혀 두어야 합니다.

나아가 이 책은 학창시절에 창업이나 창업가정신에 대해 생각해볼 기회도 없이 취업한 대다수의 직장인들에게도 의미가 있습니다. 다가올 미래에는 창업을 커리어의 선택지로서 누구나 염두에 둘 필요가 있습니다. 실제로 창업을 해야겠다는 생각을 학창시절보다 사회에 나온 후 하는 경우가 많고, 성공 확률도 그 편이 더 높기 때문입니다.

이 책 앞부분에서 설명하는 스타트업의 사고방식은 실제로 직접 창업해보지 않고 단지 읽는 것만으로는 깨닫지 못하겠지만, 뒷부분의 주식이나 자금 조달에 대한 부분은 미리 공부해 놓으면 좋을 것입니다. 회사 경영에서 회계나 법적인 실무 내용은 전문가에게 자문을 구하면 됩니다. 그러나 사업 계획 수립이나 자금 조달 방법 등은 창업자가 반드시 알아야 할 매우 중요한 부분입니다.

특히 스타트업을 창업해 큰 회사로 성장시키겠다는 목표가 있다면 일반적인 경영과는 다른 사고방식이 필요합니다. 이 책은 창업이라는 옵션을 고려할 때 반드시 알아야 할 사항을 얇지만 폭넓게 다루었습니다. 또한 실제 창업가들이 '창업 전에 알았다면 이렇게 고생하지 않았을 텐데'라고 말하는 생생한 경험에서 비롯된 여러 가지 피드백도 담았습니다.

그러나 이 책만으로 창업이나 회사 경영에 필요한 기초 지식을 전부 학습하는 것은 불가능합니다. 이 책의 목적은 '내가 창업을 한다면 무엇을 알고 있어야 하는가?', '무엇을 공부해야 하는가? 누구에게 무엇을 물어보아야 하는가?'를 이해할 수 있도록 돕는 것입니다. 이 책을 통해 누구라도 창업이나 스타트업에 흥미를 가질 수 있다면, 그리고 여러분이 언젠가 창업할 시점에 떠올릴 수 있는 책이 된다면 저자로서는 큰 기쁨이 될 것입니다.

세계적인 명문대이자 일본 최고의 대학인 도쿄대는 어떻게 스타트업을 가르칠까? 따라가기에 급급하던 한국 경제가 어느새 특정 분야는 일본을 넘어섰다는 평이 나오고 첨예한 무역 전쟁에 촉각을 기울이고 있는 지금, 미래에 투자하는 스타트업인(人)들은 무엇을 생각하고 준비해야 할까? 우리 역자들은 이 책을 통해 스타트업 창업과 관련된 다양한 사례와 특성을 살펴보고, 한국 독자들에게 소개하고자 하였다.

일본의 유명 벤처 캐피털인 파나소닉 벤처스 창립 멤버로, 실리콘밸리에서 오랜 기간 미국 스타트업에 투자 업무를 해온 저자는 비판적이고 날카로운 시각으로 스타트업 창업 문화와 특징을 소개하는 한편, 창업 생태계에 대한 이해를 넓힐 수 있도록 창업을 꿈꾸는 예비 창업자들에게 깊이 있는 통찰력을 제공하고 있다.

이 책은 스타트업에 대한 개념을 이해하고, 어떻게 운영되는지 파악하는 데 큰 도움이 되는 가장 기초적인 입문서이다. 스타트업 창업뿐 아니라 주식회사 등 회사 설립과 운영에 대한 기초 지식을 쌓는 데 많은 도움이 될 것이다. 특히, 기업에 대해 배우는 경영 전공 학생은 물론 스타트업에 관심 있는 일반인 및 비전공자들까지도 다양한 사례와 도표를 통해 창업의 기초를 다질 수 있도록 구성되어 있다.

창업은 하이 테크놀로지나 특허 기술뿐만 아니라, 혁신적인 아이디어와 콘텐츠로 비즈니스 모델을 구축할 수 있다면 충분히 가능하다. 당신이 하고 있는 업무나 경험하는 일상 생활 중에 불편하고 힘든 일을 찾는 것부터가 그 여정의 시작이다. 그리고 생각에만 그치는 것이 아니라, 실행하는 사람만이 성공을 향한 위대한 첫 발을 뗄 수 있다. 실험하며 실패하고 다시 도전하는 것, 이것이 바로 창업가정신이다. 창업과 관련된 학과 강의서는 물론이고, 실제 스타트업 현장에서 필요한 다양한 정보를 담고 있는 이 책은 직장인들의 실무서로서도 의미가 있다.

북유럽 스타트업의 산실인 핀란드 알토대Aalto Univ.에서 함께 수학했던 우리 역자는 창업가정신을 가지고 직접 도쿄대 학교 현장 및 저자 방문 인터뷰를 통해 도쿄대 스타트업 창업 지원 시스템에 대해 보다 심층적인 리서치를 했고, 이를 책 말미에 보완함으로써 보다 현실감 있고 체계적인 정보를 제공하고자 했다. 특히, 우리나라와 유사하게 일본도 전반적인 사회 분위기가 안정적인, 즉 창업보다는 취업, 스타트업보다는 대기업을 선호하고 리스크를 부담스러워하는 특성이 있다. 하지만 스타트업 창업에 도전하지 못하던 사회 분위기가 이제 서서히 바뀌고 있음을 감지할 수 있다.

우리나라의 많은 젊은이들은 창업에 관심을 갖고 있음에도 불구하고 막상 실현하기 어려운 사회 구조에 발목이 잡혀 있다. 그로 인해 첫발자국을 떼지 못하고 주저하고 있다면, 이 책을 통해 기초 지식을 쌓아 보다 더 큰 세상으로 나아가는 계기가 되길 바라며, 그들이 우리 사회를 이끌어 갈 혁신의 아이콘으로 성장할 수 있기를 기대해본다.

서　론

Chapter 1

서론

먼저 1장에서는 왜 모두가 창업이라는 옵션을 알아둘 필요가 있는지 설명함과 동시에 도쿄대의 창업가정신Entrepreneurship 과정에 대해 알아볼 것이다.

왜 창업가정신이 중요한가?

사전에서 'Entrepreneurship'을 찾아보면 '창업가로 있는 것, 창업가로서의 활동, 창업가정신'이라고 나와 있다. 일반적으로 앙트러프러너십은 어떠한 형태로 새로운 사업(비즈니스)를 벌이는 것 또는 그때에 필요한 마음가짐이나 스킬을 말한다.

이 세상에는 단순히 사장이라는 명함을 갖고 싶어 회사를 차린 사람도 있고, 다른 사람 밑에서 일하는 것이 싫어서 창업하는 사람도 있다. 부자가 되고 싶어서 창업하는 사람도 물론 있을 것이다. 이런 사람들에게 '왜 창업가정신이 중요한가?'라는 질문은 별로 의미가 없을지도 모르지만, 이 책이 주요 대상으로 삼는 독자는 '창업이나 창업가정신은 나와 상관없다'고 생각하는 사람들이다.

새로운 비즈니스를 시작하는 것이 반드시 새로운 회사의 창업만을 의미하는 것은 아니다. 기존 기업이 새로운 비즈니스를 시작하는 경우에도 창업가정신은 중요하다 하지만 이 책에서는 창업을 통해 비즈니스를 새롭게 시작하는 경우를 다루고자 한다.

많은 사람들에게 창업이나 창업가정신은 자신과 상관없는 다른 세상 이야기일 수도 있다. 그동안 앙트러프러너 스쿨에서 강의하면서 '저는 이 수업을 듣기 전까지 창업하려는 많은 사람들이 무언가 착각 속에 살고 있는 것은 아닐까 생각했습니다'라는 한 학생의 강의 후기를 접한 적이 있다. 그럴 수도 있겠다고 생각한다. 특히, 가족들이 대기업에 입사해 정년퇴직 때까지 다니기를 바라고 있으며 학교 선배들은 전부 알 만한 유명한 회사에 취직하고 주위 친구들 역시 이름 있는 기업을 목표로 구직 활동을 하고 있는 환경이라면, 창업하겠다는 사람을 이상한 사람으로 취급하거나 인생을 놓고 위험하게 도박을 하는 사람이라고 생각할 수도 있다.

그러나 그 어떠한 대기업이라도 초창기는 작은 회사였다. 대학 졸업 후 모두 대기업에 들어가려고만 하고 창업할 사람이 없다면, 우리 다음 세대에 대기업이 될 수 있는 새로운 기업은 없을 것이다.

대다수가 들어가기 바라는 그 대기업도 회사를 세운 창업자가 있었다. 창업을 계속하지 않으면 경제는 발전할 수 없다.

강의 중 이런 이야기를 하면 이렇게 말하는 학생이 있을지도 모른다.

"물론 일반적인 논리로는 그럴지도 모릅니다. 그러나 그게 저랑 무슨 상관인가요? 짧은 기간에 큰돈을 벌고 싶은 사람이라면 창업을 할 수도 있겠지만, 저는 대기업에 입사하는 것을 더 선호합니다. 매달 월급을 받아 여유 있고 안정적인 삶을 이어갈 수 있다면 굳이 큰 부자가 되지 않아도 좋습니다. 좋은 사업 아이디어도 없고 무작정 창업했다가 실패할 수도 있는데 리스크를 지고 싶지는 않습니다."

누군가 창업이라는 옵션을 선택해야 할 필요성

곧 사회에 진출할 학생들이 창업이나 창업가정신을 배우고 졸업하면 좋겠지만 그렇다고 모두가 지금 당장 창업을 해야 한다는 뜻은 아니다. 언젠가 자신의 인생을 걸고 하고 싶은 것을 발견했을 때, 바로 그때가 창업을 해야 할 시점이라고 생각한다.

물론 '창업을 하지 않으면 자신이 하고 싶은 것을 할 수 없다'고 말하는 것도 아니다. 세상의 진리를 추구하고 싶은 사람은 연구자의 길을 가는 것이 자연스럽고, 지역이나 국가 발전을 위해 일하고 싶은 사람은 공무원이나 정치가가 되는 것이 옳은 길이다. 무엇을 창조하는 것보다 조직 내에서 묵묵히 일하며 이 사회를 지탱하고 싶다고 느끼는 사람은 그렇게 일하는 것이 자기가 하고 싶은 것을 찾는 최선의 길일 수도 있다.

그러나 이제껏 세상에 없던 새로운 것을 만들어 내고 싶다면 창업이 가장 바람직한 선택이다. 일반적으로 순조롭게 성장하고 있는 회사일지라도 조직 안에서 자기 뜻대로 혹은 자신의 방식대로 일하기란 매우 어렵다. 특히 지금까지 세상에 없던 새로운 무언가를 만들고 싶을 때, 즉 이노베이션을 일으키고자 할 때 많은 제약이 있는 기존 조직 안에서는 그것을 실행하기 어려운 것이 현실이다. 이럴 때 기존 조직에서 뛰쳐나와 새로운 무언가를 만드는 사람, 즉 창업을 시도하는 사람이 자기가 하고 싶은 것을 할 수 있는 가능성이 크다. 기존 조직 안에서 새로운 것을 시도할 때는 기존에 있는 구조를 바꾸기 위한 많은 노력을 해야만 한다. 진정으로 자기 인생을 걸어볼 만큼 하고 싶은 것을 발견한다면, 다른 그 무엇보다 새로운 무언가를 만들어 내는 데에만 자신의 노력을 쏟아붓고 집중해야 한다. 새 술은 새 부대에 담아야 한다.

도쿄대 '앙트러프러너 스쿨' 수강생 중에 취업 대신 창업을 하겠다는 사람은 극히 소수에 불과하다. 졸업생 중 대다수는 다른 학생들처럼 취업을 한다. 창업을 하지 않는 이유는 여러 가지겠지만, 대개는 처음부터 진지하게 창업을 고려하지 않는다. 그러나 스쿨 출신 졸업생 중에는 몇 년간 직장 생활을 하다가 자기가 하고 싶은 것을 찾아 창업하는 사람도 적지 않다. 이들이 시작한 비즈니스의 핵심이 스쿨 수업을 들으며 생각한 것은 아니겠지만, 그 시기에 익힌 창업이라는 진로 선택 옵션과 창업의 기초 지식을 머릿속에 담아 놓았던 것이 잘 다니던 직장을 그만두고 창업을 결심한 데 큰 영향을 주었다고 생각한다.

이러한 스쿨 출신 졸업생을 보노라면, 원래 창업할 수 있을 만큼 충분한 능력을 지녔으면서도 창업이라는 선택지가 나에게 어떤 의미인지 모른 채 큰 조직 안에서 힘겨워하는 졸업생이 많지 않을까 하는 생각이 든다. 모든 졸업생이 창업가가 될 거라고 또는 그 길을 가고 있다고 생각지는 않지만, 적어도 자신의 커리어상에 창업이라는 선택지가 있다는 것을 강의를 듣는 모든 학생이 알았으면 한다. 물론 학창시절에 그러한 선택지가 있다는 것을 알 기회가 없었던 사회인들도 결코 늦은 것이 아니다.

창업가가 창업을 결심하는 시점은 다양하다. 자기 인생을 통틀어 정말로 하고 싶은 것을 발견했을 때일 수도 있고, 함께 창업할 동료를 만났을 때일 수도 있다. 제품이나 서비스를 만들어 본 후 비즈니스가 될 것 같다는 반응을 느꼈을 때일 수도 있고, 지원을 통해 초기 자금을 확보함으로써 미래에 성장 가능성이 있겠다는 판단이 들었을 때일 수도 있다. 학생 신분으로 취업 대신 창업을 하는 경우도 있겠지만, 대부분 창업을 결심하는 시점은 사회인으로서 일하는 중에 찾아오는 경우가 많다. 현재 하고 있는 일에 염증을 느낀다든가 창업 외에 다른 선택지가 없다는 소극적인 이유도 있을 것이다. 언제가 적정한 창업 시점일지는 사람마다 다르고, 그 시점도 알 수 없다. 다만 그때가 오면 언제라도 창업할 수 있도록 마음가짐을 미리 준비하며 본인의 역량을 키우고 있어야 한다.

창업 리스크 vs 직장인 리스크

많은 사람들이 '창업은 나와 상관없다'고 생각하는 이유 중 하나로 창업이 대기업에 다니는 것보다 리스크가 훨씬 크다고 생각하기 때문일 것이다. 과연 사실일까?

회사는 규모가 클수록 독자적인 사회를 형성한다. 그 속에 오랫동안 정체되어 있으면 점점 그 회사에서만 통용되는 사람이 되어간다. 특히 이런 성향을 가진 많은 사람들은 구직활동을 이른바 '일자리를 찾는 것'이라기보다는 '내가 오래 있을 사회를 찾는 것'으로 인식하는 경향이 있다. 20대에 들어간 회사가 40~50년 동안 순조롭게 성장해간다면 문제없겠지만, 현실은 그렇지 않다. 몇십 년 이상 한 회사에서 근무하는 동안 점점 회사 밖에서는 쓸모없어진 사람이 사오십대가 되어 평생직장으로 생각했던 회사를 나올 수밖에 없게 된다면 그때 감당해야 할 리스크는 매우 클 수밖에 없을 것이다.

창업에 리스크가 없다고 말하는 것은 물론 아니다. 단기적으로 생각하면, 창업한 사람이 실패할 가능성이 대기업에 취직한 사람이 일자리를 잃을 가능성보다 큰 것은 부정할 수 없는 사실이다.

그러나 창업가는 한 회사가 아니라 이 사회에서 필요한 비즈니스 스킬이나 능력을 익히고, 다양한 조직의 사람들과 네트워크를 구축한 사람이라 할 수 있다. 자기 비즈니스를 하려는 사람은 필연적으로 제품이나 서비스를 만들어 고객에게 팔고, 그 과정에서 고객이나 자금 제공자 또는 다양한 파트너들과도 일을 잘 해나가는 능력이 몸에 배어 있기 마련이다. 대기업에 입사한 사람은 손에 그 '회사(社)'의 명함을 든 데 반해, 창업한 사람은 진정한 의미의 '일자리(職)'를 가지고 있다고 말할 수 있다. 창업가는 단기적으로 보면 사업 실패 리스크가 높겠지만 일을 잘해 나갈 능력을 갖추고 있을 가능성이 높아 오히려 오래 일할 가능성 또한 높다고 할 수 있다. 결국, 다가올 미래 사회에서 그 사람 인생 전체로 본다면, 한 회사에 오랫동안 근무하다가 사오십대가 되었을 때 다니던 회사로부터 방출될 리스크가 창업해서 실패할 리스크[1]보다 클 것이다.

혹시 부모님이나 조부모님이 한 회사에서 정년까지 다닌 후 충분한 퇴직금을 받아 우아한 노년을 보내고 있다면, 그것은 20세기 후

---

[1] 창업을 할 때, 감당하기 쉽지 않아 조심해야 할 리스크도 있다. 실패할 가능성이 높은 창업을 할 때, 규모가 큰 사업 자금을 금융권에서 융자나 투자를 받지 않고 창업가 자기 소유 자금으로 직접 충당하는 것은 창업가가 감당하기 힘든 리스크 중 하나다. 이것을 이해하기 위해 이 책으로 올바른 지식을 익혀놓길 바란다.

반을 산 사람들의 특별한 경우이다. 그 좋았던 시대로 돌아가고 싶은 사람이 많을지도 모르지만, 이제는 돌아갈 수 없다. 물론 모든 기업은 지속적인 성장을 목적으로 하고 있다. 많은 회사가 그런 목적을 가졌겠지만, 실제로 30~40년 넘도록 순조롭게 성장해나가는 기업은 점점 줄어들 것이다. 한 기업에 쭉 다니는 것의 리스크가 점점 커진다는 점에서 일반 직장인도 언제든 창업할 수 있는 능력과 마음가짐을 갖춰야 한다.

대기업 안에서의 창업가정신

대기업에 취업해 다행히 회사 안에서 하고 싶은 일을 할 수 있는 좋은 환경에 있는 사람도 창업가정신의 본질을 배울 필요가 있다. 대기업도 기존 사업의 성장이 둔화되면 신규 사업을 전개해야 하는데, 기존 사업의 연장이 아니라 완전히 새로운 사업을 해야 하는 경우라면 신규 사업 창출 프로세스는 창업가의 그것과 유사하다. 따라서 대기업에서 신규 사업 기획과 관련된 역할을 맡았다면, 창업가정신에 대해 알고 있어야 한다.

또한 제2장에서 자세히 말하겠지만, 다양한 기술이 고도로 발달한 현대 사회에서는 회사 혼자만의 힘으로는 이노베이션을 하기 어렵다. 따라서 아무리 큰 대기업이라도 외부의 신기술, 제품, 서비스를 여러 형태로 적용하며 신규 사업을 전개해야 한다. 현재 회사에서 신규 사업과 관련된 일을 맡았다면, 새로운 기술이나 서비스를 내놓는 많은 스타트업과 연계해서 일하기 위해 스타트업 특유의 조직문화나 의사결정, 문제해결 방법을 알아둘 필요가 있다.

1-2 도쿄대의 창업가정신 교육과 이 책의 역할

창업가정신과 비즈니스의 기초 지식을 익혀두는 것은 바람직하지만, 그렇다고 모든 사람이 창업가를 지향할 필요는 없다. 우리 사회는 오히려 회사에서 해야 할 일을 성실하게 해내며 직장인 커리어를 쌓아 나가는 사람이 대부분이다.

이미 놓인 길을 따라가는 것보다 아무것도 없는 곳에서 새로운 길을 개척할 성향을 타고난 사람은 몇 퍼센트도 안 되는 소수다. 그 비율이 5~20%가 될지는 모르지만, 현재의 교육이나 취업 시스템이라면 비록 이 범위에 들지라도 스스로 헤쳐나갈 수 있는 뛰어난 창업가 기질을 가진 사람임을 깨닫지 못한 채 그저 직장인이라는 선택을 할 수밖에 없다. 이러한 사람들에게 창업이라는 선택지가 있다는 것을 알려 주는 것이 창업가정신 교육의 중요한 역할이다.

그 외 나머지 다수의 사람들에게도 창업가정신 교육은 중요하다. 이들 역시 무언가 하고 싶은 것을 발견했을 때, 어렵더라도 일단 도전하여 창업을 준비해야 하지만 도전하려는 의지는 직장 생활

이 오래될수록 작아진다. 타고난 창업가는 비록 소수에 불과할지 모르지만, 나머지 다수도 후천적 노력을 통해 충분히 창업가가 될 수 있다.

또한 큰 회사 내에서 업무처리 역량이 뛰어난 사람은 새로 창업한 작은 회사에도 꼭 필요한 인재다. 본인이 직접 창업하는 것을 주저하는 이러한 인재들에게 스타트업이 기존 대기업과 비교해도 뒤지지 않는 훌륭한 선택지라는 것을 알려주기 위해서라도 창업가정신 교육은 매우 중요하다. 이러한 배경을 고려하여 도쿄대에서는 여러 가지 형태의 창업가정신 교육 프로그램을 제공하고 있다.

도쿄대 앙트러프러너 스쿨 교육 프로그램

일반적으로 창업할 때에는 아래와 같은 다양한 요소가 필요하다.

- 하고 싶은 일을 발견한다
- 과제나 비즈니스 기회를 발견한다
- 동료를 모은다
- 아이디어를 비즈니스 형태로 발전시킨다
- 제품이나 서비스를 만들어 판다
- 생각을 전달하여 사람을 끌어모은다
- 불확실성이나 리스크에 대해 강한 의지를 가지고 대처한다
- 회사를 만들어 경영한다

이러한 요소 가운데 어떤 요소와 어떤 형식으로 창업가정신 교육 프로그램을 만들어 갈 것인가는 수강생의 특성, 창업에 대한 인식, 의욕, 교육 프로그램의 목적, 목표 등 여러 가지 요인이 영향을 미친다.

2005년 개설된 도쿄대 앙트러프러너 스쿨은 대학본부 조직인 산학협력추진본부가 ㈜도쿄대학 엣지캐피털, ㈜도쿄대학 TLO 및 ㈜도쿄대학 혁신플랫폼개발과의 협력을 통해 운영하고 있다. 그러나 수강생 중 창업을 진지하게 생각하는 학생은 아직 소수에 불과하다. 프로그램 설립 초기 목표 중 하나로 실제 수강생의 창업 숫자를 늘리는 것도 있었지만, 10년 이상이 지난 지금은 무조건 청년 창업가를 늘리기보다는 일반 학생들이 창업을 가까이에서 직접 느끼고 창업의 기초 지식을 습득하게 하는 것을 중요한 목적으로 삼고 있다.

앙트러프러너 스쿨은 매년 4월부터 11월까지 약 반 년 동안 운영되며, 앞서 말한 창업가정신 교육을 구성하는 다양한 요소를 폭넓게 고려하여 프로그램을 짜고 있다. 핵심 테마는 매년 다르지만, 프로그램이 시작하는 4~5월은 주로 게스트 강사를 초청하여 강연을 듣는다. 대부분의 수강생은 창업가정신이나 스타트업 창업이 자신과 별로 상관없다고 생각하기 때문에 흥미를 갖도록 만드는 것 자체가 교육 초기의 큰 목표이다. 이를 위해 수강생에게 롤 모델이 될 만한 창업가를 게스트로 초청해 강연을 듣는 것은 매우 효과적이다. 많은 일반 수강생이 창업가를 자신과는 다른 세계에 사는 사람으로 생각하지만, 실제 창업가(특히, 아직 성공했다고 말할 수 없는 비슷한 또래의 창업가)를 접함으로써 창업을 자신의 커리어로 선택할 수 있다는 점을 가까이서 느낄 수 있도록 한다. 또 게스트 강사의 경험담을 통해 창업가가 되려면 어떠한 스킬이나 마인드셋이 필요한지 배우고, 자기 스스로를 돌아볼 수 있도록 한다.

프로그램에는 11월경 진행하는 비즈니스 플랜 콘테스트도 들어 있다. 콘테스트에서는 사업 아이디어를 제안한 모든 팀 가운데 선별된 7~10개 팀이 경쟁하는데, 각 팀당 2명의 멘토(지도자, 조언자)가 배정되어 약 2개월간 아이디어를 다듬어 발전시킨다. 원래 멘토는 경영 컨설턴트나 벤처 캐피털리스트Venture Capitalist, 벤처 지원을 전문으로 하는 공인회계사 등을 중심으로 구성되었지만, 최근에는 프로그램을 졸업한 젊은 창업가가 멘토를 맡는 사례가 늘고 있다. 지금은 멘토의 절반이 졸업생이며, 이를 통해 선배 창업가가 후배를 가르치는 좋은 사이클이 형성되고 있다. 콘테스트를 통해 아이디어를 비즈니스 플랜으로 구현하는 방법을 체득하고, 팀워크 플레이를 다져 마지막에 투자 전문가인 벤처 캐피털리스트 앞에서 프레젠테이션을 함으로써 창업에 관련된 일련의 과정을 가상으로 체험해볼 수도 있다.

앙트러프러너 스쿨에서는 게스트 강연이나 비즈니스 플랜 콘테스트 외에도 아래와 같은 여러 가지 활동을 행하고 있다.

- 비즈니스 기초 지식에 대한 강의
- 아이디어 도출 방법이나 검증 방법을 배우는 워크숍
- 아이디어를 도출을 위한 연습이나 아이디어 서포트
- 팀 빌딩을 위한 연습이나 교류 모임
- 간단한 웹 서비스를 만드는 프로그래밍 강습
- 비즈니스 플랜 작성법에 대한 강의나 연습
- 프레젠테이션 및 스피치 연습

매년 이러한 활동을 실시하는 것은 아니지만, 다양한 방법으로 창업에 대한 지식 습득 및 창업가정신 학습, 아이디어 도출, 비즈니스 플랜 구축 능력 향상을 스스로 경험 및 체득할 수 있도록 지원하고 있다. 기초 지식 향상을 위해 강의 형식의 강좌도 개설하고 있지만, 창업 아이디어 창출을 목표로 창의력이나 과제 발견 능력을 높일 수 있는 워크숍 형식의 연습은 물론 아이디어 서포트와 같이 강제적으로라도 아이디어를 내야 하는 시간을 마련하기도 한다. 또한 그룹 워크Group work를 통해 팀 빌딩Team Building 기회를 제공하며, 수시로 발표 연습을 하며 자기 생각을 타인에게 전할 수 있도록 훈련한다.

비즈니스 아이템(제품이나 서비스)을 만드는 것은 창업가정신의 교육 범주에 포함되어 있지 않다. 그러나 제품이나 서비스 없이 비즈니스 아이디어를 논한다는 것은 탁상공론이 되기 쉽기 때문에, 프로그래밍 강습 등을 배우고 간단히 실제 제품이나 서비스를 구체화하는 연습을 한다.

[표 1.1]은 2005년 개강 이래 앙트러프러너 스쿨의 수강자 수 누계와 소속 분포를 나타낸 것이다. 14년간 누적 수강자 수는 약 3,000명이 넘고, 2016년부터는 공학부 정규 과목으로 편성됨에 따라 참석자 수가 크게 증가해 최근 몇 년간 매년 평균 400명 정도가 참가하고 있다. 다만 이 수치는 프로그램 초기인 4~5월의 참석자 수이다. 프로그램 중간에 몇 번의 심사과정이 있지만, 비즈니스 플랜 콘테스트의 참여 인원은 전체의 10% 정도이다. 참석자의 소속 중 약 절반은 이과 계열 대학원생이다.[2]

도쿄대학 내 기타 창업가정신 교육 프로그램

도쿄대학 산학협력추진본부에서는 앙트러프러너 스쿨을 모델로 여러 가지 창업가정신 교육 프로그램을 실시하고 있다. '앙트러프러너십' 과목도 그중 하나로서 학점을 취득할 수 있는 정규 과목으로 편성되어 있다. 원래 공학부 과정인데, 대학원 과목으로도 등록되어 있을 뿐 아니라 도쿄대학 내 모든 학부 및 대학원에서도 수강이 가능하다. 이 과목의 수업 내용은 앙트러프러너 스쿨의 창업가정신 교육과 공통점이 많고, 2016년부터는 학부과정과 앙트러프러

---

2) 1~2학년의 인원수가 적은 이유는 도쿄대학의 1~2학년 수업이 고마바(駒場) 캠퍼스에서 진행되기 때문에 이동 시간으로 약 1시간 정도 떨어져 있는 혼고(本鄕) 캠퍼스에서 실시하는 이 프로그램에 참가하기가 물리적, 시간적으로 어렵기 때문이다.

너 스쿨 양쪽에 개설된 창업가정신 과목을 일부 공통화하여 운영하고 있다.

[표 1.1] 도쿄대학 앙트러프러너 스쿨의 수강자 수 누계(2005년~2018년)

	1~2학년	3~4학년	대학원생	합계
이과	80	779	1,504	2,363 (74.1%)
문과	89	465	271	825 (25.9%)
합계	169 (5.3%)	1,244 (39.0%)	1,775 (55.7%)	3,188 (100.0%)

2017년부터는 교양학부 1학기 과정을 수강하는 1~2학년 대상의 자유연구세미나[3]를 개강하고 있다. 3학년부터는 대부분 전공 공부로 바빠 창업가정신 수업은 교양과정을 듣는 1~2학년이 수강하는데 가장 효과적이기 때문이다. 그와 더불어 공학계 연구과 대학원의 '혁신과 창업가정신Innovation and entrepreneurship'은 영어강의로 진행하고 있다.

그 밖에 산학협력추진본부에서는 연구자가 자기의 연구 성과를 기반으로 사업 플랜을 작성하도록 지원하는 프로그램도 운영하고

---

3) 4년제 대학에서 교양(또는 전공)과정을 수강하는 학생들이 교수 지도 아래 공동으로 연구 및 연습하는 수업을 말한다.

있다. 이는 정부 기관인 경제산업성과 문부과학성의 보조금을 받아 운영하는 프로그램으로서, 앙트러프러너 스쿨의 비즈니스 플랜 콘테스트처럼 각 팀에 배정된 2명의 멘토가 플랜 수립에 대해 지도하는 것이 큰 특징이다.

2016년에는 민간기업의 지원을 받아 학생 스스로 원하는 제품이나 서비스를 만들 수 있도록 공방 개념의 〈혼고 테크 개러지(本郷 Tech Garage)〉를 개설했다. 창업가정신 교육에 직접 제품이나 서비스를 만드는 과정은 없지만, 사업 아이템인 제품이나 서비스 없이 새로운 사업을 벌일 수는 없다. 일본에 창업 숫자가 적은 원인 중 하나는 무언가 재미있는 것을 만들어보자고 하는 프로젝트가 적기 때문인지도 모른다.[4] 혼고 테크 개러지는 하드웨어든 소프트웨어든 형태에 상관없이 무언가를 만들어 보고 싶은 학생이 일단 기술적으로 시도해볼 수 있는 '베이스캠프'로서, 방학 기간 중 본인이 만들어 보고 싶은 제품이나 서비스를 집중적으로 구현해 볼 수 있도록 다양한 프로그램을 제공하고 있다.

창업가정신 교육 프로그램에서는 제품이나 비즈니스 플랜을 다른 사람에게 보여주고 평가받는 것을 중요하게 여긴다. 고객 시점에서 자신의 제품이나 서비스를 평가받는 것은 비즈니스의 본질이고,

---

4) 페이스북(Facebook)이나 구글(Google)도 처음에는 재학생이 재미로 시작한 프로젝트다. 처음부터 사업 계획을 세워서 회사를 만든 것이 아니다.

자기 생각을 다른 사람에게 전달하고 설득하는 것 역시 창업가정신의 핵심요소이기 때문이다. 2008년부터 실시하고 있는 중국 베이징대학과의 교류 프로그램도 그 일환으로, 앙트러프러너 스쿨에서 연습한 비즈니스 플랜을 해외 대학 학생들과 서로 발표하고 평가하는 프로그램이다.

2014년부터 실시하고 있는 TTT_{Todai to Texas}[5]는 매년 3월에 미국 텍사스_{Texas} 주 오스틴_{Austin} 시에서 개최되는 대규모 콘퍼런스인 South By Southwest_(SXSW) 전시회에 학생들의 프로젝트나 도쿄대 소속 스타트업을 보내는 프로그램이다. 학생들은 그저 취미로 만든 것일지라도 전시회에 내놓으면, '얼마에 살 수 있는가?', '어떤 쓸모가 있는가?'와 같은 질문 세례를 받곤 한다. 내가 만든 제품을 세상에 내놓는 것이 어떤 것인지 직접 피부로 느끼는 것은, 공방에 틀어박혀 물건을 만들던 학생에게 큰 자극이 될 만한 생생한 현장 학습의 기회이기도 하다.

[그림 1.1]은 지금까지 설명한 각종 창업가정신 교육 프로그램을 보여준다. 또한 앙트러프러너 스쿨을 중심으로 한 다양한 프로그램의 발전 현황도 함께 보여준다.

---

5) 일본에서는 도쿄대(東京大)를 도다이(東大 : Todai)라고 줄여서 말한다.

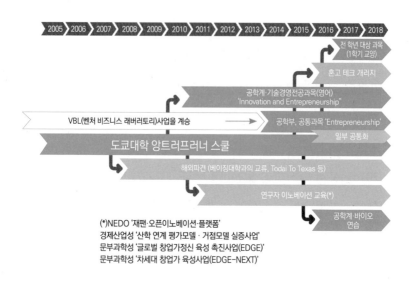

[그림 1.1] 도쿄대학 창업가정신 교육 프로그램의 발전

또한 도쿄대학 산학협력추진본부의 창업가정신 교육은 대학 소속 스타트업을 대상으로 한 인큐베이션Incubation 활동 프로그램에 의해 운영된다는 점도 큰 특징이다. 인큐베이션 활동은 대학의 연구성과를 기반으로 해서 창업한 회사를 지원하는 활동으로 창업가정신 교육을 이수하고 창업한 학생이 일정 조건을 만족하면 인큐베이션 시설에 응모할 수 있다. 시설에 입주하게 되면 법무 지원, 경영 자문 제공, 투자자 소개, 네트워킹 기회 제공 등 다양한 지원을 받을 수 있다. 창업가정신 교육과 인큐베이션 활동을 함께 운영함으로써 이 교육이 단순히 강의실 수업으로 끝나는 것이 아니라 실제 창업활동으로 연결될 수 있도록 지원하고 있다.

앙트러프러너 스쿨을 포함하여 정규 과목 외의 프로그램은 민간 기업의 지원금으로 운영되고 있다. 일본의 국가 재정 현황을 보았을 때, 국립대학교일지라도 연구활동의 규모를 확대해나가기 위해서는 독립적인 재원 마련이 필수이다. 특히 창업가정신 교육과 같은 프로그램은 공적자금에만 의존하면 지속적인 운영이 어렵다. 미국 유명 대학의 경우에는 성공한 졸업생 창업가의 기부가 재원의 큰 비중을 차지하는 것으로 잘 알려져 있다. 미국과 일본 간에 문화적인 풍토나 세금제도의 차이가 있겠지만, 일본에서도 큰 성공을 거둔 창업가가 모교에 뭉칫돈을 기부하기를 기대하는 것은 헛된 이야기가 아니다. 기부로 인해 미래에 얻게 될 수익을 고려한다면 대학의 창업가정신 교육에 대한 투자는 비용 대비 효과가 큰 선행 투자라 할 수 있다.

제1장 정리 ✏️

✓ 이제 사회에 진출하는 사람들은 언제라도 창업할 수 있는 능력과
마음가짐을 갖추고 꾸준히 준비해야 한다.

✓ 본인이 가장 하고 싶은 것을 찾은 학생이나 직장인에게 창업은 꼭
염두에 둘 선택지다.

✓ 장기적으로 본다면 창업으로 인한 리스크는 몇십 년 동안 대기업
에서 일할 때의 리스크보다 크다고 할 수 없다.

✓ 창업가정신은 다양한 요소를 바탕으로 성립된다. 그 중 이 책을
통해 기초 지식을 배우고 이해하는 것이 핵심이다.

2

이노베이션의
주체는 스타트업

Chapter 2

이노베이션의
주체는 스타트업

제1장은 누구든 본인의 커리어로서 창업을 염두에 둘 필요가 있다고 말했다. 이번 장에서는 창업가가 만든 스타트업[1]의 중요성과 역할에 대해 설명하고자 한다.

2-1 이노베이션이란 무엇인가?

각종 매체를 접하다 보면 '이노베이션'을 번역한 말로 '기술 혁신'이라는 단어가 자주 사용된다. 이노베이션을 일본에서 기술 혁신으로 처음 번역한 것은 1956년도에 발행된 〈경제백서〉인데, 사실 이

---

1) 스타트업이라는 단어와 친숙하지 않는 사람은 우선 벤처 기업의 동의어라고 생각하자. 상세한 내용은 제3장에서 설명한다.

는 매우 잘못된 번역이다. '기술 혁신'이라는 단어는 과학적 발견이나 기술적 발명을 연상시키는 데에 반해 '이노베이션'은 더욱 넓은 개념을 담고 있다. 이노베이션은 지금까지 없었던 무언가 새로운 방법을 사용하여 새로운 '가치'를 만드는 것이다. 새로운 가치를 낳는 원천을 반드시 기술적인 혁신이라고 한정 짓지는 않는다.

좀 더 구체적인 예를 들어보자. 이노베이션의 예로 편의점과 택배를 꼽을 수 있다. 편의점은 이제까지 없던 타입의 소매 점포와 유통망을 활용해 새로운 비즈니스를 만들어냈고, 택배는 각 가정에 화물을 전달할 수단이 소포밖에 없던 시절 새로운 배송 방법을 통해 새로운 비즈니스를 창조해왔다는 의미에서 이노베이션이라고 할 수있다.

하지만 편의점의 판매 방법이나 택배의 배송 방법은 과학적 발견이나 기술 발명 특허에 기인하지 않는다. 이러한 예에서 알 수 있듯이 이노베이션의 원천을 반드시 신규 기술이라고 할 수는 없다. 그러나 굳이 인터넷이나 휴대전화를 떠올리지 않더라도 현대의 많은 이노베이션은 기술적 혁신을 기본으로 하고 있다. 따라서 이후로는 주로 신기술에서 시작된 이노베이션에 대해 살펴보고자 한다.

여기서 주의할 점은, 단지 기술적 혁신이 일어났다고 해서 그것을 이노베이션이라고 할 수는 없다는 것이다. 기술적으로 커다란 혁신이라도 그것은 어디까지나 기술의 혁신일 뿐이다. 그 기술 혁신이 경제적인 가치를 가져야만 비로소 이노베이션이 된다. 이노베이션을 중국어로 '창신(創新, chuangxin)'이라고 부르는데, 이는 '기술 혁신'보다 훨씬 이노베이션의 본질에 적합한 용어라고 생각한다.

2-2 이노베이션 주체의 변천

애플Apple, 구글Google, 페이스북Facebook, 아마존Amazon. 모두가 잘 알고 있는 이 회사들은 세상을 크게 변화시킨 혁신적인 제품이나 서비스를 내놓은 회사로, 그 시작이 스타트업이었다는 점은 모두가 알고 있을 것이다. 이렇게 말하면 많은 분들은 '그것은 미국의 이야기이고, 우리는 역시 대기업이 이노베이션의 중심이다'라고 말할지도 모른다.

예전에는 미국도 이노베이션의 중심은 대기업이 담당하고 있었다. 대기업이 이노베이션의 중심적인 역할을 하던 사회에서 이노베이션의 주체가 스타트업이 된 미국의 역사를 이제 우리가 따라가고 있다. 그런 의미에서 미국 내 이노베이션 주체의 변천을 이해하는 것은 중요하다. 여기서 잠시 그 역사를 짚어보자.

개인 발명가의 시대

[그림 2.1]에 나온 사진 속 사람들을 아는가? 왼쪽은 전화를 발

명한 그레이험 벨
(1847-1922), 오른쪽
은 전구나 축음기
등 여러 가지 발명
으로 유명해져 발
명왕이라고 일컬

벨(1847-1922)　　　　에디슨(1847-1931)

어지는 토머스 에

[그림 2.1] 이노베이션의 담당자(발명가의 시대)

디슨(1847-1931)이다. 갑자기 무슨 옛날이야기냐고 물을지 모르지만,
이는 고작해야 100여 년 전의 일이다. 둘 다 현대 사회의 기반을 구
축한 이노베이션을 가져온 인물이지만, 이 둘은 회사 연구소에서 일
하며 전화나 전구를 발명한 것이 아닌 개인 발명가였다.

　21세기인 지금, 어느 조직에도 속하지 않은 개인 발명가는 드물
다. 다소 이상한 사람 취급을 받았을지도 모르지만, 그때는 개인이
연구개발을 하면서 좋은 것이 있으면 대기업에 팔고, 대기업은 그것
을 비즈니스로 이어가는 구조가 이노베이션의 기본 패턴이었다. 벨
은 AT&T의 전신인 전화 회사를 창업했고 에디슨은 GE의 전신이
되는 회사를 세웠지만, 그것은 시간이 꽤 경과한 후의 일이다. '판매
가 잘되니 우리가 직접 회사를 차리자'고 하여 창업한 것이지, 이들
이 처음부터 창업가였던 것은 아니다. 초기에는 어디까지나 개인의
연구개발 성과를 대기업에 판매하는 패턴이었다.

사내 자체 연구개발의 시대

그럼 언제부터 대기업이 이노베이션을 주도하게 되었을까? 이는 1930년대부터 1940년대경이라고 한다. 유명한 예로, 듀폰사의 나일론 개발이나 AT&T사의 트랜지스터 개발을 들 수 있다. 나일론은 화학 회사인 듀폰의 중앙연구소에서 연구자로 고용한 하버드대학의 화학자 W. 커러더스가 발명했다.

커러더스(듀폰)
나일론의 발명(1931)

쇼클리(AT&T)
트랜지스터의 발명(1947)

[그림 2.2] 이노베이션의 주체 사내 중앙연구소의 전성시대

1931년 사업화한 이후 듀폰은 합성섬유라는 새로운 분야에서 큰 성공을 거둔다. 또 다른 사례인 트랜지스터 역시 사내 연구소 소속 연구자에 의해 발명되었다. 전화 회사 AT&T가 물리학자인 W. 쇼클리가 총괄하던 연구그룹에게 진공관을 대체할 새로운 증폭기의 개발을 요청하여 고체증폭기인 트랜지스터가 발명되었다. 트랜지스

터의 발명으로 반도체 산업이 시작되고 현대 IT 산업이 반도체 회로 위에서 만들어졌다고 생각한다면, 트랜지스터의 발명이야말로 현대 사회를 만들어낸 최대의 이노베이션이라 해도 틀린 말이 아니다. 이 이노베이션을 AT&T라는 대기업의 사내 연구소에서 일하는 샐러리맨이 이뤄낸 것이다. 사실 반도체를 산업으로 일궈낸 것은 다른 회사이므로 AT&T는 트랜지스터의 사업화에 성공했다고 보긴 어렵지만 말이다.

두 가지 사례에서 알 수 있듯이, 1930년대부터 1940년대에 걸쳐 많은 대기업은 사내 연구소를 만들어 과학자나 연구자를 고용했고, 거기에 근무하는 샐러리맨 연구자가 이노베이션의 주체가 되어 왔다. 이로부터 50여 년 정도는 대기업 소속의 직원이 이노베이션의 핵심을 담당하는 시대가 되었다. 에디슨이나 벨처럼 개인 발명가는 여러 회사에 기술을 팔 수 있으므로 회사가 기술을 독점하는 것이 불가능했지만, 회사에 소속된 연구자가 발명한 기술이나 개발 제품은 회사의 것이므로 이노베이션으로 인해 생성된 가치를 독점할 수 있게 되었다.

또한 개인 발명가는 회사의 종업원이 아니므로 그들의 기술을 진화시키거나 사업화할 때 발생하는 여러 기술적 과제나 문제를 회사 내부에서 자체적으로 해결하는 것이 어려웠다. 하지만 회사 연구원이 연구해서 발명한 기술이라면 그 기술을 잘 알고 있는 직원을 통해 대응할 수 있었다. 이로써 대기업이 사내 연구소를 만들어 직원으로 고용한 연구자나 기술자의 기초 연구를 통해 나온 성과를 제품화해서 비즈니스로 만들어가는 사내 이노베이션이 일반화되었다. 1950년대부터 1960년대는 이러한 대기업 중심 이노베이션의 전성기라고 할 수 있다. IBM, AT&T, RCA, Kodak, Xerox 등 유력 기업은 모두 엄청난 규모의 사내 연구소에 우수한 연구자나 기술자를 대규모로 고용하였고, 이러한 대기업 소속 연구 직원이 이노베이션을 담당하는 시대가 되었다.

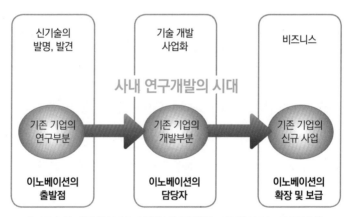

[그림 2.3] 대기업이 이노베이션을 담당하는 시대(1950~1960년대)

스타트업과 대학의 시대

그런데 1980년대가 되자 미국에서는 대기업에 의한 사내 연구개발 체제가 급격히 쇠퇴하였다. 그 원인은 크게 세 가지 측면으로 생각해볼 수 있다.

첫 번째는 기술의 진화다. 기술이 복잡해질수록 연구개발비는 점점 높아진다. W. 쇼클리의 시대였다면 물리학자를 몇 명이든 고용한 후 전기로와 전압계를 사용해 증폭기의 연구개발이 가능했을지도 모른다. 하지만 이제는 무언가 만들기 위해서는 수억 엔짜리 장치를 갖추지 않으면 안 되게 되었다. 아무리 큰 회사라도 성공 가능성이 불명확한 연구개발을 동시다발적으로 진행하기란 쉽지 않다. 또한 기술의 디지털화와 표준화가 진척되고, 인터넷과 IT 기술이 발전하여 연구개발의 분업화가 쉬워진 측면도 있다. 분업화하는 쪽이 오히려 연구개발의 성공 확률이 높다면 굳이 사내에서 진행할 필요가 없지 않겠는가.

두 번째는 산업 구조의 변화다. 공장에서 대량으로 물건을 생산하는 것이 이익의 원천이던 시대에서 서비스, 소프트웨어, 콘텐츠로 부가가치의 원천이 이동함에 따라 개발, 제조, 판매를 모두 한 회사 안에서 마무리 짓는 것보다 다수의 기업이 협력하여 분업하는 것이 사업의 성공 확률을 높게 만들었다.

세 번째는 자본시장의 변화다. 분기별 수익을 추구하는 기관투자가가 대주주로서 입김이 세짐에 따라 상장기업의 단기 수익률 압박이 강해졌다. 주가는 분 단위, 초 단위로 변화하는데 연구개발은 연단위 또는 십 년 이상이 걸리니 시간 그래프상의 두 곡선이 어긋날 수밖에 없다. 따라서 분기별 수익을 중시하는 경영자는 좀처럼 장기

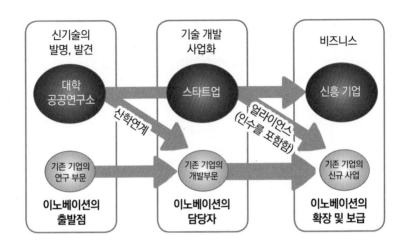

[그림 2.4] 대학과 스타트업이 이노베이션을 담당하는 시대(1980년대 이후)

적인 연구개발을 수용하기 어렵게 된다. 장기적인 투자가 어렵게 되
자 대기업의 자체 연구개발은 단기적인 수익을 중시하는 체계로 이
루어질 수밖에 없게 되었다.

지금까지 설명한 이유 때문에 1980년대 이후 미국 대기업에서는
사내 연구소가 급격히 축소되었다. 대기업 연구소를 대신하여 이노
베이션을 담당하게 된 것은 대학과 스타트업이었다. 새로운 기술의
근간인 기초 연구개발은 대학이나 공공 연구기관이 담당하고, 그 성
과를 제품화하여 산업화하는 기술 개발은 스타트업이 담당하며, 대
기업은 이를 사업화해 성과로 거두어 발전해나가는 흐름이 이노베
이션의 주류가 되었다.

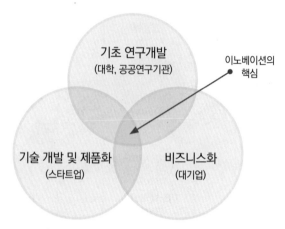

[그림 2.5] 현대 사회의 오픈 이노베이션 구조

오픈 이노베이션(Open Innovation, 개방형 혁신)

이렇듯 미국에서는 이노베이션의 프로세스가 자사뿐 아니라 대학이나 스타트업까지도 끌어넣은 프로세스로 변화해왔다. 대기업은 대학이나 스타트업으로부터 기술을 도입하거나 스타트업을 인수해 이노베이션을 진행하거나 스핀 오프spin—off[2]나 카브아웃carve—out[3]이라는 형태로 기술을 확보하는 프로세스 또는 공동 연구, 공동 개발, 벤처투자[4] 등 여러 가지 방법을 통해 이노베이션을 진행했다. 이것

---

2) 기업이 기업의 경쟁력 강화를 위해 일부 사업부문을 떼어내 자회사로 독립시키는 것으로, 기업간 인수·합병(M&A)의 반대라 할 수 있다.

3) 기업이 특정사업부문을 분할하여 자회사를 만든 후에 이를 증시에 상장시키거나 매각하는 행위를 말한다.

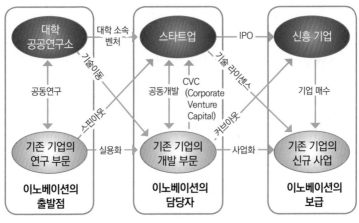

[그림 2.6] 오픈 이노베이션

이 오픈 이노베이션, 즉 개방형 혁신이라는 개념이다.

　이러한 변화를 뒷받침하는 데이터가 몇 가지 있다. [그림 2.7]은 과거 40년간 미국의 민간 연구개발 투자를 어느 정도 규모의 기업이 주도적으로 해왔는가를 나타내는 그림이다. 1970년대에는 연구개발의 70% 이상은 종업원 수 25,000명 이상인 대기업이 담당했으나, 그 비율은 2000년대에 30% 가깝게 낮아졌다. 반면, 1970년대에 몇 %에 불과하던 종업원 수 500명 이하인 기업의 비율은 2000년대 20%로 확대되었다. 미국 민간기업의 R&D 주체가 40년 동안 대기

---

4) 대기업이 출자한 벤처 캐피털(VC)을 뜻한다. 창업기업에 자금을 투자하고 모기업의 인프라를 제공해 창업 기업이 성장 기반을 마련하도록 지원하는 것을 말한다. ([2] [3] [4] 출처: 한경 경제용어사전)

업에서 작은 회사로 변화한 것을 알 수 있다.

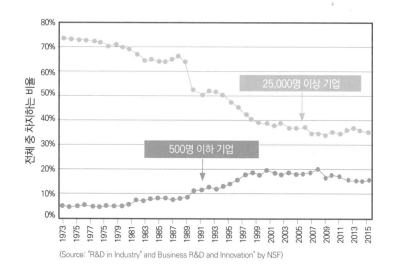

(Source: "R&D in Industry" and Business R&D and Innovation" by NSF)

[그림 2.7] 미국 산업계의 연구개발비

사내 연구개발이 축소된 대기업은 그 감소분을 외부에서 도입해 보완하고 있다. 그 방법으로는 여러 가지가 있는데 일반적인 형태는 스타트업을 인수하는 것이다. [그림 2.8]은 벤처 캐피털에서 투자를 받은 스타트업의 EXIT[5] 변화를 과거 30년에 걸쳐 추적한 것이다. 일반적으로 스타트업에게는 상장IPO, Initial Public Offering[6]이나 다른 회

---

5) EXIT : 스타트업 투자자금 회수.

6) IPO(Initial public offering)는 기업 설립 후 처음으로 외부투자자에게 주식을 공개하고, 이를 매도하는 업무를 의미한다.(출처: 위키피디아)

사에 매각이라는 두 종류의 EXIT 옵션이 있다. 1970년대까지 EXIT 의 대부분은 상장이었지만, 1980년대부터 대기업에 의한 인수가 증가하여 최근엔 상장 EXIT는 10%도 되지 않고 90%의 스타트업이 대기업에 인수되고 있는 현실이다. 이러한 변화는 여러 가지 배경에서 비롯되었지만, 그중에서도 대기업 자체적으로 진행하는 R&D의 감소 분량을 스타트업을 인수함으로써 보완하려 한 것이 주요 요인으로 작용했다.

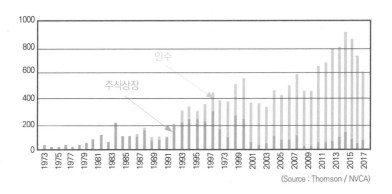

(Source : Thomson / NVCA)

[그림 2.8] 미국 스타트업의 EXIT 실적

지금까지의 이야기를 정리한 것이 [그림 2.9]이다. 기업 내부의 자체적인 이노베이션이든 외부로부터 유입된 이노베이션이든 이를 큰 비즈니스로 성장시킨 것은 항상 대기업이었다. 1970~1980년대까지는 새로운 기술을 만드는 이노베이션의 주체가 개인이었고, 최근까지 대기업 소속 연구원이 이노베이션을 담당했지만, 지금은 대학과 스타트업이 주체인 시대가 되었다.

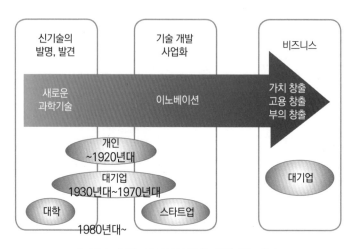

[그림 2.9] 이노베이션 주체의 변천(미국 기준)

2-3 일본의 상황

그렇다면 일본은 어떨까?

서양을 모방하는 시대

에디슨이나 벨이 활동했던 시대는 일본의 메이지(1867~1912)부터
다이쇼(1912~1926) 시대에 해당한다. 이 시대에는 일본에서도 도요다

그룹의 창시자인 도요다 사키치(1867~1930)와 같은 개인 발명가가 있었지만, 국가 전체적으로 보면 서양 문명을 받아들여 근대 산업이 태어난 모방의 단계라고 할 수 있다.

이러한 시대는 1970년대까지 계속된다. 특히 제2차 세계대전 이후 일본은 모노즈쿠리[7]에 의해 큰 경제 발전을 이루지만, 한편으로 생각해보면 이 시기 일본의 경제 발전은 오픈 이노베이션이 그 기반이었다. 일본의 많은 모노즈쿠리 기업의 기원을 살펴보면, 그것은 서양에서 발생한 과학기술의 성과를 잘 받아들여 우수한 상품을 만들어낸 것에서 시작했다. 물론 그 당시 일본 기업이나 일본인이 그것을 오픈 이노베이션이라고 의식하지는 않았을 것이다. 서양과 비교해 부족한 과학기술을 발전시키기 위해 해외 기술을 도입한 것인데, 외부에서 받아들인 기술을 잘 활용하여 고객이 원하는 우수한 상품을 제작 및 판매해 경제적으로 성공했던 것을 볼 때, 고도성장기의 일본 기업이 오픈 이노베이션을 실천했다고 볼 수 있다.

하지만 불행히도 이 시기(1950~1970년대)의 세계는 외부가 아닌 사내 연구개발의 전성기였다. 이전 사고방식대로라면, 기초 기술을 갖지 못한 회사는 이노베이션을 일으킬 수 없고, 나아가 비즈니스로도 성공할 수가 없다는, 즉 자체적인 기초 기술도 없이 기업이나 국가

---

7) 모노즈쿠리는 '혼신의 힘을 다해 최고 품질의 제품을 만든다'라는 뜻으로, 지금은 세계적 경쟁력을 갖춘 일본 중소제조업의 특징을 통칭하는 용어이다.(출처: 한경 경제용어사전)

가 비즈니스에서 성공하는 것은 옳지 않다는 논리로 기술 무임승차론과 그 맥락이 맞닿아 있다.

서양을 모방한 그 이후

기술과 자원이 부족했던 일본 기업이 서양을 따라하기 시작한 것은 서양의 선진기업을 모방하는 데서 비롯되었다. 하지만 고도성장기에 일본 기업이 성공한 데는 기술 무임승차만 있었던 것은 아니다. 많은 신기술이 서양에서 개발되었지만, 일본 기업은 이러한 기술을 잘 다루어 품질 및 가격 면에서 우월한 제품을 내놓을 수 있는 힘이 있었고, 서양 기업은 그런 점이 부족했던 것은 아니었을까. 기술의 근원이 어디든 해외 기업보다 일본 기업이 고객이 원하는 제품을 만들어내는 능력이 높았기에 성공했던 것은 아닐까.

그러나 이 시대에는 오픈 이노베이션 개념이 없었다. 일본인 모두가 기업 내부에서 스스로 개발하고 개척해 나가는 체제가 옳다고 믿고 있었다. 그러한 사고방식으로 이노베이션을 성공시키기 위해서는 그 기본이 되는 기초 기술을 기업 자체적으로 개발할 여력이 없으면 불가능하다.

'서양을 따라가는 시대는 끝났다. 이제는 기초 연구의 시대다'라는 말이 유행할 정도로 그 당시 기초과학 연구소가 엄청나게 생겼다. 미국에서는 사내 연구개발 트렌드가 쇠퇴하고 있을 때 일본에서는 정반대의 모습이 나타난 것이다.

이 당시 일본 기업이 사내 연구개발 체제를 강화할 수 있었던 이유 중 하나는 성과가 좋아서 재정적 여유가 있었기 때문이다. 시대를 막론하고 엄청나게 많은 돈을 번 기업은 기초 연구를 강화하는 경향이 있다. 1950~1960년대의 IBM이나 AT&T도 그랬고, 지금은 세계에서 가장 많은 박사급 인재를 고용해서 뇌과학이나 자율 주행 등에 많은 자원을 투입하고 있는 구글이 좋은 사례다. 1970~1980년대의 일본 기업 역시 많은 이익을 바탕으로 여유 자금을 기초 연구에 투입하는 것이 가능했던 것이다.

일본 기업이 사내 연구개발 체제를 유지하는 것이 가능했던 또 다른 요인으로 일본에서는 주주의 압력이 거의 없었다는 점을 들 수 있다. 일본 기업은 시장보다 주로 은행에서 자금을 조달했기 때문에 수익이 낮아도 주주의 추궁이 약했고, 그 결과 당장 눈앞의 수익으로 나타나지 않는 기초 연구에 대한 자원 투입이 가능했던 것이다.

성장의 둔화와 산학연계

그러나 1990년대 들어 상황이 급격히 변화한다. 많은 일본 기업의 성장률이 둔화하여 기초 연구를 지속할 수 있는 여력이 사라졌다. 이를 보완하기 위해 서양에서는 이미 20년 전에 시작된 '산학연계' 붐이 비로소 생겨났는데, 기초 연구는 대학이나 공공 연구기관에 일임하고 산학연계라는 형태로 기업이 연구 성과를 가져갔다. 하지만 기초 연구 분야를 제외한 다른 분야에서는 기업 내 연구 체제를 벗어나지 못했다.

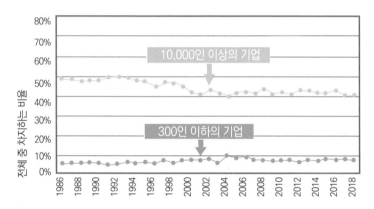

자료 : 경제산업성 〈일본 산업기술에 관한 연구개발활동의 동향〉(제10판) 및 총무성 〈과학기술연구조사보고〉로부터 작성

[그림 2.10] 일본 산업계의 연구개발비

[그림 2.10]는 일본의 민간 연구개발 투자가 어떤 규모의 기업에 의해 지속되었는지 나타낸 그림이다. [그림 2.5]과 비교하면 명확히 알 수 있듯이, 미국에서처럼 큰 기업에서 작은 기업으로의 연구개발 이동 현상이 일본에서는 일어나지 않는다. 기업에서 기초 연구를 하지 않았을지라도 연구개발 전체로 본다면 감소분은 그렇게 크지 않고, 사업화를 위한 기술 개발은 여전히 내부의 자체적인 연구개발 체제를 유지했다.

결국 현재 일본의 상황을 정리해보면 '기업은 기초 연구를 할 수 없기에 근본이 되는 이노베이션의 시작은 대학에게 맡기자. 하지만 일본의 스타트업은 이노베이션을 이끌고 갈 힘이 없으므로, 결국 이노베이션의 핵심 주체는 대기업이지 않을까'라는 분위기다.

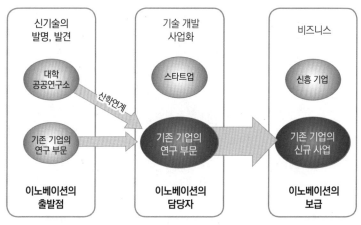

[그림 2.11] 이노베이션의 주체와 각각의 역할(일본 기준)

일본에서는 스타트업이 활성화되어 있지 않다고 하는데 그것이 근거가 있는 주장인지 데이터로 확인해 보자. [그림 2.12]은 각국 벤처 캐피털리스트들의 스타트업에 대한 투자 규모가 GDP 대비 몇 퍼센트인지 나타낸 것이다. 이는 한 나라의 경제규모 대비 높은 리스크를 가진 스타트업에 대한 투자 비중이 어느 정도인지 나타내는 지표인데, 일본은 주요 선진국 대비 그 비중이 낮다. 이것만 보더라도 일본의 산업 구조는 여전히 대기업 중심임을 알 수 있다.

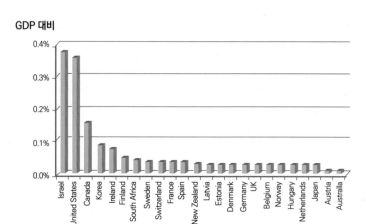

GDP 대비

(데이터 제공 : OECD Science, Technology and Industry Scoreboard 2017)

[그림 2.12] 벤처 캐피털 투자액 VS GDP 국제비교

역시 대기업인가?

20년 정도 늦었지만 일본도 미국과 동일한 상황에 처해 있다. 연구개발비 상승이나 산업 구조 변화가 모든 나라에 동일하듯이, 기업이 사내 연구개발을 하지 않는 것은 미국만의 특수한 사정은 아닐 것이다. 또한 일본 기업 역시 예전과 달리 주주의 힘이 커졌고, 단기 수익 목표에 대한 압박으로 인해 장기 연구개발이 어려워졌다.

같은 시각에서 보면, 일본 역시 이노베이션의 중심이 대기업에서 대학이나 스타트업으로 이동할 수밖에 없다. 현재는 정부가 벤처 육성제도를 정비하고, 대기업도 여러 가지 산학연계 형태로 외부에서 기술을 조달 및 도입하는 등 적극적으로 변화하고 있다. 하지만 한편으로 '그럼에도 불구하고 일본은 실리콘밸리와 다르기 때문에 역시 대기업이 아니면 이노베이션이 어렵지 않나?'라는 사고가 뿌리 깊게 박혀 있는 것 같다.

일본에서 미국만큼 스타트업이 번성하지 않는 이유를 활발하게 논의하고 있기 때문에 지금 이러한 분석을 하는 것은 이 책의 주제와 맞지 않다. 그러나 많은 사람들이 이 현상에 의문을 가지고 있으므로 다음과 같이 간략하게 의견을 정리해보고자 한다.

미국과 일본의 가장 본질적인 차이는 '인재의 유동성(流動性)'[8]이다. 고용 유동성이 낮은 사회에서는 기존 기업에 근무하는 사람이 회사를 그만두고 창업하려 해도 그 장벽이 높다. 당연히 창업은 줄어들 수밖에 없다. 또한 인재의 유동성은 창업한 사람의 세이프티 넷Safety Net(사회적인 고용 안정망)[9]이라는 의미에서도 중요하다. 누구도 시도한 적 없는 새로운 사업은 쉽게 성공할 수 없기에 실패 확률이 높다. 하지만 실패한 사람이 다시 직장인으로 쉽게 돌아갈 수 있다면, 창업의 리스크는 상당히 낮아진다.

낮은 인재 유동성은 창업 이후의 스타트업에게도 큰 장애물이다. 성장기에 있는 스타트업에게 가장 어려운 점은 우수한 인재를

---

8) 다른 의미로 쉬운 취업과 고용, 직장 또는 직업의 이동이 원활한 정도를 뜻한다.

9) 고용 안전장치 또는 고용 안전을 보장하는 수단. 즉 창업자가 실패해도 다시 다른 회사에 들어가기 쉬운 변화 유동성이 있다면 안심하고 창업한다.

확보하는 것이다. 봄에 대졸 신입사원을 일괄 채용해서 정년까지 한 회사에서 근무하는 것을 이상적으로 생각하는 일본의 채용 시스템을 떠올리면 새로 창업한 불안정한 회사가 우수한 인재를 끌어모으기란 쉽지 않다. 시간을 들여 신입사원을 교육할 수 있는 대기업과 달리 스타트업에서는 새로 들어온 사람이 바로 업무 성과를 내야 하는데, 고용 유동성이 낮은 일본에서는 이런 인재에게 잘 다니는 직장을 나와 스타트업에 입사하라고 하는 것은 간단치 않은 문제다.

물론 인재의 유동성 이외에도 미국과 일본 두 나라 사이에는 다른 점이 많다. 투자가를 비롯해 스타트업을 유지할 수 있는 주위 환경이 아직 취약하며, 기존에 거래가 없던 신규 회사와 쉽사리 거래를 트지 않는 비즈니스 관습, 참고하고 따라할 만한 롤 모델의 부재 등 일본만의 이슈도 있을 것이다. 하지만 두 나라 사이의 가장 큰 차이점은 인재의 유동성, 즉 고용과 관련된 사회적 통념과 시스템이라 할 수 있다.

2-4 실리콘밸리의 에코시스템

다시 미국 실리콘밸리로 돌아가 보자. 실리콘밸리는 스타트업의 상징과 같다. 하지만 그 속에 있는 각 회사의 성공 스토리만 본다면 실리콘밸리의 본질을 오인할 수 있다. 실리콘밸리의 본질은 대기업이나 대학을 포함하여 지역 전체가 하나의 에코시스템Eco-System, 생태계을 형성하고 있다는 점이다.

그렇다면 실리콘밸리의 에코시스템은 대체 무엇일까? 굳이 한 단어로 말한다면, 스타트업에 관련된 여러 사람들의 인적 네트워크라 할 수 있다. 갓 창업한 스타트업이 몇 명으로 구성된 회사일지 모르지만, 그 주변에는 벤처 캐피털이나 법률 사무소, 각 분야의 전문가 등 여러 전문 능력을 가진 사람들이 있다. 이들은 소속 직원은 아니지만, 스타트업의 성공을 위해 자금이나 시간을 투자한다는 의미에서 스타트업의 일원이자 주요 관계자라 할 수 있다.

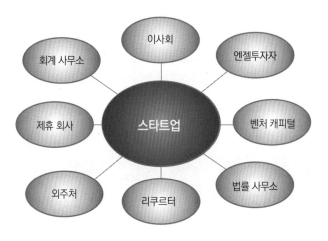

[그림 2.13] 스타트업과 연관된 관계자

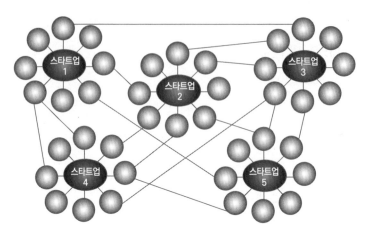

[그림 2.14] 실리콘밸리의 에코시스템(생태계)

　이러한 사람들이 큰 인적 네트워크를 만들어 하나의 커뮤니티로 구성된 것이 실리콘밸리의 에코시스템이다. 이를 통해 사람과 자금이 움직이고, 정보를 주고받으며 일이 진행된다.

　이렇게 설명하면 쉽게 이미지를 떠올리지 못할 수도 있다. 쉬운 이해를 위해 이것을 대기업 조직과 비교해보자. [그림 2.15]은 대기업에서 무언가 새로운 프로젝트가 시작될 때, 실리콘밸리의 에코시스템과 동일한 작용이 일어나고 있음을 나타낸 것이다. 직접 프로젝트 업무를 하는 초기 인력은 매우 적다. 하지만 해당 프로젝트는 사내 여러 부분의 사람들과 연관되어 있다. 프로젝트에는 전속 인사 담당자나 법률 담당자가 없겠지만, 회사 인사팀이나 법률팀에서 도움을 주고 있다. 프로젝트를 발족하고 독려하는 연구소장이나 스폰서가 되는 사업부장 역시 이 프로젝트의 성공을 위해 풀타임으로 일하는 것은 아니지만, 자금이나 시간을 투입하여 업무 지원을 한다는 의미에서 보면 프로젝트의 일원이라 할 수 있다.

이처럼 회사 내에서 전문 능력을 가진 많은 사람들이 소규모 인력의 프로젝트를 지원하는 구조는 실리콘밸리의 스타트업과 동일하다. 다른 점이라면 대기업의 경우에는 모든 구성원과 관계자가 한 회사에 있지만, 실리콘밸리에서는 스타트업과 스타트업 외부 이해관계자들이 서로 연계되는 에코시스템 안에 있다는 것이다. 이 책에서는 실제로 존재하는 회사는 아니지만 실리콘밸리 전체가 에코시스템으로 연결되어 있기 때문에 하나의 큰 회사로 보고 이를 실리콘밸리 주식회사(이하, 실리콘밸리㈜)라고 부르겠다.

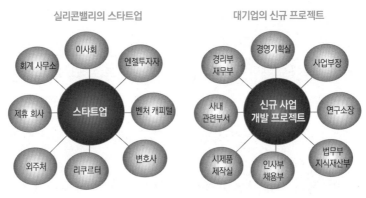

[그림 2.15] 실리콘밸리와 대기업의 비교

해당 분야에 전문지식과 역량을 갖춘 사람들로 구성된 큰 인적 네트워크를 통해 일을 진행한다는 점에서도 대기업 조직과 실리콘밸리㈜의 조직은 서로 유사하다. 대기업에서 새로운 프로젝트를 진행하고자 자원(인력과 자금)을 동원하거나 보유한 여러 가지 기술을 조합해 무언가 만들고자 할 때도 실질적으로 사람과 사람 간에 교류를 통해 일이 진행되는 인적 네트워크가 핵심적인 역할을 한다. 결국 대기업의 신규 프로젝트는 대기업이라는 공동체 안에 구축된 여러 형태의 사내 네트워크를 통해 일이 진행되는 것이다.

이와 동일한 작업이 실리콘밸리㈜에서도 일어난다. 스타트업이 인재를 모으거나 자금을 모으는 경우에 결정적 역할을 하는 것은 CEO의 인맥, 전 직장 동료의 네트워크 또는 출신 대학의 학연 같은 것이다. 이곳에서도 실리콘밸리 전체를 둘러싼 여러 형태의 네트워크를 통해 일이 진행된다. 각각의 스타트업은 회사라는 독립된 조직이지만, 실리콘밸리㈜ 안에서는 하나의 사업 프로젝트인 셈이다.

실리콘밸리의 이 에코시스템 안에는 대학도 포함된다. 대기업이 사내 연구소에서 개발한 기술을 활용해 신규 프로젝트를 진행한다면 실리콘밸리㈜의 경우에는 그 기능을 대학이 맡는다. 즉, 대학에서 새로운 기술을 개발해서 비즈니스로 연결 가능하다면 스타트업을 만들어 사업화하는 것이다.

대기업에서 신규 사업 프로젝트가 잘될 것 같으면 어떻게 할까? 프로젝트를 격상시켜 새로운 사업부를 신설할 수도 있지만 대부분의 경우에는 신규 사업이나 신제품은 기존의 사업 부문과 연계시켜 비즈니스화한다. 신규 기술이 기존 제품의 일부가 되는 경우도 있고, 신규 개발된 제품이 기존 사업부의 신제품으로 연결되는 경우도 있다. 일반적으로 회사 내 사업부는 연구소나 신규 프로젝트의 성과를 기반으로 사업을 확대해간다.

실리콘밸리(㈜)에서는 기존 기업(구글, 인텔 또는 페이스북이라는 기업)이 대기업의 기존 사업부에 해당한다. 구글이나 인텔은 스타트업에서 개발한 신규 기술을 자사 제품에 적용한다든지, 스타트업을 인수하여 제품 라인 확장을 통해 사업을 확대해간다. 이것은 대기업에서 신규 프로젝트로 개발한 신제품을 신규 사업부가 아닌 기존 사업부에 연계시켜 사업화하는 것과 동일하다.

이처럼 실리콘밸리 전체를 하나의 묶음으로 생각한다면, 실리콘밸리에서의 스타트업 창업은 일본 대기업의 신규 사업 설립과 무척 닮았다. 이노베이션이 시작되는 대학이나 그 성과를 가져와 큰 비즈니스로 육성하는 기존 기업을 에코시스템에 편입해서 본다면 각각의 스타트업은 대기업의 개발 프로젝트 같은 존재인 셈이다.

실리콘밸리라고 하면 애플이나 구글처럼 크게 성공한 회사에 눈길이 가기 마련이다. 하지만 이것은 수많은 개발 프로젝트 중 극소수에 불과하다. 그러한 성공이 있기까지 '평범한' 성공을 거둔 수많은 개발 프로젝트(즉 스타트업)가 실리콘밸리의 본질이라 할 수 있다. 대기업의 신규 사업에 비유한다면 애플이나 구글은 새로운 프로젝트가 기존의 사업을 뛰어넘어 신규 사업부에서 크게 성공한 특별 케이스에 해당한다고 말할 수 있다.

제2장 정리 ✏️

∨ 이노베이션에 대한 주도권은 대기업에서 스타트업으로 넘어가고
   있다.

∨ 이것은 글로벌한 트렌드가 되고 있다.

∨ 실리콘밸리의 본질은 대학, 대기업 및 수 많은 스타트업으로 구성
   된 이노베이션 에코시스템(Eco-System, 생태계)이다.

3

스타트업은
일반 회사와 다르다

Chapter 3

스타트업은
일반 회사와 다르다

제1장에서는 누구나 창업을 선택지로서 고려할 필요가 있고, 제2장에서는 스타트업이 사회 전반적으로 중요한 역할을 수행하고 있으며, 이것은 미국만의 특수한 현상이 아니라고 말했다. 이번 장에서는 스타트업이 일반 회사와 어떻게 다른지를 설명할 것이다.

3-1 스타트업이란?

계속해서 스타트업이라는 단어를 사용해왔다. 이 책은 전문적인 학술서적이 아니기 때문에 엄밀하게 단어를 정의할 필요는 없겠지만, 새로운 비즈니스를 창조한다는 관점에서 볼 때 스타트업은 중요한 대상이므로 좀 더 자세히 알아둘 필요가 있다.

이 책에서는 큰 성공을 목표로 새롭게 만든 회사를 통칭하여 '스타트업'이라고 부른다. 많은 사람들에게는 '스타트업'보다 '벤처'나 '벤처 기업'이라는 단어가 더 친숙할 수도 있다. 혹자는 스타트업(즉, 큰 성장을 목표로 새롭게 만든 초기 단계의 회사)을 벤처(또는 벤처회사)라고 부르기도 한다. 일반적으로 벤처 기업이라고 하면 새롭게 설립된 회사를 지칭하는 경우가 많다. 넓은 의미에서는 미래가 유망하지 않거나 빠른 성장이 어려운 회사도 포함되어 있고, 이 책에서 설명하는 스타트업과 다른 종류의 회사도 포함된다. 이러한 이유로 '벤처 기업'이라는 단어의 애매함을 피하기 위해 기본적으로 벤처라는 단어 대신 스타트업이라는 단어를 사용하기로 한다.

'스케일Scale'은 '크게 성장한다'라는 의미이다. '이 비즈니스 모델로 회사가 스케일 업Scale Up 할 것인가?', '이 사업은 스케일 있는 사업인가?'라는 표현을 하는데, 스케일이란 궁극적으로는 '작은 규모로 시작하였지만 향후 매출이 10배, 100배로 성장할 수 있는 사업인가?'라는 의미에 가깝다.

큰 사업으로 성장하려면 큰 시장이 필요하다. 아무리 뛰어난 제품이나 서비스라도 사용할 가능성이 있는 사람이나 회사가 있어야 한다. 즉, 잠재 고객의 증가가 한정적이어서 만약 시장이 확대되었을 때 그 시장의 예상 매출이 1억 엔 수준이라면 결국 이 사업은 1억 엔 정도의 시장에 불과하다.

사업이 크게 성공하거나 그럴 만한 시장이 있다면 동일한 사업을 하는 사람이 나오기 마련인데, 이는 경쟁이 생긴다는 뜻이다. 경쟁이 없는 분야에서 사업하는 것이 가장 이상적이지만 현실에서 그렇게 되기란 쉽지 않다. 설령, 아무도 생각지 못한 사업을 시작하더라도 결국 그 사업을 따라하는 사람이 나오기 마련이다. 따라서 스타트업으로 성공하려면 경쟁은 필수라고 생각해야 한다.

경쟁 상대가 있는 가운데 사업을 성공하기 위해서는 남과 다른 차별점이 필요하다. 스타트업은 반드시 기술을 기반으로 할 필요는 없지만, 남들이 쉽게 흉내 낼 수 없는 기술을 가지고 있다면 확실히 유리하다. 나아가 그 기술로 특허를 받을 수 있다면 더할 나위 없을 것이다.

그러나 기술 이외에도 사업을 차별화시킬 수는 있다. 창업가가 특정 업계에서 오랫동안 종사해오면서 경쟁자와 비교되지 않을 정도로 업계 지식이 풍부하고, 강력한 인맥을 가지고 있는 경우도 차별화 요인이 될 수 있다. 특수한 원료나 부품을 독점적으로 확보할 수 있다면 이 또한 확실한 차별화 요인이라고 할 수 있다.

또한 스타트업은 스피드도 중요하다. 특히 IT 서비스 분야라면 경쟁 상대가 나타나기 전에 빠르게 시장을 장악하고 큰 회사로 성장하는 것이 경쟁우위를 점하는 하나의 방법이다.

스타트업 창업에는 자금도 필요하다. 기술 개발에도 자금이 필요하며, 선행투자를 통해 빠르게 비즈니스를 확대, 성장시키기 위해서도 자금이 필요하다. 오랜 기간 사업을 이어온 회사라면, 장기간 누적된 이익금을 신규 사업에 투자할 수 있겠지만, 스타트업과 같은 신생 회사는 그만한 시간이나 보유한 이익금도 없다. 사업에 필요한 자금을 자기 자본만으로 직접 조달하는 것이 가장 바람직하겠지만, 거의 대부분의 창업가는 창업과 운영에 필요한 그만큼의 큰 자금이 없으므로 타인으로부터 자금을 조달해야 한다. 어느 정도 실패할 가능성을 안고 있는 스타트업에게는 '출자(주식투자)'라는 형태로 자금이 공급되는데, 만약 사업이 성공한다면 큰 금전적 보상이 뒤따른다. 스타트업은 타인으로부터 출자(주식투자)를 통해 운영 자금을 확보하는 것이 기본이라고 할 수 있다.

3-2 스타트업과 스몰 비즈니스는 다르다

모든 신생 회사가 스타트업은 아니다. 큰 회사로 성장이 목표가 아닐 수도 있고, 큰 회사를 목표로 하지만 그렇게 성장하지 못하는 경우도 많다. 이 책에서는 그러한 사업을 '스몰 비즈니스'라고 부르겠다. 일반적으로 '중소기업'[1]이 가장 근접한 단어일지 모르지만, 법적으로는 종업원이나 매출이 일정 기준 이하의 회사라고 정해져 있다. 이 기준에 딱 맞는 스타트업이라도 법률상 중소기업에 포함되므

---

1) 중소기업 기본법에 업종마다 어떤 규모의 회사를 중소기업이라고 규정할지 명시되어 있다. 예를 들어 소매업에서는 자본금 5000만 엔 이하, 종업원 수 50명 이하이지만, 대부분의 업종에서는 자본금 3억 엔 이하, 종업원 수 300인 이하이다. (일본 기준)

로, 중소기업이라는 용어를 사용하지 않고 '스몰 비즈니스'라는 단어를 사용한다.

그렇다면 스타트업과 스몰 비즈니스의 차이는 무엇일까

스타트업은 기본적으로 기존에 없는 새로운 비즈니스를 창출하기 때문에 구상한 아이템(제품이나 서비스)이 비즈니스로 연결될 수 있을지 처음에는 알 수 없다.[2] 사업을 시작할 때에는 목표 고객을 대상으로 특정 제품이나 서비스를 제공하기 위한 계획을 세우지만, 이는 어디까지나 가설에 불과하다. 가설을 기반으로 만든 시제품을 잠재 고객이 테스트해 봤는데 정작 필요 없는 물건이 된다면 이러한 계획은 수포로 돌아가고 만다.

예를 들어, 대학 연구실에서 지금까지 없던 안면인식 알고리즘 기술을 개발하여 이 기술을 기초로 스타트업을 창업한다고 가정해 보자. 이것은 범용성이 높은 기술이므로 공장 로봇 제어 분야나 일반 소비자가 스마트폰으로 찍은 사진을 정리하는 데 사용될 수도 있다. 만약 로봇 제어에 사용한다면, 스타트업은 안면인식 소프트웨어를 로봇 제작 업체나 로봇을 도입하여 운영하고 있는 공장에 판매해야 한다. 스마트폰 앨범 정리를 목적으로 한다면, 이 사업은 스마트폰 제조사에게 라이선스를 주는 방식으로 진행하거나 자사 클라우

---

2) 예외도 있다. 예를 들면, 암 치료 약을 개발하는 제약 스타트업은 암을 치료하는 약이 개발되기만 한다면 비즈니스가 될지의 여부를 염려할 필요가 없을 것이다.

드에 소프트웨어를 설치해서 안면인식 기능을 일반 소비자에게 직접 제공할 수도 있다. 결국 스타트업은 처음부터 어떤 고객을 목표로 하여 어떤 제품이나 서비스를 어떠한 경로로 고객에게 제공할지 결정해 놓고 시작하는 경우는 드물다. 이것은 소프트웨어뿐만 아니라 하드웨어에서도 동일하다.

이처럼 스타트업은 기본적으로 지금까지 없었던 새로운 사업을 하기 때문에, 누구에게 어떤 제품이나 서비스를 제공할지 결정해 시작하는 경우가 드물고, 처음 구상했던 제품이나 서비스가 있더라도 그것이 정말 큰 비즈니스가 될지 알 수 없다. 스타트업은 어떤 고객을 타겟으로 설정해서 어떤 제품이나 서비스를 제공할까를 검토하는 데에서 시작된다.

한편, 대부분의 스몰 비즈니스는 타겟 고객에게 제공할 제품이나 서비스에 대한 계획을 가지고 있다. 예를 들어 역 근처에서 라멘집을 시작한다면 판매 상품은 라멘이고, 타겟 고객은 역 근처에서 점심을 먹는 직장인이나 퇴근길에 저녁 및 야식을 먹으러 오는 사람들일 것이다. 라멘집 장사가 잘되기 위해서는 여러 가지 성공 요인이 필요하다. 점심에 라멘을 먹는 사람이 있을지 걱정할 필요도 없다. 그것은 안면인식 알고리즘 기술을 구매할 사람이 있을까 걱정해야 하는 스타트업과는 본질적으로 다르다.

요즘에는 인터넷이나 IT를 활용한 스몰 비즈니스도 많다. 오프라인 매장이 필요했던 소매업이 온라인숍으로 바뀐 것이 전형적인 예

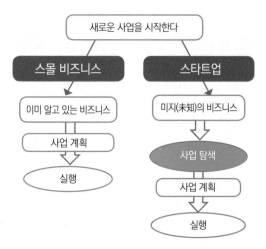

[그림 3.1] 스타트업은 미지(未知)의 영역에서 사업을 찾는다

다. 실력이 뛰어난 웹디자이너가 소프트웨어를 개발하는 스몰 비즈니스를 직접 경영하는 경우도 많다. 이처럼 사업에 IT 기술을 활용한다고 해서 모두 스타트업이라고 칭하지는 않는다.

스타트업과 스몰 비즈니스는 금전적인 측면에서도 큰 차이가 있다. 일단 라멘집은 개점하면 일일 판매량이 있기 때문에 초기부터 일정액의 매출이 발생한다. 그러나 스타트업은 잠재적인 타겟 고객에게 어떤 제품이나 서비스를 제공할 것인가를 찾는 창업 아이템의 탐색 시기가 있고, 창업 후에 매출이 없거나 설령 있더라도 소액인 경우가 대부분이다.

[그림 3.2]는 스타트업과 스몰 비즈니스의 일반적인 수익 변화 차이를 나타낸 것이다. 스타트업의 경우, 보통 초기 매출이 없거나 적

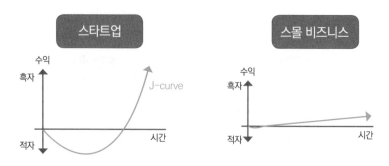

[그림 3.2] 스타트업의 J커브

은 데 비해 지출이 크기 때문에 적자가 발생하지만, 본격적으로 비즈니스를 시작하면 급격히 매출도 올라가고 이익도 증가한다.[3] 비즈니스가 정상 궤도에 오르기까지 대개 몇 개월에서 2~3년은 걸린다. 일반인 대상의 웹 서비스나 앱이라면 개발 완료까지 몇 개월 만에도 가능하겠지만 기업 대상의 서비스나 소프트웨어 제품은 그보다 오래 걸린다.[4]

스타트업은 기본적으로 타인에게 출자받는 것을 전제로 하며, 적자 발생에 대한 리스크를 감수하고 초기 투자금이 유입된다. 그러나 스타트업 비즈니스도 일단 이익이 나기 시작하면 그 이익금을 투자금으로 전환해 외부 자금 지원 없이 운영할 수 있게 된다. 이와 같은 방식으로 스타트업이 성장하면 가속도가 붙는다. 이처럼 많은 자금

---

3) 이 같은 움직임을 J 커브 또는 하키 스틱 커브라고 부르기도 한다.

4) 신약을 개발하는 바이오 벤처라면 성공하기까지 10년가량 걸리는 경우도 많다.

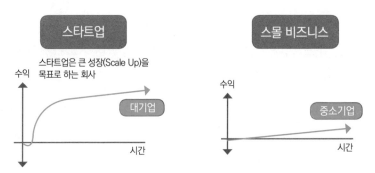

[그림 3.3] 장기적인 관점에서 본 스타트업의 성장

을 외부에서 조달받아 리스크가 큰 비즈니스를 시작해 성공하면 큰 이익을 얻을 수 있으므로 스타트업은 '하이 리스크, 하이 리턴 High Risk, High Return' 사업이라 할 수 있다.

반면, 스몰 비즈니스에서는 비교적 초기부터 매출이 발생하고 상승하지만, 급격히 증가하지는 않는다. 초기 투자금이 상대적으로 적기 때문에 초기 적자도 크지 않고, 순조롭게 사업이 진행되면 비교적 빨리 흑자로 전환된다. 그런 의미에서 스몰 비즈니스는 '로우 리스크, 로우 리턴Low Risk, Low Return' 사업이라고 할 수 있다.

스몰 비즈니스의 경우에도 초기 투자금은 외부에서 조달하는 경우가 많은데, 처음부터 매출이 발생하기 때문에 일반적으로 출자(주식회사)가 아닌 융자라는 형태로 자금을 조달받는다.[5] 그러나 큰 수익

5) 출자와 융자의 차이에 대해서는 제8장에서 상세하게 설명한다.

을 내는 것이 아니어서 많은 외부 자금을 확보하기 어렵고, 빠르게 성장할 수도 없다. 스몰 비즈니스는 잘되고 있더라도 성공하는 데 오랜 시간이 걸린다.

[그림 3.2]의 시간 축을 일반적으로 수개월에서 2~3년 정도라고 했는데, 이 시간 축을 더욱 길게 그린 것이 [그림 3.3]이다. 스타트업은 사업이 어느 정도 궤도에 올라오면 빠르게 성장하지만, 무한정으로 빠르게 성장하는 것은 불가능하다. 목표한 대로 대기업이 되면, 성장 스피드는 둔화되고 좀 더 안정적인 성장 커브를 그리게 된다. 반면 스몰 비즈니스는 천천히 성장한다.

일반적으로 스타트업과 스몰 비즈니스는 사업을 시작하는 동기나 목표도 다르다. 스타트업은 큰 회사를 목표로 하지만, 스몰 비즈니스는 '자영업'이라는 단어로 상징되는 것처럼 가정의 생계 유지를 위한 수익 창출이 첫 번째 목표다. [표 3.1]은 지금까지 서술해온 스타트업과 스몰 비즈니스의 차이점을 정리한 것이다.

이상으로 스타트업과 스몰 비즈니스의 차이를 설명했지만, 이 책의 핵심 대상은 스타트업이다. 스타트업과 스몰 비즈니스 창업은 서로 전혀 다른 사고방식이나 방법이 필요하다. 물론 공통점도 많다. 법률상 이 둘을 구분해서 정의하지 않기에 회사 설립 절차는 동일하며 회계 처리 방식도 같다. 그러나 스타트업과 스몰 비즈니스는 사업 계획에 대한 사고방식도 다르고, 자금 확보 방법도 다르다. 따라서

[표 3.1] 스타트업과 스몰 비즈니스의 차이

	스타트업(ex: 안면인식)	스몰 비즈니스(ex: 라멘집)
판매 아이템 인지 상황 (무엇을 팔 것인가?)	미정(용도, 제품 제원, 규격에 대해)	알고 있음(라멘)
고객에 대한 인지 상황 (누구에게 팔 것인가?)	미정(개인, 기업, 업종에 대해)	알고 있음(근처의 점심 손님)
판매 장소에 대한 인지 상황 (어디서 팔 것인가?)	미정(대리점, 직판(直販), 온라인 등 판매처에 대해)	알고 있음(매장에서 판매)
판매 방식에 대한 인지 상황 (어떻게 팔 것인가?)	미정(제조업, 서비스업 등 업종, 업태에 대해)	알고 있음(라멘 판매)
매출 발생 시점	초기에는 당분간 없음	개점한 날부터
필요한 자금 규모	대규모	소규모
필요 인력	다수의 전문성 높은 종업원	소수 인원으로 전문성이 요구되지 않는 노동력
사업 파트너	다수(하청 위탁, 제조, 판매 등)	소수(라멘의 원, 부재료 사입 업체)
리스크와 리턴(수익)	하이 리스크, 하이 리턴 (고위험, 고수익)	로우 리스크, 로우 리턴 (저위험, 저수익)
사업 목표	큰 회사로 성장	가정과 생계의 유지

아래 내용은 기본적으로 스타트업을 전제로 하므로 스몰 비즈니스에 대해 자세히 설명하지 않는다는 점에 유의하기 바란다.

다만, 이 책의 대상이 스타트업이라고 해서 스몰 비즈니스가 스타트업 대비 가치가 낮다는 것은 아니라는 점을 강조하고 싶다. 이노베이션을 통해 경제발전의 원동력이 되는 주체는 큰 성장을 이루어 많은 인력을 고용하고 큰 부가가치를 창출하는 스타트업이지만, 어느 나라에서든지 소규모의 중소기업(주로 스몰 비즈니스)들이 국가 경제에 매우 중요한 역할을 하고 있는 것은 사실이다.[6] 종업원이 적은 기업 중에는 스타트업도 있지만 그 수는 매우 적고, 대부분은 스몰 비즈니스에 해당한다. 이는 일본뿐 아니라 어느 나라든 동일하다.

스몰 비즈니스는 경제 전반에 큰 비중을 차지하고 있다는 점에서, 스타트업은 앞으로 대기업이 될 후보라는 의미에서 중요하기 때문에 양쪽 모두 없어서는 안 될 중요한 존재들이다. 그러나 일반적으로 둘의 차이를 정확히 이해하고 있는 사람은 많지 않다. 창업이라는 단어를 스몰 비즈니스나 스타트업 모두 사용하고, 정부가 신규 사업을 활성화하려 할 때에도 각각의 진흥책을 구별하지 않은 경우도 있다. 둘 다 중요하지만, 각각의 사업 성격이 다르기 때문에 그 차이점을 잘 알아야 하겠다.

3-3 스타트업은 대기업의 축소판이 아니다

앞서 살펴본 대로 스타트업은 일반적으로 큰 회사로 성장하는 것

---

6) 일본의 경우에 전체 사업장의 98.5%는 종업원 100인 이하이며, 78%는 종업원 10인 이하이다. 또한 전체 고용자의 72%는 종업원 100인 이하의 사업장에 근무하고 있다.(출처: 2014년 경제센서스 기초 조사)

을 목표로 한다. 스타트업이 성장하면 결국 대기업이 된다.[7] 따라서 스타트업 조직은 장기적인 안목을 가지고 대기업으로 성장할 것을 미리 상정하여 준비해야 하며, 이 책에서 다루는 다양한 내용이 그러한 준비에 도움이 될 것이다.[8]

그럼 스타트업 경영을 대기업처럼 해도 괜찮을까? 답은 '아니오'다. 스타트업은 규모가 작다는 것뿐 아니라, 여러 면에서 대기업과는 질적으로 다르다.

스타트업 초기에는 어떤 목표 고객에게 어떤 제품이나 서비스를 제공할지 탐색해야 한다고 말했다. 지금까지 세상에 없던 사업을 새롭게 만들어내는 것이 스타트업의 목표이므로 처음에 추정했던 고객, 제품, 서비스는 어디까지나 가설에 불과하며 정말 비즈니스로 연결될지 알 수 없다고도 했다.

이와 반대로, 대기업은 이미 오래전부터 사업을 해오고 있기 때문에 기존 제품이나 서비스, 고객을 가지고 있다. 이것은 누구에게 무엇을 팔아야 될지 아직 명확하지 않은 스타트업과는 근본적으로 다르다. 누가 고객이고 어떤 제품이나 서비스를 제공해야 할지 이미

---

7) 미국의 많은 스타트업이 대기업에 인수된다. 독자적으로 하는 것보다 기존 대기업의 일부가 되는 편이 그 사업을 성장시킬 가능성이 높다고 판단하면 사업을 매각하는데, 이 경우도 스타트업은 대기업(또는 그 일부)이 된다고 말할 수 있다.

8) 반대로 말하면, 이 책에 쓰여 있는 것을 따르지 않더라도 창업을 할 수 있고, 스몰 비즈니스를 창업한다면 굳이 이 책의 내용에 따르지 않는 것이 좋을 수도 있다.

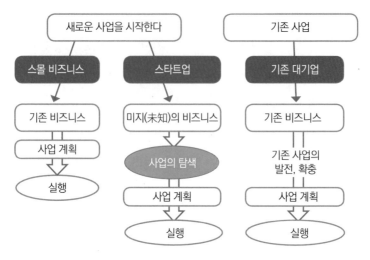

[그림 3.4] 스타트업과 대기업의 차이

알고 있다는 점에서, 대기업이 추진하는 사업의 성격은 스타트업보다 오히려 스몰 비즈니스에 가깝다고 할 수 있다.

　고객과 그들에게 팔 제품을 가지고 있는 대기업은 기존 사업을 확대하는 것이 사업의 첫 번째 목적이다. 물론 기존 사업만으로는 성장의 한계가 있으므로 성장이 둔화되면 대기업도 신규 사업을 개척하지만,[9] 기존 사업의 매출을 올려 이익을 내고 사업을 확장하는 것에 우선순위를 둔다.

　자금 면에서도 스타트업과 대기업은 크게 차이가 난다. 대기업은

---

9) 사내 자체 연구개발을 통해 신규 사업을 만들어내는 것뿐만 아니라, 매각과 인수를 통한 사업의 확대가 일반화되고 있는 것은 제2장에서 서술한 대로이다.

이미 매출도 있고 누적된 이익금도 있기 때문에 새로운 사업에 회사 자금을 투자하는 것이 가능하지만, 앞서 말했듯이 대부분의 스타트업은 창업 이후 상당 기간 수익이 없으므로 외부에서 자금을 조달받아야 한다. [표 3.2]는 스타트업과 대기업의 차이를 정리한 것이다.

스타트업은 대기업이 된다는 것을 전제로 한다고 이야기했다. 하지만 실제 대기업으로 성장하는 스타트업은 그리 많지 않다. 사업을 유지할 수 없어 폐업하기도 하고, 성장이 정체되어 스몰 비즈니스에 만족하기도 한다. 외부 투자가도 스타트업의 높은 성장 가능성을 기

[표 3.2] 스타트업과 대기업의 차이

	스타트업	대기업
판매 아이템 인지 상황 (무엇을 팔 것인가?)	미정(용도, 제품 제원, 규격에 대해)	– 기본적으로 이미 알고 존재함 – 기존 사업의 확대 및 강화가 주요 목적 – 기존 사업을 지킬 필요가 있음 그러나 성장이 둔화된다면 신규 사업 개척이 필요 (자체적으로 신규 사업을 기획해 성장시킬 것인가 아니면 외부의 유망 기업을 인수할 것인가)
고객에 대한 인지 상황 (누구에게 팔 것인가?)	미정(개인, 기업, 업종에 대해)	
판매 장소에 대한 인지 상황 (어디서 팔 것인가?)	미정(대리점, 직판(直販), 온라인 등 판매처에 대해)	
판매 방식에 대한 인지 상황 (어떻게 팔 것인가?)	미정(제조업, 서비스업 등 업종, 업태에 대해)	
매출 발생 시점	초기에는 당분간 없음	
필요한 자금 규모	대규모	
필요 인력	다수의 전문성 높은 종업원	
사업 파트너	다수(하청 위탁, 제조, 판매 등)	
리스크와 리턴(수익)	하이 리스크, 하이 리턴 (고위험, 고수익)	대개는 로우 리스크(저위험)
사업 목표	큰 회사로 성장	연평균 X% 성장

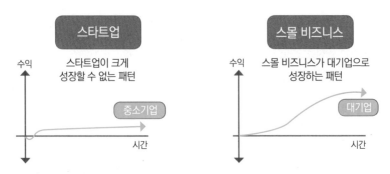

[그림 3.5] 스타트업과 스몰비즈니스의 변화 패턴

대하고 투자하므로, 스몰 비즈니스에만 머무른다면 차라리 회사를 폐업하고 다시 도전하는 편이 나을 수 있다. 스타트업으로 크게 성공하는 사례는 별로 많지 않다. 특히 일본에서는 스타트업으로 창업한 회사가 오랫동안 스몰 비즈니스에 머물러 있는 경우가 많다.

조금 시간이 걸리더라도 스몰 비즈니스가 큰 회사로 성장하는 경우도 물론 있다. 최근까지 일본의 대기업은 대부분 이 패턴이었다고 할 수 있다. 이는 스타트업 형태의 창업이 일본에서 일반화된 지 얼마 되지 않았기 때문이다. 제2장에서 서술한 대로 스타트업이 이노베이션의 주요 주체가 된 것은 미국에서도 1980년대 이후의 일이다. 미국에서는 애플, 구글 등과 같이 스타트업이 급성장하여 대기업으로 발전한 사례가 많다. 하지만 일본에서는 아직 스타트업이 이노베이션의 주체가 되지 못하였고, 나아가 대기업으로 성장한 회사도 적다. 만약 일본의 전통적인 대기업은 어느 쪽인가라고 묻는다면 스타트업보다는 스몰 비즈니스에서 성장했다고 말할 수 있다.

3-4 대기업 내부의 신규 사업

이미 다양한 제품이나 서비스를 갖추고 많은 고객을 보유한 대기업은 기존 사업을 확대, 성장시켜 가는 것이 목표다. 그러나 대기업도 기존 사업의 성장이 둔화되면 신규 사업을 개척해야 한다. 대기업이 기존 고객에게 기존 제품의 연장선상에서 제품을 파는 것이 아니라 완전히 새로운 신규 사업을 한다면 그 프로세스는 스타트업의 방식과 유사하다. 왜냐하면 대기업의 신규 사업 역시 무엇이 비즈니스가 될지 모르는 상태에서 어떤 고객에게 무슨 제품을 제작, 판매하는 것이 좋은가를 탐색해야 하기 때문이다. 그런 의미에서 본다면 창업가정신[10]은 스타트업뿐 아니라 기존 회사의 신규 사업 구축 과정에도 필요한 것이다.

그러나 일반적으로 대기업이 신규 사업을 시작해도 생각만큼 잘 성장하지는 않는다. 여러 가지 이유가 있겠지만, 기본적으로는 스타트업과 대기업의 경영에 본질적인 차이가 있기 때문이다. 대기업은 고객이나 제품이 존재한다는 점에서 스몰 비즈니스의 경영과 같다. 하지만 스타트업 초기 경영 단계에서는 무엇이 비즈니스가 될지 찾아야 하므로 기존 사업을 운영하는 능력과는 전혀 다른 창업가 특유의 능력을 필요로 한다.

---

10) 대기업 내에서의 창업가정신을 인트라프러너십(Intrapreneurship, 사내 창업가정신)이라고 부르기도 한다.

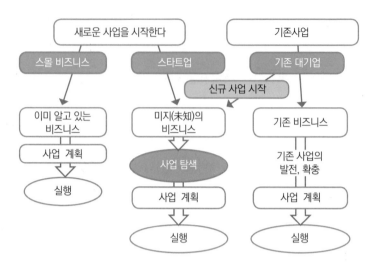

[그림 3.6] 대기업에서의 신규 사업

신입사원으로 입사하여 한 회사에서 몇십 년 동안 일하다가 사장
이 된 경영자는 스타트업 창업가처럼 무엇이 비즈니스가 될지를 모
색한 경험이 없는 경우가 많고, 기존 사업을 반복해가며 성장하는
것에 익숙하므로 신규 사업을 발굴하고 개척하는 데 어려움을 겪는
다. 설령 가능하더라도 연 매출 1조 엔인 회사의 경영자라면 대부분
매출 증대(가령 1.1조 엔)를 최우선 과제로 삼을 것이다. 이때 만약 예
상 연 매출이 10억 엔인 신규 사업이 있더라도, 그 사업은 기존 사
업의 0.1조 엔 매출 증대라는 최우선 과제와 비교하면 오차 정도에
불과한 작은 사업이므로 우선순위에서 낮아질 수밖에 없다.

대기업의 경영은 이처럼 어떻게든 기존 사업을 유지하며 발전하

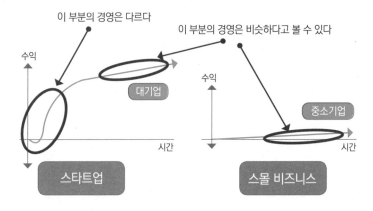

[그림 3.7] 스타트업과 대기업 경영의차이

는 것이 우선시되기 마련이다. 기업이 성장할수록 지켜야 할 기존 사업의 규모도 커지므로, 신규 사업의 우선순위는 점점 낮아질 수밖에 없다. 반면, 스타트업 창업가라면 예상 연 매출 10억 엔인 신규 사업이 회사의 전체 매출이 될 수도 있으므로 아마 365일 24시간 거기에만 몰입할 것이다. 대기업에서 신규 사업을 해보려고 해도 좀처럼 잘되지 않는 것은 이와 같은 배경 때문이다.

스타트업과 대기업의 경영이 구체적으로 어떻게 다른지는 [표 3.3]에 상세히 정리하였으니 참고하기 바란다.

이처럼 스타트업 경영은 대기업과는 다른 능력이 필요하지만 공통적으로 필요한 능력도 있다. 스타트업 경영자는 사업으로 연결될 수 있는 아이템을 찾으면 빠르게 실행 계획을 수립하고 실행해야 하는데, 이 점은 대기업 경영에 필요한 역량과 근본적으로 같다. 다시

[표 3.3] 창업가와 경영자의 차이

스타트업의 경영(Entrepreneur)	대기업, 스몰 비즈니스의 경영(경영자)
사업의 모색, 탐색	사업 계획의 실행
파괴적 이노베이션	점진적 이노베이션
도전과 스피드	규모와 확률
경영자원의 조달, 획득	경영 자원의 분배
장점을 관리	결점을 관리
비전에 기반을 둔 경영	숫자에 기반을 둔 경영
액션 지향	컨트롤(통제, 관리) 지향
기회를 붙잡는 경영	프로세스를 따르는 경영
리스크를 받아들인다	리스크를 회피한다

출처: "Bringing Silicon Valley Inside" by Gary Hamel(Harvard Business Review, Sep/1999)

말해, 스타트업 경영자에게는 특정한 아이디어 또는 아이템에서 사업 가능성을 발견하는 창업가 특유의 능력은 물론 나아가 사업 계획을 세우고 실행하는 기업 경영 능력도 필요한 것이다.

　창업가 중에는 사업 가능성을 발견하는 능력은 잘 갖춰져 있지만, 기업을 경영하는 능력은 부족한 사람도 있다. 회사가 성장하며 창업가의 기업 경영 능력도 함께 성장해 나가는 것이 바람직하다. 하지만 그렇지 못한 상황이라면 기업 경영 능력이 뛰어난 동료와 공동으로 경영하거나 경영 능력이 뛰어난 사람에게 일임하는 것도 고려해야 한다.

제3장 정리 ✏️

∨ 스타트업은 큰 성장을 목적으로 새롭게 만든 회사다.

∨ 스타트업과 스몰 비즈니스는 다르다.

∨ 스타트업은 대기업의 축소판이 아니다.

∨ 모든 창업을 스타트업이라고 할 수는 없지만, 세상에 큰 영향을
  미칠 수 있는 '하고 싶은 일'을 하기 원한다면 스타트업이 그 해답
  이 될 것이다.

비즈니스는 고객에게
가치를 전달해야 한다

Chapter 4

비즈니스는 고객에게
가치를 전달해야 한다

지금까지 각 장에서 창업가정신이나 스타트업이 무엇이고, 왜 중요한지 서술했다. 이번 장부터는 스타트업을 창업할 때 알아야 할 여러 가지 기초 지식을 설명한다.

4-1 비즈니스란 무엇인가?

'비즈니스'나 '사업[1]'이라는 단어는 우리 사회에서 여러 가지 의미로 사용되고 있다. 하지만 여기서는 제품이나 서비스[2]를 고객에

---

1) 일본어에서 '사업'은 business 또는 project로 해석된다. 공공사업이나 자선사업을 말할 때 '사업'은 project이며, 이 책에서 말하는 '사업'을 의미하지 않는다.

2) '제품'이라는 단어에서 손에 직접 닿는 하드웨어를 연상할 수도 있으나, 소프트웨어 역시 제품이다. '제품'에는 손에 잡히는 하드웨어뿐만 아니라 소프트웨어도 포함된다. 하드웨어나 소프트웨어에 속하지 않은 비즈니스도 많은데, 이 책에서는 고객에게 제공하는 것들을 통칭하여 '제품이나 서비스'라고 한다.

게 제공한 대가로 수입을 얻는 활동
을 의미한다. 가령 편의점에서 도시
락을 사기 위해 돈을 지불한다면 이
는 도시락이라는 제품을 제공한 것
에 대한 대가이고, 비즈니스라고 할
수 있다. 너무 당연하다고 여기겠지
만 스타트업에게는 그렇지 않을 수

[그림 4.1] 비즈니스란?

도 있다. 왜냐하면 기존에 존재하지 않던 새로운 것을 만들고자 하
는 스타트업의 가장 큰 사업 실패 원인은 고객이 원하지 않는 제품
이나 서비스를 만들기 때문이다.

　제3장에서 스타트업에게 중요한 것은 어떤 타겟 고객을 대상으로
어떤 제품이나 서비스를 제공할지를 탐색 및 모색하는 것이라 했다.
이러한 탐색과 모색이 잘되지 않아 많은 스타트업이 실패한다. 물론
회사가 실패하는 원인은 여러 가지다. 자금이 소진되어 실패하는 회
사도 있고, 제품을 만드는 기술이 미숙해서 실패하는 회사도 있다.
창업자와 동료 사이가 멀어져 회사가 공중분해되는 경우도 많다.

　그러나 실패의 가장 큰 원인은 타겟 고객이 원하지 않는 제품이
나 서비스를 만드는 것에 있다. 물론 스몰 비즈니스나 대기업도 판
매하기 어려운 제품이나 서비스를 만드는 경우가 있지만, 그들은 적
어도 어떤 고객이 어떤 제품이나 서비스를 구입할지 정도는 대략적
으로 파악하고 있다. 오히려 지금까지 세상에 없던 사업을 전개하

는 스타트업이 팔리지 않는 제품이나 서비스를 만들어낼 위험이 더 크다. 사업을 운영하려면 고객이 대가를 지불할 만큼 가치 있는 제품이나 서비스를 제공하는 것이 당연하지만, 실은 이것이 가장 어렵다.

비즈니스의 기본 기능

비즈니스의 본질이라 할 수 있는, 고객에게 제품이나 서비스를 제공하는 활동은 다음의 세 가지 요인으로 구성된다.

- 어떤 제품이나 서비스를 누구에게 제공할지를 결정하는 기능 (목표 고객과 비즈니스 아이템의 **결정**)
- 제품이나 서비스를 만드는 기능(**제작**)
- 제품이나 서비스를 파는 기능(**판매**)

[그림 4.2] 비즈니스의 기본 기능

비즈니스의 기본 기능 중 첫 번째는 목표 고객을 비롯해서 비즈니스 아이템인 제품과 서비스를 '결정'하는 기능이다. 목표 고객에게 제품이나 서비스를 제공할 때 판매 가격을 얼마로 책정하고, 시장이 얼마나 성장할 수 있을지 조사하고 판단해서 결정하는 것으로, 이는 시장의 규모 및 크기와 관련되어 있다. 이 기능은 규모가 큰 기업에게도 중요하지만 스타트업에게는 더욱 중요하다. 일반적으로 '타겟 고객과 제품 및 서비스의 결정'은 오래전부터 마케팅 또는 경영전략의 한부분으로서 여러 가지 기법이나 사고방식이 활용되고 있다. 그리고 최근에는 초기에 사업을 탐색하고 모색하는 것이 중요한 스타트업에게 더욱 필요한 기능으로 인식되고 있다.

두 번째는 제품이나 서비스를 '제작'하는 기능으로, 만약 하드웨어를 만드는 제조업이라면 설계, 개발, 제조 순서로 진행되는 것이 일반적이다. 하지만 요즘에는 제조 프로세스를 자사 공장이 아니라 아예 다른 회사에 위탁하는 경우도 많다. 소프트웨어 비즈니스라면 하드웨어처럼 '제조'에 해당하는 프로세스가 없으므로 소프트웨어 개발 공정이 '제작' 기능에 해당한다. 서비스업은 이 기능이 없는 경우도 많지만, 만일 웹상에서 여러 가지 서비스를 제공한다면 소프트웨어 개발이 '제작' 기능에 해당될 수 있고, 여러 가지 파트너 기업과 연계하여 서비스를 구축한다면 다른 기업과의 제휴 및 교섭 관계를 구축하는 것을 '제작' 기능이라고 볼 수 있다.

마지막 세 번째인 '판매' 기능은 말 그대로 제품이나 서비스를 판매하는 기능이다. 일반 소비자를 대상으로 하는 비즈니스라면, 매장에서 서비스를 제공하거나 온라인에서 제품을 판매할 수도 있을 것이다. 판매 대상이 기업이나 단체라면 소비자 대상 비즈니스와는 다른 방식이 필요할 수도 있다. 두 방식 모두 제품과 서비스를 고객에게 직접 파는 직접판매와 판매자가 고객에게 판매할 때 중간에 여러 단계를 경유하는 간접판매가 있다. 또한 아무리 뛰어난 제품이나 서비스라도 고객이 그 존재를 알 수 없다면 판매가 불가능하기 때문에 고객과의 긴밀한 커뮤니케이션도 '판매' 기능의 중요한 요인이 된다.

회사를 구성하는 여러 가지 요소

회사가 사업을 전개함에 있어 '목표 고객과 비즈니스 아이템의 결정', '제품이나 서비스 제작', '제품이나 서비스 판매'의 세 가지 기능은 매우 중요하다. 창업한 지 얼마 안 된 회사라면 모든 기능을 통합해서 진행해야 하지만, 회사가 성장할수록 이러한 기능들은 점점 개별적으로 진행되어야 한다. 회사의 홈페이지를 찾아보면 대개 회사소개 페이지에 조직도가 나와 있고, 개발, 영업, 마케팅, 인사, 재무, 법무, 품질관리, 고객지원cs, 홍보, 경영기획 등 여러 부서가 나열되어 있다. 회사에 필요한 기능은 업종이나 업태마다 다르고 부서 명칭도 다르다. 하지만 기본적으로 '결정'을 담당하는 부서, '제작'을 담당하는 부서, '판매'를 담당하는 부서, 그리고 사업의 핵심인 이들 부서의 업무를 돕는 여러 지원 부서로 구성되어 있다.

간접 부문인 지원 부서는 인사, 경리, 재무 법무 등의 부서를 말한다. 큰 규모의 비즈니스를 운영하는 경우에는 많은 사람을 고용하기 때문에 인사 기능이 필요하고, 다양한 형태의 대규모 자금을 다루는 경리나 재무 기능도 중요하다. 많은 사업은 여러 가지 법적인 규제를 고려해야 하고, 비즈니스 과정에서 외부와 여러 가지 계약을 맺기 때문에 법무 기능도 소홀히 할 수 없다. 일반 소비자든 기업이든 판매 후의 고객지원 역시 매우 중요하다. 이처럼 경영자는 여러 가지 기능을 가진 각 부서들을 유기적으로 결합하여 조직적 운영을 통해 성과를 내는 '경영'의 의미를 잘 인식해야 한다.

4-2 고객은 무엇에 대해 대가를 지불하는가?

거래는 고객이 돈을 지불하여 제품이나 서비스를 구입함으로써 성립되는데, 고객이 돈을 지불하는 것은 제품이나 서비스에 그만한 가치가 있다고 생각하기 때문이다. 달리 말하면, 고객은 눈에 보이는 제품이나 서비스 자체에 돈을 지불하는 것뿐만이 아니라, 거기에 포함된 눈에 보이지 않는 가치까지 대가를 지불하는 것이라고 할 수 있다.

고객이 대가를 지불할 만한 가치가 있다고 느끼는 것에는 여러 가지가 있다. 사용하는 데에 편리함이나 안정감에 가치를 두거나, 신뢰감이나 안전에 가치를 두는 경우도 있을 것이다. 만약 기업 고객이라면 업무 비용을 줄여주는 서비스나 효율성을 높이는 제품에

가치를 느끼기도 하고, 낮은 가격에 가장 중요한 가치를 두는 경우
도 있을 것이다.

문제와 해결책

많은 사람들이 스마트폰을 구입해서 매월 통신비를 지불하고 있
을 것이다. 대체 왜 스마트폰이나 통신비에 비싼 돈을 지불할까? 저
마다 스마트폰 사용 목적은 다르겠지만, 공통적으로 언제 어디서든
친구나 가족과 대화할 수 있고, 쉽고 편리하게 정보에 접속할 수 있
다는 가치에 만족하고 동의하기 때문일 것이다.

고객이 돈을 지불할 가치가 있다고 느끼는 제품이나 서비스는 대
부분 고객이 필요로 하거나 갖고 있는 불편함을 해결해 주는 것이
다. 결국, 고객은 자신의 문제Problem를 풀어주는 해결책Solution에 돈을
지불하는 셈이다. 따라서 기존에 없던 새로운 비즈니스를 전개하는
스타트업이라면 지금까지 고객이 가지고 있던 곤란한 일을 해결해
주는 제품이나 서비스를 제공해야 할 것이다.[3]

스마트폰이 없던 시대에는 만원 지하철 안에서 친구나 가족과의
연락이 불가능했고, 접근 가능한 정보는 가지고 온 신문이나 책밖에

---

3) 단순히 제품이나 서비스를 제공하는 것뿐 아니라, 제품이나 서비스를 융합하여 한 단계 높은 하이 레벨
(High Level) 시스템이나 서비스를 제공하지 못하면 의미 없는 솔루션이 될 수 있다.

없었다. 결국 친구나 가족과 떨어져 있으면 대화가 불가능하고, 밖에서는 인터넷 정보에 접근할 수 없는 것이 문제Problem였다. 스마트폰과 무선통신 시스템은 언제 어디서든 친구나 가족을 이어주고, 여러 가지 정보에 접근할 수 있는 해결책Solution을 제공한다. 스마트폰은 지금까지 사람들이 가지고 있는 문제를 정확히 해결해준 제품이었기 때문에 지금처럼 급속하게 보급된 것이다.

스마트폰과 같은 연구개발이 중요한 산업에서 Problem/Solution 접근 방법은 매우 중요하다. 기술자나 연구자는 아무래도 '이 기술이 최첨단 기술이다', '이 제품은 세계 최고 성능을 갖고 있다', '이 서비스가 세계에서 가장 빠르다'와 같이 기술 중심적인 생각을 할 수밖에 없다. 그러나 기술은 어디까지나 가치를 실현하기 위한 수단이다. 고객은 기술에 대가를 지불하는 것이 아니라, 기술 발전에 의해 구현된 가치에 대가를 지불하는 것이다.

세계 최고의 기술은 논문 주제로서는 의미가 있을지 모른다. 그러나 그 기술이 고객의 문제를 해결해주는 해결책이 되지 못한다면 비즈니스로서의 가치는 없는 것이다. 이미 제품이나 서비스에 고객의 문제를 해결할 기능이 있다면, 굳이 불필요하고 과도한 기능은 오버 스펙이 될 수도 있다. 뛰어난 성능과 다양한 기능을 가진 제품일수록 높은 가치가 있다고 생각하는 것은 제조업자나 공급자의 생각일 뿐 판단을 하는 것은 결국 고객이다.

가령 스마트폰이 새로운 메모리 기술의 대용량 저장 장치를 탑재하고 최신 디스플레이 기술이 적용된 대화면 디스플레이를 실현했더라도, 그 자체로는 고객에게 가치가 될 수 없다. 대용량 저장 장치로 많은 동영상을 저장할 수 있다거나 대화면 디스플레이로 뉴스 기사를 빨리 읽을 수 있다면 그것이 고객에게 의미 있는 가치가 된다.

스타트업 업계에서는 'Pain killer(진통제)' vs 'Vitamin(비타민)'이라는 예를 자주 사용한다. 고객은 불편한 일을 해결하기(아픔을 멈추기) 위한 약Pain killer에는 돈을 지불하지만, 없어도 불편하거나 곤란하지 않은 약Vitamin에는 쉽게 돈을 지불하지 않는다. 스타트업의 사업은 'Pain killer'를 목표로 해야만 한다.[4] 아픔이 클수록, 즉 고객이 가진 문제가 크면 클수록 고객은 해결책에 더 많은 돈을 지불하게 된다. 또한 그 문제가 중요하다고 느끼는 고객이 많을수록 돈을 지불하는 사람이나 회사도 많아진다. 따라서 큰 성장을 목표로 하는 스타트업은 많은 사람들이 중요하다고 느끼는 문제 해결책에 도전할 필요가 있다.

고객이 느끼는 여러 가지 가치

그러나 고객이 느끼는 가치가 크다고 해서 반드시 고객의 문제

---

4) 같은 내용으로 "Need to have" vs "Nice to have"라는 표현도 있다. 고객은 없어서는 안 되는 것(Need to have)에는 돈을 지불하지만, 있으면 좋겠다고 하는 것(Nice to have)에는 돈을 지불하지 않는다는 의미이다.

를 명확하게 해결해주는 것은 아니다. 제품이나 서비스가 제공하는 즐거움, 쾌적함, 쾌락이 가치가 될 수도 있고, 디자인이나 브랜드가 가치가 될 수도 있다.

만약 스타벅스에서 커피를 주문한다고 가정하자. 고객은 어떤 점에 가치를 느껴서 돈을 지불할까? 단지 맛있는 커피가 마시고 싶다면 스타벅스 외에도 다른 선택지가 있을 것이다. 스타벅스의 많은 고객들은 향긋한 커피를 마시며 노트북으로 일을 할 수 있는 안정된 공간과 시간에 돈을 지불하고 있는 것이다. 이것은 스타벅스 고객이 커피 자체보다는 공간에 대해 가치를 느끼고 돈을 쓰고 있다는 뜻이다. 게임이나 오락이 비즈니스로서 의미 있는 것 역시 누군가의 문제를 해결해주고 있기보다는 즐거움을 제공하고 있기 때문이다.

또한 명품 브랜드 핸드백이 고가에 팔리는 이유는 고객이 명품을 갖는 것 자체가 가치 있다고 생각하기 때문이다. 대개 명품 브랜드와 일반 브랜드의 핸드백을 비교했을 때, 기능이나 품질 면에서는 큰 차이가 없을 것이다. 고객은 핸드백의 기능이나 품질에 돈을 지불하는 것이 아니라 브랜드 가치에 돈을 지불하고 있는 것이다.

이처럼 고객이 쾌적함, 즐거움, 브랜드 등의 가치에 돈을 지불하는 경우도 있지만, 비즈니스의 본질은 어디까지나 고객이 가진 문제점Problem에 대한 해결책Solution 제공에 있다. 스타트업이 지금까지 없던 새로운 비즈니스를 만들려고 한다면 제품이나 서비스를 어떻게 만들까 고민하기보다는 먼저 고객의 문제Problem를 찾아내야 한다.

지금까지 명확한 정의 없이 '고객'이라는 단어를 사용했다. '고객'에 대해 좀 더 깊이 알아보자.

고객은 제품이나 서비스에 대해 대가를 지불하는 사람이다. 당신이 편의점에서 도시락을 살 때는 당신이 고객이고, 과외 선생님으로 아르바이트를 하고 있을 때는 가르치는 학생의 부모님이 고객이다. 그렇다면 가르치고 있는 학생은 왜 고객이 아닐까? 돈을 지불하는 주체가 아니기 때문이다. 돈을 지불하는 사람과 서비스를 제공받는 사람이 다른 것이다. 이처럼 돈을 지불하지 않더라도 제품이나 서비스를 제공받는 사람을 유저User라 한다. 유저는 제품이나 서비스의 이용자 혹은 수익자다. 따라서 과외 선생님에게는 부모가 고객이고, 학생은 유저가 된다.

과외의 경우에는 고객은 부모지만 유저가 자기 자녀이기 때문에 이 둘을 따로 구별할 필요가 없다. 여기서 과외 사례를 다룬 것은 고객과 유저가 일치하지 않는 비즈니스가 실제로 매우 많기 때문이다. 과외에 국한하지 않고 교육 비즈니스 전체로 그 범위를 확장해서 볼 때, 제품이나 서비스에 대가를 지불하는 고객은 부모나 학교이고, 제품이나 서비스의 수익자는 학생들이나 교사이다. 따라서 교육 비즈니스에서는 유저인 학생들이나 교사에게 가치 있는 제품이나 서비스를 제공하는 것과 동시에 고객인 부모나 학교도 만족시키지 않으면 안 된다.

교육 비즈니스 외에도 고객과 유저가 다른 비즈니스는 많다. 광고 비즈니스가 대표적인 예이다. 구글의 검색 서비스나 페이스북의 SNS 서비스를 사용하는 사람이 많은데, 그들은 모두 사용료를 지불하지 않는다. 구글이나 페이스북은 광고 수입으로 유지되고 있다. 구글이나 페이스북에게 고객은 광고주이고, 사용자는 유저가 된다. 민영 방송국의 텔레비전 방송을 비롯하여 광고 수입으로 이루어진 무료 서비스는 모두 같은 구조다. 광고주는 고객, 시청자는 유저다.

의료 비즈니스도 고객과 유저가 일치하지 않는다. 만약 병원에서 진료를 받는다면 서비스 제공자는 의사이고 수익자는 환자지만, 일반적으로 환자는 의료 서비스 비용의 일부만 지불한다. 대부분의 비용은 건강보험으로 지불되기 때문에 비용 지출의 주체 측면에서 본다면 의료 서비스의 주요 고객은 보험회사나 건강보험조합[5]이다. 환자는 비용의 일부를 지불한다는 의미에서 고객이기는 하지만, 서비스의 수익자로서 유저라고 봐야 한다.

유저와 고객이 동일한 비즈니스라면 유저의 가치 제고에 주력하는 것이 좋다. 하지만 유저와 고객이 다른 비즈니스의 경우에는 유저와 고객 모두에게 각각 다른 가치를 제공해야 할 것이다.

---

5) 한국의 경우에는 건강보험관리공단이다.

고객 세그먼테이션

사업을 전개할 때, 특히 새로운 사업의 성장에 집중하는 단계에서는 어떠한 고객이나 유저를 타겟으로 할 것인지 구체적으로 결정하는 것이 중요하다. 일반적으로 고객이 추구하는 가치는 저마다 다르기 때문이다. 이상적으로는 고객마다 차별화된 제품이나 서비스를 제공하는 것이 가장 좋겠지만, 그것은 비용 측면에서 효율적이지 않기 때문에 일정한 기준을 가지고 각 고객층에 맞는 제품이나 서비스를 제공해야 한다.

스타트업의 경우에는 모든 고객군 각각의 특성에 맞춘 제품이나 서비스를 동시에 제공하기 어려우므로 어떤 고객층을 타겟으로 할지 우선순위를 매겨야 한다. 결국 고객층을 분석해서 좁혀가야 한다는 의미이다. 이때 고객과 유저가 다른 비즈니스라면 고객과 유저 각각에 대한 분석을 통해 범위를 축소할 필요가 있다.

고객이나 유저의 분류 방법은 매우 다양하다. 하지만 가장 많이 사용하는 방법은 개인, 즉 일반 소비자Consumer를 타겟으로 하는 B2C 비즈니스B to C, Business-to-Consumer와 사업자, 즉 대부분 회사를 타겟으로 하는 B2B 비즈니스B to B, Business-to-Business로 구분하는 것이다. B2C나 B2B라는 표현은 원래 전자상거래Electronic Commerce 분야에서 사용되었던 용어지만, 최근에는 범용적으로 사용하고 있다. 이보다 일반적인 용어는 아니지만 여기서 파생된 단어로 정부 등 공적기관을 타겟으로 하는 B2G_{Business-to-Government}나 최종 고객은 일반 소비자지만 1차 단계에서 직접판매하는 대상은 기업인 B2B2C_{Business-to-Business-to-Consumer}도 있다.

이때 고객층의 범위를 축소해가는 프로세스, 즉 고객이나 유저를 분류하는 프로세스를 세그먼테이션_{Segmentation}이라고 한다.

- **지리적(Geographic) 분류**
  나라, 지역, 도시 vs 지방, 도심 vs 교외 등
- **인구통계학적(Demographic) 분류**
  연령, 성별, 가족 구성, 소득, 직업, 교육 수준, 종교, 인종, 세대, 국적 등
- **심리적 성향(Psychographic)에 따른 분류**
  가치관, 라이프스타일, 성격(ex: 보수적, 야망적, 아웃도어 지향적, 수수함)
- **행동(Behavioral, 고객의 행동 상황)에 따른 분류**
  잠재적 고객, 단골손님, 신규 고객 등, 일상적인 상황, 특별한 상황 등

[그림 4.3] B2C 비즈니스 세그먼테이션의 예

먼저 B2C 비즈니스에서의 고객 세그먼테이션을 생각해보자. 고객이나 유저의 분류에는 다양한 방법이 있다. 예를 들면 지리적인 분류가 있는데, 미국인과 일본인 사이에는 추구하는 제품 사양이 다른 경우가 많을 것이다. 일본인 중에서도 간사이와 간토[6] 간에는 소

---

6) 간사이는 오사카 지역이고, 간토는 도쿄 지역을 말한다.

비자의 기호가 다르고, 도시 소비자와 지방 소비자 간에도 추구하는 바가 다를 수 있다. 성별이나 연령도 고객 세그먼테이션의 방법으로서 매우 중요하다. 여고생과 중년 샐러리맨은 각각 추구하는 것이 전혀 다를 것이고, 중년 샐러리맨들 중에서도 성격이나 라이프스타일에 따라 돈 쓰는 방법이 다를 수 있다. 고객을 분류하는 방법으로 단골손님과 신규 고객이라는 요소도 있다. 세그먼테이션의 방법은 사업 종류에 따라 다양하기 때문에 일반화하기 어렵지만, 주로 사용하는 분류 방식은 [그림 4.3]과 같다.

B2B 비즈니스에서 고객 세그먼테이션 방식은 [그림 4.3]과 같이 조금 다르다. 나라나 지역이 다른 데서 기인하는 지리적인 분류는 B2C 비즈니스와 동일하지만, B2B 비즈니스에서는 회사의 사업 규모, 업종, 부문에 따라 달라질 수 있다. 예를 들어 경리 시스템을 팔 때, 종업원이 몇만 명인 대기업 시스템과 가족끼리 경영하는 소형매장 시스템 간에는 필요한 기능이나 성능이 다르다. 또한 제조업과 소매업 간의 경리 시스템도 다르다.

- **지리적 분류**
  나라, 지역, 도시 vs 지방, 도심 vs 교외 등
- **사업 규모에 따른 분류**
  개인 사업, 중소기업, 대기업, 공공기관, 비영리단체 등
- **업종에 따른 분류**
  제조업, 소매업, 서비스업, 학교, 공공기관, 의료기관 등

- **기업 내 부문에 따른 분류**
  영업, 연구개발, 설계, 생산, 인사, 경리, IT, 고객지원 등
  사장, 임원, 부장, 과장, 평사원 등
- **취급 형태에 따른 분류**
  취급 규모, 취급 이력, 취급 빈도, 제휴 관계, 계열 관계 등

[그림 4.4] B2B 비즈니스 세그먼테이션의 예

목표 고객 설정

고객 분류가 되었다면, 다음으로 해야 할 것은 어떤 고객층을 목표로 할 것인가이다. 최대한 넓은 범위의 고객층에서 판매할 수 있는 범용적인 제품이나 서비스를 만들면 좋겠다고 생각하겠지만, 모든 사람을 대상으로 하는 제품이나 서비스는 특징이 없어서 오히려 어떤 고객에게도 매력이 없을 수 있다. 따라서 새로운 비즈니스를 전개할 때는 처음부터 고객층을 좁혀서, 숫자는 적어도 좋으니 특정 층의 고객이나 유저의 마음에 들 수 있는 제품이나 서비스를 만들어야만 한다. 애초에 스타트업은 자금이나 인력이 한정되어 있어 처음부터 다양한 고객층의 욕구에 맞는 제품이나 서비스를 갖출 수 없다. 일정한 기준을 가진 고객층을 대상으로 한 제품이나 서비스를 제공하는 것부터 시작해야 한다.

목표 고객층을 좁혀 나갈 때도 여러 가지 고려해야 할 것이 있다. 전형적인 고객의 프로필은 어떠한가, 이 비즈니스에 있어서 가장 중

요한 고객층은 어디인가, 가장 숫자가 많은 고객층은 어디인가, 가장 먼저 목표로 삼아야 할 고객층은 어디인가, 경쟁이 적은 고객층은 어디인가 등이 그것이다. 일반적으로 고객층마다 추구하는 가치가 서로 다르기 때문에, 목표 고객층이 변할 때는 제품이나 서비스도 계속 변경되어야 한다.

4-4 마케팅

앞서 말한 고객에 대한 가치 제공, Problem/Solution 접근 방법, 고객과 유저의 차이, 고객 세그먼테이션 방법 등은 스타트업뿐 아니라 스몰 비즈니스나 대기업에도 통용된다. 큰 회사에서 이러한 기능은 대개 마케팅이나 기획 부서에서 담당할 것이다. 앞서 다룬 '고객에 대한 가치 제공'이나 '고객 세그먼테이션' 등은 주로 마케팅과 관련된 용어이자 기법이라 할 수 있다. 그러나 '마케팅'이라는 단어는 매우 광범위한 의미를 갖고 있으므로 기술 관련 종사자들에게는 쉬운 개념이 아니다.[7] 이 책은 경영학 교과서가 아니기에 마케팅에 관

---

7) 일본 마케팅협회에서는 마케팅을 '기업 및 다른 조직이 글로벌적인 시야로 고객과의 상호 이해를 얻어 가며, 공정한 경쟁을 통해 행하는 시장을 창조하기 위한 총합적 활동'이라고 정의한다(1990년). 또, American Marketing Association에서는 "Marketing is the activity, set of institutions, and progresses for creating, communicating delivering, and exchanging offerings that have value for customers, clients, partners, and society at large."라고 정의한다.(2013년)

해 체계적으로 설명할 필요는 없지만, 비즈니스에 필수적인 용어이므로 좀 더 자세히 살펴볼 것이다.

좁은 의미에서의 마케팅

마케팅이라는 단어는 다양한 의미로 사용된다. 좁은 의미에서는 광고홍보나 판매촉진 활동을 가리키는 경우가 많다. 고객이나 유저가 제품이나 서비스를 미리 알고 있어야 그것을 구매하거나 사용할 수 있기 때문에, 광고홍보는 알리기 위한 수단이다. 고객이나 유저에게 알려졌다고 해서 반드시 그들이 사용하는 것은 아니다. 그렇기 때문에 싸게 팔거나 쿠폰을 붙이거나 캠페인을 하는 등 다양한 방법으로 판매촉진(판촉) 활동을 한다. 이와 같은 활동을 좁은 의미의 마케팅 활동이라고 한다. 이는 비즈니스를 전개하는 데 있어 세 가지 활동 중 마지막인 '판매' 기능의 일부분을 의미한다.

넓은 의미에서의 마케팅

그러나 넓은 의미에서의 마케팅 활동인 '고객에게 가치 제공', '고객 세그먼테이션', '목표 고객 설정' 이 세 가지는 앞서 살펴본 비즈니스 기본 기능 중 첫 번째인 '누구에게 무엇을 제공하는가를 결정'하는 기능에 해당된다. 즉 마케팅이라는 단어는 좁은 의미에서는 비즈니스 기본 기능의 세 번째인 '판매' 기능의 일부를 가리키지만, 넓은 의미에서는 '누구에게 무엇을 제공하는가를 결정'하는 기능을 의미한다고 볼 수 있다. 마케팅과 직접적으로 관계가 없는 기술자들도 제품이나 서비스를 개발해서 제조하는, 즉 비즈니스 기본 기능의 두 번째 기능인 '제작' 기능에 대해서는 잘 알고 있을 것이다. 하지만 그들이 넓은 의미의 마케팅을 이해하기란 사실 쉽지 않다.

최근 일본 대기업의 경쟁력 저하의 원인으로 '일본 기업은 기술은 뛰어나지만 마케팅이 약하다'는 말을 많이 한다. 여기서 마케팅은 넓은 의미의 마케팅을 의미한다. 결국 일본 기업이 '제작' 기능은 뛰어나지만 '누구에게 무엇을 제공할 것인가 결정'하는 기능은 약하다는 뜻이다. 자본주의가 발달한 서양의 기업에서는 '판매' 기능을 담당하는 세일즈Sales 부서와 '누구에게 무엇을 제공할 것인가 결정'하는 기능을 담당하는 마케팅Marketing 부서가 나뉘어 있다. 하지만 일본 기업, 그중에서도 특히 전통적인 제조업은 세일즈와 마케팅을 나누지 않고 영업 부서가 두 부서의 역할을 모두 담당하는 경우가 많다.

'기술이 뛰어나지만 마케팅은 약하다'라는 말을 스타트업의 경우에도 참고할 필요가 있다. 비즈니스의 전체 과정에서 품질이 뛰어난 제품이나 서비스를 만드는 것은 물론 중요하다. 하지만 고객이 구입하지 않는 제품이나 서비스는 비즈니스로 이어질 수 없다. 어떤 타겟 고객에게 어떤 종류의 제품이나 서비스를 제공할지 파악하고 있는, 다시 말해 시장에 대한 이해도가 높은 기존 기업들조차 팔리지 않는 제품이나 서비스를 출시하는 실수를 범한다. 하물며 지금까지 세상에 없던 제품이나 서비스를 새롭게 만들어 비즈니스를 전개하려는 스타트업이라면 말해 무엇하겠는가. 누구에게 어떤 제품이나 서비스를 제공할지 더욱 고민하고 신중하게 접근해야 할 것이다.

⬤ 4-5　어떻게 판매할 것인가?

'어떤 목표고객에게 무엇을 판매할까'를 결정할 때에는 제품이나 서비스의 판매방법이 매우 중요하다. 여기서는 이에 대해 자세히 설명할 것이다. '어떻게 판매할 것인가?'를 생각할 때 가장 중요한 점은 무엇보다 '제품이나 서비스를 어떻게 고객이나 유저에게 전달할 것인가?'이다.

어떻게 제품이나 서비스를 고객이나 유저에게 전달할 것인가?

제품이나 서비스를 제공하는 가장 단순한 방법은 고객이나 유저에게 제품이나 서비스를 직접 전달(배송)하는 '직접판매(줄여서 '직판'이라고도 한다)'다. 길모퉁이 빵집에서 구운 빵을 매장 내 매대에서 파는 것도, 이발소에 방문하는 손님에게 이발 서비스를 제공하는 것도 직접판매다. 또는 지인의 집에서 과외를 하는 것도 직접판매라 할 수 있다.

직접판매를 하는 것은 개인 상점이나 자영업자뿐만이 아니다. 애플 스토어는 애플이 일반 소비자에게 직접판매하는 직영점이다. ZARA나 H&M도 자사 제품을 자사 매장에서 소비자에게 직접판매하고 있다. 직접판매 방식으로 운영한다면 인건비나 임대료 등 유통 채널과 판매에 관련된 비용은 증가하지만, 반대로 간접판매할 때 중간 유통업자나 판매업자에게 마진을 주지 않아도 되기 때문에 그만큼의 이익이 증가하게 된다. 따라서 어떤 방식이 더 유리한지는 비교 분석을 해야 한다.

최근에는 인터넷의 발달로 제조업자가 실점포를 소유하지 않고 온라인 판매를 통해 제품을 고객에게 직접 전달하는 것이 가능해졌다. 지금까지 오프라인 매장에서 직접판매를 하지 않거나 그렇게 할 수 없던 사업자가 인터넷상에서 직접판매를 하는 경우도 이제는 아주 많아졌다. 또한 소프트웨어나 정보 서비스를 제공하는 사업도 IT 기술이 발전함에 따라 고객이나 유저에게 제품이나 서비스를 직접 전달하는 것이 점차 일반화되고 있다.

제품이나 서비스를 고객이나 유저에게 직접 전달하는 것을 직접 판매라고 하는 반면, 특정한 제3자에게 판매해 달라고 위탁하는 것을 간접판매나 채널 세일즈라고 하고, 사업자로부터 제품이나 서비스가 고객이나 유저에게 전달되는 과정과 경로를 세일즈 채널(판매 채널, 판매 경로, 생략해서 판로라고 한다)이라 한다. 과외의 경우도 중개업자의 소개를 통해서 진행된다면 서비스의 간접판매다. 대체로 사업 규모가 커지면 사업자와 고객 사이에 다양한 유통업자나 판매업자가 끼어들어 간접판매로 바뀌는 경우가 많다. 많은 물량을 직접판매한다면 직영 유통망이나 직영 매장을 고려할 수도 있는데, 이럴 경우에는 엄청난 비용이 든다. 따라서 이익의 일부를 분배하더라도 전문 유통업자나 판매업자에게 맡기는 편이 더 효율적이다.

한 예로 대학생이 컴퓨터를 구매하려는 경우를 들어보자. 물론 대학의 생협이나 가전매장에서 살 수도 있을 것이다. 과거에는 시중의 전자제품 소매점에서 구입했을 것이다. 그러나 최근에는 아마존이나 가전매장의 온라인 매장을 통해 구입하는 경우가 많을 것이다. 개인용 컴퓨터 사업 측면에서 보면, 소매점이나 가전매장이나 온라인 매장은 각기 다른 판매 채널이다. 일반적으로 큰 규모의 비즈니스는 제품이나 서비스가 다양한 채널을 통해 고객에게 전달된다. 다양한 유통채널을 사용하면 더욱 많은 고객 세그먼트에 제품이나 서비스 전달이 가능해지며 이를 통해 시장 규모가 커지고 매출이 증가한다.

일반 소비자를 고객으로 하는 B2C 비즈니스에 비해 사업자를 고객으로 하는 B2B 비즈니스는 훨씬 복잡한 세일즈 채널을 가지고 있다. 따라서 제품이나 서비스의 종류 또는 고객이나 유저의 특징에 적합한 채널을 선택해야 한다. 같은 컴퓨터라도 사업용 컴퓨터라면 전문점이나 대리점에서 딜러Dealer라는 판매업자를 통해 고객에게 판매되는 경우가 대부분이고, 연구실에서 사용하는 계측기기나 실험기기와 통합된 컴퓨터라면 전문 판매업자를 통해서 판매될 것이다. B2B 비즈니스 안에서도, 특히 업무용 소프트웨어나 서비스는 다른 제품이나 서비스와 조합되거나 큰 시스템의 일부로 통합되는 경우가 많으며, 고객에 따라서는 개별적 맞춤화가 필요한 커스터마이징Customizingle이 필요한 경우도 있다. 이 때는 시스템 시스템 통합SI, System Integrator [8]이나 VARValue Added Reseller [9]이라는 세일즈 채널을 통해서 간접판매된다.

제품이나 서비스를 어떤 경로로 고객에게 전달할지 결정하는 것은 비즈니스에서 중요한 요소다. 예를 들어 대리점이나 SI를 통해 판매하는 것이 당연한 업종 업태라면, 고객에게 제공하는 가치뿐 아니라 세일즈 채널이 되는 대리점이나 SI가 가져갈 장점도 고려해야 한다. 세일즈 채널이 되는 사람들은, 예를 들어 판매하기 쉽다든가, 고객에게 설명하기 쉽다든가, 셋업이 편하다든가, 다른 서비스와 조합이 용이하다는 것과 같은 장점이 있어야 판매에 열의를 갖게 될 것이다.

또한 기존의 판매 채널과 전혀 다른 채널을 통해 비즈니스가 성

---

8) 정보 시스템을 고객과의 계약에 의하여 기획에서 시스템의 구축, 운용까지 일괄적으로 제공하는 서비스. 보통 SI 또는 SI 서비스라고 하며, SI 서비스를 제공하는 사업자를 시스템 통합 사업자 또는 SI 벤더라고 한다. SI 사업자는 사용자에게 최적의 정보 시스템의 기획·입안에서 설계와 구축, 운용과 보수에 이르기까지 다양한 서비스를 일괄적으로 제공한다.(출처: IT용어사전, 한국정보통신기술협회)

9) 부가가치 재판매 업체로서 컴퓨터와 여러 산업계에서 기존의 제품을 가져다 거기에 자신들의 가치를 부가하여 새로운 상품이나 패키지로 재판매하는 회사들을 가리킨다.(출처: NEW 경제용어사전)

장하는 경우도 있다. 기존에 없던 새로운 서비스가 과거와는 전혀 다른 판매 채널을 통해 고객에게 제공되거나 지금까지 운영했던 판매 경로를 정비해서 새로운 형태로 고객에게 전달될 때 큰 비즈니스로 성장하는 경우도 있다.

어떻게 제품이나 서비스를 알리고, 구매로 유도할까?

'어떻게 판매할까'라는 측면에서 '어떻게 고객이나 유저에게 제품이나 서비스를 알릴까?', '어떻게 구매로 유도할까?'를 고려하는 것도 중요하다. 이것들은 좁은 의미의 마케팅 활동이지만, 제품이나 서비스를 알리기 위해서는 광고홍보도 필요하고 구매로 유도하기 위한 판촉(프로모션) 활동도 필요하다.

광고매체의 큰 흐름이 텔레비전이나 신문, 잡지광고에서 인터넷으로 이동하고 있다. 인터넷 광고에서는 검색 엔진이나 SNS상의 광고도 중요하고, SEO(검색엔진 최적화, Search Engine Optimization)에 따른 자사의 웹사이트나 제품이 검색에서 상위에 표시되게 하는 것도 중요하다. 고전적 광고 수법인 지하철 역 앞 전단지 배포나 개별 방문, 길거리 광고 등은 여전히 건재하다. 하지만 요즘에는 SNS상에서의 입소문으로 유저를 늘리는 바이럴 마케팅Viral Marketing이 보다 중요해지고 있다.

B2B 비즈니스라면 일반 소비자 대상의 광고보다도 고객인 업계

사람들이 모이는 전시회에 참여하거나, 보도자료를 내서 업계 관계자들이 보는 미디어에 노출하는 것이 유력한 광고홍보 수단이다. 하지만 인터넷의 발달로 자사의 웹사이트를 충실히 만들고, 프로모션 동영상을 올려놓는 것이 B2B 비즈니스에서도 중요해지고 있다.

B2C 비즈니스에서의 판매촉진 활동에는 견본품 제공, 시범 판매, 무료체험 캠페인, 가격 인하, 경품 제공 등 다양한 기법이 있다. 채널 세일즈의 경우라면 도매업자나 소매업자들에게 리베이트나 보상금을 지불하는 것도 판촉활동의 한 기법이다.

일반 제품이나 서비스를 사용하는 고객이나 유저가 이탈하지 않도록 관리하는 것도 넓은 의미에서 중요한 판매 활성화 방안 중의 하나다. 판매 후 고객만족CS 지원이나 애프터서비스AS가 중요한 것은 두말할 나위가 없다. 누적 포인트나 쿠폰을 발행해서 고객을 지속적으로 유지하는 전략도 효과적인 방법이다. 최근에는 온라인상의 커뮤니티나 SNS 등을 통해 유저가 이탈하지 않도록 붙잡아 두는 것도 매우 중요해지고 있다.

제4장 정리 ✏️

- ✓ 비즈니스는 고객에게 가치 있는 제품이나 서비스를 제공하고 그 대가로 수익을 얻는 활동이다.

- ✓ 비즈니스 3대 기본 기능은 '목표 고객과 비즈니스 아이템의 결정', '제작', '판매'이며, 많은 스타트업의 주요한 실패 원인은 고객이 원하지 않는 제품이나 서비스를 만드는 것에 있다.

- ✓ 고객은 자신이 가진 문제를 풀어주는 해결책에 지갑을 연다.

- ✓ 돈을 지불하는 고객과 제품이나 서비스를 제공받는 유저가 서로 다른 비즈니스의 경우에는 고객과 유저 쌍방 모두에게 가치를 제공해야 한다.

- ✓ 스타트업은 고객이나 유저를 세분화하고 그중 타겟으로 삼은 고객층에 집중해야 한다.

- ✓ 제품이나 서비스를 어떠한 경로(채널)로 고객이나 유저에게 전달할지 전략을 수립하는 것도 중요하다.

5

어떻게 규모 있는
비즈니스를 찾을 수 있을까?

Chapter 5

어떻게 규모 있는 비즈니스를 찾을 수 있을까?

스타트업은 크게 성장하는 사업, 즉 스케일 업Scale Up 하는 비즈니스를 목표로 한다. 그러나 스타트업은 무에서 유를 창조하듯 기존에 없던 것에서 새로운 비즈니스 아이디어와 아이템을 찾아 사업을 시작하므로 얼마나 크게 성장할 수 있을지 처음부터 알 수 없다. 이 장에서는 시장 크기를 예측하고, 향후에 성장할 비즈니스를 찾아내는 방법에 대해 알아볼 것이다.

5-1 마켓과 시장 규모

회사가 크게 성장하려면 당연히 큰 시장, 즉 '마켓Market'이 필요하다. 그렇다면 우리가 이야기하는 '시장'이란 무엇일까?

시장이란?

'시장'이란 단어는 우리가 자주 사용하는 '마케팅'처럼 매우 다양하고 넓은 의미로 사용된다. 주식시장, 외환시장, 청과물 시장의 경우에 '시장'은 판매자와 구매자 사이에 거래가 이뤄지는 장소를 뜻한다. 그러나 시장경제나 시장가격에서의 '시장'은 특정한 거래 장소라기보다는 서로 경쟁하는 판매자들과 구매자들 간의 관계라는 추상적인 개념을 의미한다. 또한 신흥국 시장, 시니어 시장, 자동차 시장, 건강식품 시장에서 사용된 '시장'은 잠재적인 구매 집단을 가리킨다.

이 책에서 말하는 '시장'은 최종 사용자 집단을 말한다. '시장에 내다'라는 표현은 제품이나 서비스를 고객에게 판매하다 또는 발매하다는 뜻이고, '시장이 없다'라는 것은 고객이 없다, 구매자가 존재하지 않는다는 의미이다. 또한 '시장이 크다'라는 것은 큰 잠재 고객 집단을 가지고 있다 또는 큰 매출이 발생할 수 있다는 말이다.

시장 규모

스타트업은 큰 마켓을 지향해야 한다. 그럼 시장이 얼마나 커야 크다고 말할 수 있을까? 그 물음에 답하기 위해서는 먼저 시장 규모라는 개념을 제대로 파악해야 한다.

시장 규모는 특정 사업 영역에 속한 고객이나 잠재 고객 집단의 규모를 금액 단위로 표현한 것이다. 간단히 말하면 다음과 같다

시장 규모 = 고객 또는 잠재 고객수 X 고객당 매출

여기서 주의할 점은 시장 규모를 나타내는 단위는 금액이므로, '얼마나 많은 고객이 있어야 큰 시장이라고 할 수 있을까'에 대한 판단은 고객당 매출(고객 단가)이 얼마인가에 의해 결정된다. 자동차 제조 판매업의 경우에 고객 단가는 수백만 엔이므로 1만 명의 고객이나 잠재 고객이 있다면 시장 규모는 수백억 엔이 된다. 그러나 인터넷 광고 클릭으로 수입을 올리는 사업이라면 클릭당 수입은 몇 엔에 불과하므로 고객수가 수억 명이지 않는 한 시장 규모는 수백억 엔이 될 수 없다.

시장 규모는 최대 어느 정도까지 성장할 수 있을지를 측정하는 지표라고 할 수 있다. 일반적으로 특정 사업분야에서 활동하는 기업은 하나가 아닌 다수가 존재하므로 다음과 같은 공식이 가능하다

자사의 예상 매출액 = 시장 전체 규모(금액) X 자사의 시장 점유율

회사가 얼마나 성장할 수 있는가는 동일 시장 내의 경쟁에서 얼마만큼의 시장 점유율을 가질 수 있느냐와 같다. 하지만 처음부터

시장 규모가 작다면 시장 점유율이 100%일지라도 큰 규모의 비즈니스가 될 수 없다. 이미 시장에서 자리 잡은 일반 기업체도 해당 사업 영역에서 독점적 위치를 확보하는 것이 가장 바람직하지만, 이는 매우 어려운 일이다. 따라서 기업이 활동하는 시장 규모는 몇 개의 경쟁 기업이 시장을 서로 나눠 가져도 될 만한 크기가 바람직하다.

그렇다면 시장 규모는 어떻게 측정하면 될까? 이미 비즈니스를 하는 대기업이라면 과거의 사업 실적을 바탕으로 예상할 수도 있고, 타사를 포함한 업계 전체의 실적을 참고하거나 비용을 내고 시장조사를 할 수도 있다. 하지만 기존에 없던 비즈니스를 해야 하는 스타트업이 미래의 시장 규모를 측정하기란 쉬운 일이 아니다. 그러나 공공기관이나 유관단체의 통계자료 등을 조사해보면 목표로 하는 비즈니스 전체의 규모를 대략 파악할 수 있고, 그러한 자료가 없더라도 업계 관계자나 잠재 고객으로부터 의견을 수렴해 추측이 가능하다. 또한 완전히 새로운 비즈니스일 경우 다른 업계에서 이와 비슷한 비즈니스를 하는 회사의 실적을 기준으로 추정하는 방법도 있다.

시장 규모를 측정할 때는 몇 가지 방법을 사용한다. 첫 번째는 제품이나 서비스를 사용할 가능성 있는 잠재 고객 전체를 합산한 시장 규모로서, 이것을 TAM(Total Available Market 또는 Total Addressable Market, 전체 시장)이라고 한다. TAM은 특정 비즈니스를 실현할 수 있는 전체 시장 규모를 의미한다. 이것은 기존 비즈니스가 원활하게 전개되고 향후 출시될 제품이나 서비스의 잠재 고객이 모두 실제 고객으로 전환되었을 때 예상되는 총매출 규모를 나타낸다. 일반적으로 TAM은 인터넷 광고 산업, 입시 산업, 택시 운송산업 등 특정 시장의 가장 상위 단계의 광범위한 시장 전체 규모를 지칭하는 경우가 많고, 해당 업계에 속한 회사들의 전체 매출 총합이라는 탑 다운Top-Down 방식으로 계산된다. 또한 TAM은 공공기관의 통계나 시장조사 회사가 발표하는 수치를 통해 측정할 수도 있다.

두 번째, TAM 중에서 자사 제품이나 서비스를 제공하는 특정 고객 세그먼트의 잠재 고객을 대상으로 하는 시장을 SAM(Serviceable Available Market 또는 Serviceable Addressable Market, 유효 시장)이라고 부른다. 스타트업이 실제 타겟으로 삼는 시장은 일반적으로 SAM을 의미한다.

세 번째, SAM 중에서 실제 자사 고객으로 전환 가능한 타겟 고객의 비율이나 고객 평균 판매 단가 등을 바텀 업Bottom-Up 방식으로 계산한 시장을 SOM(Serviceable and Obtainable Market, 수익 시장)이라고 한다. 이는 사업 초기에 가장 먼저 파악해야 할 중요한 시장이다. 스타트업에게는 '시장 규모'보다는 자사가 달성해야 할 '매출 목표'가 더 중요하기 때문이다.

아래에서 위로 접근하는 바텀 업 방식의 시장 규모 추정은 타겟 고객 숫자가 비교적 명확해서 각 고객별로 판매 단가 설정이 쉬운 경우에 적합하다. 예를 들어, 자동차 산업의 시장 규모는 자동차를 구입하는 사람의 숫자와 자동차의 평균 단가를 곱하여 계산할 수 있

고, 웹사이트 광고 시장 규모는 아래와 같은 가정을 통해 측정할 수
도 있다.

가정

- 웹사이트에 매일 접속하는 유저는 1억 명이다.
- 유저는 1일에 5회 웹사이트에 접속한다.
- 유저는 1회 접속할 때마다 10개 페이지를 열어본다.
- 유저가 광고를 클릭할 확률은 0.5%이다.
- 유저가 1회 클릭하면 10엔의 광고 수입이 발생한다.

그러면 다음과 같은 시장 규모가 나온다.

시장 규모 = 10엔 X 1억(명) X 5 X 10 X 0.005 X 365(일) = 912억 엔

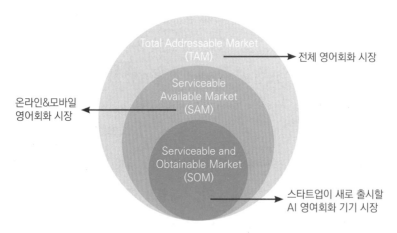

[그림 5.1] 시장 규모를 측정하는 방법의 범위

다만 웹 광고의 경우에는 실적을 파악하기가 쉽지 않기 때문에 위와 같은 가정이 얼마나 정확한지 스타트업이 직접 검증하기 어렵지만, 적어도 어느 정도의 시장 규모인지 추정은 가능하다.

5-2 어느 정도의 큰 시장이 필요한가?

그렇다면 스타트업이 지향해야 하는 시장은 어느 정도 규모 이상이어야 할까? 이에 대해서는 제8장에서 자금 조달이나 벤처 캐피털을 다룬 후에 답하는 것이 맞을 듯하다. 왜냐하면 스타트업이 타겟으로 하는 시장 규모는 사실 창업자보다는 투자자에게 더 중요하기 때문이다. 투자자는 창업자가 해결하고자 하는 사회적 문제에 공감하거나, 보유한 기술이 탁월해 거기에 매료되더라도 그 회사의 주식 가치가 상승하지 않을 거라고 판단되면 절대 투자하지 않는다. 투자한 회사의 주식 가치는 사업이 크게 성장해서 큰 이익을 실현하거나 그럴 가능성이 있을 경우 상승한다.[1] 결국 스타트업은 미래에 주가가 충분히 상승할 수 있도록 매출이나 이익을 성장시켜야 한다.

---

1) 스타트업이 큰 시장을 목표로 하는 것은 투자자는 물론 창업자 자신의 이익을 위한 것이기도 하다. 우리 모두가 스타트업이라는 선택지를 갖고 있어야 하는 첫 번째 이유로 사업이 성공했을 때 얻을 수 있는 금전적 보상이 막대하기 때문이라고 했는데, 사업의 성공은 창업자가 보유한 주식의 가치가 급상승한다는 의미이기 때문이다. 큰 시장과 사업의 성장을 목표로 삼는 것은 회사의 주가 상승을 지향한다는 측면에서 창업자와 투자자의 이해관계가 일치한다고 볼 수 있다.

그럼, 스타트업은 구체적인 매출 목표를 얼마로 잡아야 할까? 이 질문에 대한 대답도 단순하지는 않다. '주식 가치가 얼마나 올라야 충분한가'라는 것은 기본적으로 창업자가 아닌 투자자가 판단하는 것이고, 그것은 투자자의 성향이나 주가 또는 사업의 특성이나 이익률 등 다양한 요소에 의해 달라지기 때문이다. 그러나 이 또한 '어느 정도로 큰 시장이 필요한가?'에 대한 대답으로 불충분하기 때문에 수치를 통해 좀 더 자세히 설명해보겠다.

제8장에서 좀 더 자세히 설명하겠지만, 투자자에게는 '투자한 회사가 주식을 상장해 자신이 보유한 주식을 매각할 수 있는가'가 가장 중요한 이슈다. 따라서 스타트업은 상장 가능한 수준의 매출 규모로 성장하도록 노력해야 한다. 일반적으로 일본에서 상장기업은 연 매출 1백억 엔 이상이다.[2] 특정 분야의 시장에서 여러 경쟁사가 서로 경쟁하고 있다는 전제 아래, 이 시장의 필요한 전체 시장 규모는 단일 회사가 목표로 하는 연 매출 1백억 엔의 몇 배에서 10배 정도가 될 것이다. 즉, 몇 백억 엔에서 1천억 엔 정도의 시장 규모가 필요하다는 의미다. 결국 스타트업 창업을 생각할 때는 수백억 엔, 가능하다면 1천억 엔의 시장 규모가 있는 사업분야를 지향할 필요가 있다는 뜻이다.

---

2) 미래 시장 성장 가능성이 높은 산업군에 있는 회사가 상장하기 위해서 적게는 수억 엔에서 많게는 수천억 엔 범위의 매출 규모를 예상할 것이다. 어쨌든 백억 엔의 매출은 되어야 상장이 가능할 것으로 생각된다.

수백억 엔의 시장 규모라고 한다면 매우 큰 숫자로 들릴 것이다. 스타트업 창업을 위한 좋은 아이디어가 있지만 아무리 생각해도 그렇게 큰 시장 규모는 안 될 것 같은 경우에는 어떻게 해야 할까?

제3장에서 말한 것처럼, 모든 창업 형태가 스타트업이어야 하는 건 아니다. 새로운 사업을 스몰 비즈니스로 창업하는 것도 고려해 볼 필요가 있다. 큰 시장은 아니더라도 사회적으로 중요한 문제를 해결하는 비즈니스가 있고, 대규모 신규 고용이 없더라도 틈새시장에서 작지만 꾸준한 매출을 올리며 이익을 내는 비즈니스도 있다. 다만 스몰 비즈니스는 출자를 통해 큰 규모의 외부자금을 조달하기 어렵다. 더구나 많은 연구개발비를 필요로 하는 기술 기반의 기업을 지향한다면 스몰 비즈니스 형태의 사업으로는 자금을 조달하기 더 어려워진다. 사회적으로 의미 있는 큰 사업을 하려고 하면 스몰 비즈니스가 아닌 스타트업이어야 하는 이유가 바로 여기에 있다.

여기에서 말하는 수백억 엔의 시장 규모는 앞에 서술한 용어로 본다면 TAM(전체 시장)이다. 결국 제품이나 서비스를 사용할 가능성 있는 잠재 고객 전부를 합산한 시장의 규모다. TAM은 앞으로 출시할 제품이나 서비스를 사용할 잠재 고객 모두가 실제 고객이 되었을 때 발생할 수 있는 매출 예상 총액이라고 말했다. 그렇다고 해서 스타트업의 매출 목표가 처음부터 연간 수백억 엔이어야만 한다는 의미가 아니다. 스타트업의 단기 매출 목표는 특정 고객층을 목표로 한 것으로서, 앞에서 서술한 SAM이나 SOM에 더 가깝다.

스타트업은 최종적으로는 큰 시장을 지향하지만, 처음에는 작더라도 확실히 자리를 잡을 수 있는 고객층부터 집중 공략해야 한다. 초기 타겟 고객층의 시장 규모가 작더라도, 얼리어답터Early Adopter와 같이 신제품이나 서비스 사용에 거부감이 적은 구매 고객이 있다면 그들로부터 제품이나 서비스에 대한 피드백을 받아 퀄리티를 향상시킬 수 있다. 작은 시장 공략에서 출발해 최종적으로 대중적인 시장을 지향하는 것이 스타트업에게 가장 이상적인 비즈니스 전개 방식인 것이다.

처음에는 작은 틈새시장밖에 안 보이고 스몰 비즈니스로 시작할 수밖에 없었지만, 회사의 성장 과정 중 생각지도 않게 큰 시장을 발견하는 경우도 있다. 그렇기 때문에 창업 이후 외부 투자를 받는 것이 어렵다면, 우선 스몰 비즈니스부터 시작하는 것이 좋다.

5-3 시장이 크면 반드시 경쟁이 있다

큰 시장과 사업 가능성이 있다면 같은 시장에서 사업하는 경쟁자가 나오기 마련이다. 결국 불가피하게 경쟁이 생긴다는 것인데, 이번 절과 다음 절에서는 기업 간의 경쟁에 대해 알아보겠다. 창업가들은 때때로 '이 사업은 경쟁 상대 없이 독점적으로 한다'고 말하는데, 이는 틀린 말일 가능성이 매우 높다.

경쟁 상대를 제대로 인식하지 못했거나 시장에 대한 조사가 불충분한 경우도 있지만, 시장성이 없어서 뛰어들지 않았을 수도 있다. 다시 말해 그 창업가는 수요가 없는 제품이나 서비스를 만들려고 하는 것일 수 있고, 수요가 있더라도 스타트업이 비즈니스 아이템으로 삼기에는 시장 규모가 너무 작을 수도 있다는 뜻이다.

비즈니스를 하는 데 있어 경쟁사 없이 시장을 독점하는 것이 가장 바람직하겠지만,[3] 스타트업은 큰 시장을 타겟으로 해서 새로운 사업을 전개하는 것이므로 반드시 시장 내에 경쟁 상대가 존재한다는 것을 인식해야 한다. 비록 시장 조사 단계에서 발견되지 않았더라도 비즈니스 세계에서는 같은 생각을 갖고 사업을 하는 사람이 반드시 있게 마련이다. 특정 사업분야에서 좋은 비즈니스 아이디어를 갖고 있는 사람이 당신 한 사람뿐이지는 않을 것이다.

다행히 지금 당장은 시장 내 경쟁 상대가 없더라도 머지않아 경쟁 상대는 반드시 출현한다고 생각해야 한다. 경쟁 상대는 현재뿐 아니라 미래의 경쟁 상대도 고려해야 한다. 처음에는 시장을 조용히 주시하던 대기업이 큰 시장으로 성장 가능하다는 판단이 들면 진입하게 되는데, 이렇게 강력한 경쟁 상대가 등장할 가능성에 대해서도 항상 대비하고 있어야 한다.

시장 내에 경쟁이 없다면 다른 이유도 생각해 볼 필요가 있다. 왜

---

3) 실제로 시장을 독점하게 된다면 독점금지법에 저촉될 수도 있겠지만, 대개 스타트업이 걱정할 사항은 아니다.

냐하면 비즈니스가 존재하지 않는 근본적인 이유가 있을지도 모르기 때문이다. 개발하려는 기술이 구현 불가능하거나 제공하려는 서비스가 법률로 규제되고 있어서 제도적으로 실현할 수 없는 경우도 있다. 이에 대해 면밀하게 조사해보거나 그 분야 전문가를 통해 조사할 때 본질적으로 할 수 없는 이유가 명확하다면, 그것이 오히려 비즈니스 기회가 되기도 한다. 예를 들어 기술적인 장벽이 있던 상황에서 새로운 재료나 알고리즘을 발견하여 그 벽을 허물고 큰 비즈니스 기회가 생긴다든가, 제도적인 제약이 있던 상황에서 규제 완화 등에 의해 새로운 비즈니스가 생겨 업계 구조가 크게 변화하는 경우, 또는 국내에서는 제도적 장벽이 있는데 해외 진출 시에는 그것이 사라지는 경우 등을 생각해 볼 수 있다.

기존 시장인가, 신규 시장인가

신규 사업을 고려할 때, 기존에 존재하지 않던 새로운 시장을 개척하는 사업인지, 기존에 존재하는 시장에 새로 진입하려는 사업인지 결정하는 것은 매우 중요하다. 시장이 이미 존재하는 것은 이미 그 시장에서 비즈니스를 하고 있는 기업이 있다는 것이다. 즉, 이미 고객이 구매하는 제품이나 서비스가 존재한다는 뜻이다. 스타트업이 기존 시장에 진입하는 경우, 이미 시장이 형성되어 있기 때문에 구매 고객의 존재 유무를 걱정할 필요가 없으며 시장성이 없는 제품이나 서비스를 출시할 위험이 적다.

하지만 이미 그 시장에서 비즈니스를 하고 있는 기업과의 경쟁을 통해 고객을 확보해야 하는 어려움이 따른다. 경쟁사와 동일한 제품이나 서비스를 가지고는 경쟁에서 이길 가능성이 희박하므로, 기존 시장에 진입할 때는 기존 제품과 차별적 우위를 갖는 새로운 제품이나 서비스를 투입해야 한다. 즉, 기존 경쟁사의 제품이나 서비스를 대체하려면 비교우위를 지닌 새로운 제품이나 서비스를 출시해야 하는 것이다.

또한 지금까지 존재하지 않던 새로운 시장을 창출하는 비즈니스도 있다. 기존 시장에 신제품을 출시하는 신규 사업은 기존에 형성된 시장을 경쟁사들과 서로 나눠 갖는 것에 반해, 기존에 없던 새로운 시장을 창출하는 신규 사업은 무에서 유를 만들어내듯 시장을 새로 만드는 효과를 가져온다. 새로운 시장을 창출하는 신규 사업은 두 가지로 나눌 수 있다. 기존 제품이나 서비스를 약간 수정해 새로운 고객에게 제공하는 사업과 기존에 없던 전혀 새로운 제품이나 서비스를 출시해 새로운 시장을 만드는 사업으로 나뉜다.

앞에 언급한 내용을 그림으로 정리한 것이 [그림 5.1]이다. 가로축에 제품의 종류(신규 제품 vs 기존 제품), 세로축에 시장의 종류(신규 시장 vs 기존 시장)를 배치하면 2×2의 매트릭스로 조합할 수 있다. 일반적으로 스타트업이 목표로 삼는 곳은 2×2 매트릭스의 우측 하단 또는 좌측 상단의 영역이다. 우측 상단은 기존 제품이나 서비스를 약

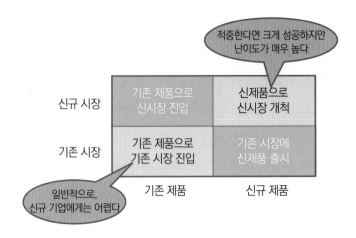

[그림 5.2] 기존 시장인가, 신규 시장인가

간 수정 또는 개선하여 신규 시장에 진출하는 형태의 신규 사업이다. 예를 들어 우측 하단은 가솔린 자동차(기존 제품)을 대신하여 전기자동차(신규 제품)을 투입하는 경우에 해당하고, 좌측 상단은 기존 자동차 회사가 아직 차가 널리 보급되지 않은 신흥국에 진출하는 경우에 해당한다.

　이처럼 좌측 상단은 스타트업이 진입하기에는 어렵겠지만, 기존 제품을 수정해서 신규 고객에게 제공하는 사업은 다양하게 시도해 볼 수 있을 것이다. 예를 들어, 지금까지 B2B 시장에서 판매되던 제품을 일반 소비자를을 대상으로 한 제품으로 변형해서 B2C 시장을 공략하거나, 미국에서 성공한 비즈니스를 다른 나라 시장에 맞게 수정해서 진출할 수도 있고, 의료기기에 사용된 기술을 엔터테인먼트

시장에 적용하는 경우도 생각해 볼 수 있다.

좌측 하단은 기존 시장에 기존 제품을 투입하는 사업에 해당한다. 자동차 회사가 모델 변경이나 가격 경쟁을 하면서 경쟁사의 시장점유율을 가져오는 사례를 들 수 있는데, 이곳은 일반적으로 스타트업이 진출하기 어려운 영역이다.

우측 상단은 완전히 새로운 제품이나 서비스를 투입하여 새로운 시장을 창조하는 경우에 해당한다. 스마트폰이나 인터넷 같은 예에서 알 수 있듯이, 이 영역에서 비즈니스가 잘되면 크게 성공하지만, 기본적으로 시장과 제품 모두 알기 어려운 미지의 영역이기 때문에 성공하기 매우 어렵다.

일반적으로 스타트업은 비즈니스 리스크가 높고 수익이 큰 하이 리스크, 하이 리턴High Risk, High Return을 기반으로 한다. 그러므로 스타트업에게 이상적인 상황은 왼쪽 상단 영역을 추구하는 것이다. 하지만 현실적으로 왼쪽 상단(보유한 기술로 신시장을 개척)과 오른쪽 하단(기존 시장에 신제품을 출시)에 모두 진출할 수 있도록 목표를 세워야 한다.

제품이나 시장을 기존과 신규라는 개념으로 양분하는 것이 반드시 절대적이지는 않다. 예를 들어 나중에 개인이 자동차를 보유하는 개념 자체가 없어지는 시대가 온다면 그때의 기준으로는 무인 자동차조차도 신제품이 아닌 기존 제품의 한 종류로 여겨질 것이다. 즉, 대상의 분석 시점과 관점이 바뀌면 기존과 신규의 적용 영역도 바뀔 수 있다는 것을 알아야 한다.

규모의 경제

스타트업이 알아두어야 할 주요 개념으로 '규모의 경제Economies of Scale'가 있다.[4] 규모의 경제는 회사의 규모가 커지면 여러 가지 요인이 유리해지는 것을 의미한다. [그림 5.3]처럼 제조업의 경우 제품의 생산량이 많을수록 고정비(원재료비 같은 제품 생산량에 따라 변동하는 비용이 아니라 공장의 토지 임대비용처럼 생산량에 관계없이 고정적으로 발생하는 비용)가 총 생산량에 분산되어 제품 단가당 비용은 감소한다.

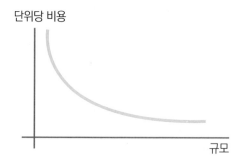

[그림 5.3] 규모의 경제(Economies of Scale)

제품 비용 이외에도 규모의 경제가 작용하는 곳은 여러 군데가 있다. 물류 비용이나 광고 홍보 비용, 인재의 확보에 필요한 비용도 규모의 경제 원칙이 작용한다. 회사가 크고 사원이 많을수록, 많은

---

4) 일본에서는 규모의 경제 대신 '스케일 메리트(Scale Merit)'라고 하는 일본식 영어가 주로 사용된다.

제품이나 서비스를 판매할수록 각각의 제품이나 서비스의 원가에 분배되어 적용되는 비용은 낮아진다.

이처럼 규모의 경제는 특히 대기업과 경쟁하는 스타트업에게는 불리하게 작용하는 개념이다. 스타트업은 규모 측면에서 뒤처지기 때문에 대기업의 비즈니스 영역에서 신규 사업을 벌여서는 안 된다. 스타트업은 아직 규모의 경제를 가진 경쟁사가 없는 분야에서 사업을 전개해야 한다. 특히 경쟁 요소가 가격뿐이라면, 작은 회사는 큰 회사를 이기기 어렵기 때문에 제품이나 서비스의 차별화 요인을 확보하는 데 주력해야 한다.

지금까지 '스케일Scale'을 '크게 성장한다'라고 표현했지만, 좀 더 정확히는 '규모의 경제 효과를 활용해 크게 성장한다'라고 말해야 한다. 스타트업은 빠르게 큰 회사로 성장해서 규모의 경제를 활용할 수 있어야 한다. 반대로, 규모의 경제가 작용하지 않는 비즈니스는 아무리 매출이 증가할 가능성이 있어도 성장 사업이라고 할 수 없다. 제6장에서 다시 말하겠지만, 소프트웨어 개발, 시스템 개발, 데이터 처리, 컨설팅 등 외부에서 업무 위탁을 받는 비즈니스는 업무량이 증가하는 만큼 인력을 늘려야 하기 때문에 투입 인력 이상으로 성장하기는 어려운 비즈니스다. 결국 업무량 증가가 필연적으로 인력 증가와 연계되는 비즈니스는 규모의 경제가 작용하지 않는 비즈니스라고 할 수 있다.

5-4   어떻게 경쟁에서 이길 것인가?

신규 사업은 경쟁이 없는 분야로 진입하는 것이 가장 이상적이지만 실제로 그런 경우는 거의 드물다. 스타트업이 큰 성장을 목표로 한다면 타사가 쉽게 모방할 수 없는 차별화 포인트를 확보하는 것이 무엇보다 중요하다.

차별화Differentiation와 거의 같은 의미로 경쟁우위Competitive Advantage라는 단어도 있다. 단순하게 우위성을 갖는 것뿐 아니라, 지속적으로 우위성을 가져야 한다는 의미에서 지속 가능한 경쟁우위Sustainable Competitive Advantage라는 표현도 사용되고, 진입장벽Barrier of Entry이나 **Unfair Advantage**[5]라는 표현도 사용된다.

다양한 차별화 요인

스타트업이 자사 비즈니스를 타사와 차별화하는 포인트는 여러 가지가 있다. 특허권은 가장 강력한 차별화 요인 중의 하나다. 특허 기술은 일정 기간 동안 타사가 사용할 수 없다. 그 기술이 있어야만 구현 가능한 제품이나 서비스를 보유하고 있다면 확실한 경쟁우

---

5) Unfair Advantage를 문자 그대로 번역하면 '불공정한 우위, 부정한 방법으로 구축한 우위'이라고 하는 나쁜 의미가 되지만, 스타트업 업계에서는 '불공평하다고 생각될 정도의 압도적인 우위' 라고 하는 좋은 의미로 사용된다.

위를 갖게 된다. 그러나 특허를 통해 사업을 보호받을 수 있는 분야는 그렇게 많지 않다. 신약이나 신소재처럼 그 자체만으로 독창성이 있다면 분명한 차별화 요인이 되지만, 기술 기반의 스타트업이라 해도 IT나 소프트웨어 분야라면 경우에 따라서는 특허만으로 사업을 보호받기 어렵다.[6] 전자 기기나 장치 분야에서도 특허는 중요하지만 최첨단 IT 제품은 몇천 가지 특허의 조합으로 구성되어 있기 때문에, 스타트업이 특허 몇 개를 갖고 있다고 하더라도 수많은 특허권을 가진 대기업과 경쟁하여 사업을 지켜내기란 쉽지 않다.

또한 특허를 취득하기 위해서는 기술 내용을 특허명세서에 공개해야 하기 때문에, 기업 내부의 노하우로 감춰두는 것이 더 나을 수도 있다. 제10장에서도 다루겠지만, 차별화 요인이 되는 기술 중에 무엇을 특허화하고 무엇을 기업 내부의 노하우로 남겨 놓을지를 잘 생각할 필요가 있다.

차별화 요인은 기술뿐 아니라 제품이나 서비스의 기능, 성능, 디자인, 안정성, 사용 편리성, 애프터서비스, 에너지 절약 등 다양하다. 이러한 차별화 요인들은 기술적 배경 없이는 구현하기 어려운 경우가 많지만, 반드시 그런 것은 아니다. 예를 들어 제조업에서 제품 자체에는 없지만 독자적인 생산방식이나 생산라인의 관리 방법

---

6) 소프트웨어는 특허뿐만 아니라 소프트웨어 저작권이라고 하는 형태를 통해 자사의 권리로 만들 수 있지만, 일반적으로 자사의 권리로 인정될 뿐 강력한 차별화 요인이라고는 말할 수 없다.

등이 차별화 요인인 경우도 있고, 부품 공급체제나 재고관리에 독자적인 방법을 도입해 차별화하는 경우도 있다. 회사 브랜드나 유저 커뮤니티에서의 평가가 차별화 요인이 되는 경우도 있고, 파트너 기업(예를 들어, 판매 업자나 원재료 공급 업자)과의 독점적인 거래 관계가 진입장벽이 되어 차별점이 될 수도 있다.

특히 B2B 비즈니스의 경우에는 일단 사용하기 시작한 제품이나 시스템을 다른 시스템으로 바꾸는 것이 간단하지 않기 때문에,[7] 핵심 고객의 이탈을 어렵게 함으로써 견고한 진입장벽을 만드는 경우도 있다. 오프라인 매장의 입지가 매우 좋다거나 업계 네트워크가 뛰어나 쉽게 기술을 확보할 수 있거나 뛰어난 기술 인력을 보유하고 있는 것도 경쟁우위 요인이 된다. 또한 남들이 알 수 없는 정보 채널을 갖고 있거나 행정기관, 규제 당국과 공고한 네트워크를 형성해 정보를 확보할 수 있다면 그것 역시 뛰어난 경쟁우위가 될 수 있다

이러한 기술 이외의 차별화 요인은 특허처럼 권리화할 수 없으므로 타사가 모방하는 것을 완전히 막을 수는 없다. 하지만 이러한 노하우나 경험이 회사에 축적되어 조직문화로 자리 잡거나 비즈니스를 초월한 밀접한 인간관계로 자리 잡는다면 경쟁사가 쉽게 이기기 힘든 차별화 요인이 될 수 있다.

---

7) 특히 회사 인프라에 직결되는 시스템의 경우에 가동 중인 시스템을 새로운 시스템으로 바꾸는 것은 상당한 리스크를 동반한다. 이 같은 상황을 다르게 말하면, 기존에 사용하던 것을 바꾸는 데 필요한 유무형의 비용인 '스위칭 코스트(Switching Cost)'가 높다고 한다.

스피드로 이기는 패턴

명확한 차별화 요인이 없지만 성공한 스타트업도 많다. 그러한 예는 특히 IT 서비스를 제공하는 스타트업에 많다. 이들 대다수는 경쟁 상대의 출현 이전 또는 좀 더 일찍 큰 회사로 성장함으로써 경쟁에서 승리했는데, 페이스북이 대표적인 성공 사례라 할 수 있다. 페이스북은 세계 최초로 SNS(소셜 네트워크 서비스)를 제공하거나 그들만의 특허 기술로 시장을 공략한 것이 아니다. 이처럼 경쟁 상대보다 먼저 시장을 공략하고 빠른 스피드로 급성장하면 규모의 경제 효과를 먼저 누릴 수 있다. 해당 사업 영역에서 브랜드를 확립할 수도 있고 경험도 축적된다. 또한 경쟁 상대보다 먼저 성장하면 이후 더 큰 투자를 유치해 규모를 키워 경쟁우위에 설 수 있다.

또한 제품이나 서비스를 가장 먼저 출시하는 것도 경쟁우위를 확보할 수 있다. 이것을 '선행자 우위First Mover Advantage'라 한다. 어떤 사업 분야에서 사업화에 최초로 성공하면 차별화 요인을 확보하기도 쉬워진다. 경쟁 상대가 출현하기 전이라면 핵심 고객이나 사업 파트너를 확보하기도 쉽고, 오프라인 매장에서 좋은 위치를 차지하기 위한 경쟁을 하지 않아도 된다. 다른 선택이 없는 상황에서 자사 서비스를 사용하기 시작한 고객은 경쟁 서비스가 나오더라도 옮겨가는 데 드는 비용이나 번거로움이 있으므로 바꾸기가 쉽지 않다. 더욱이 먼저 제품이나 서비스를 출시한 회사는 기술적 우위에 있는 경우가 많아 경쟁자가 뒤쫓아오는 동안 기술 개발을 통해 기존 제품보다 더 뛰어난 후속 제품을 출시할 수도 있다.

하지만 현실에서는 선행자 우위를 점했던 회사가 경쟁에서 지는 경우도 많다. SNS도 하나의 예다. 페이스북이 일반에 공개된 것은 2006년이지만, 최초로 출시한 SNS는 그보다 앞서 2002년에 출시한 프렌드스터Friendster이다. 이후 페이스북이 등장하기 전에 마이스페이스MySpace, 오커트Orkut 등 몇 개의 SNS가 상당수의 유저를 모았지만, 결국 경쟁에 이긴 것은 페이스북이었다. 검색 엔진도 동일한 역사를 가지고 있다. 구글이 1998년에 서비스를 시작하기 전에는 인포시크Infoseek, 라이코스Lycos, 익사이트Exite, 알타비스타Altavista, 야후Yahoo 등 많은 검색 엔진이 있었지만, 결국 경쟁에서 이겨 2020년 현재 승자가 된 것은 후발 주자인 구글이다.

SNS나 검색 엔진 분야의 선발 기업들이 페이스북이나 구글과 같은 후발 기업과의 경쟁에서 이기지 못한 이유는 스위칭 코스트가 없거나 작아서 자사 유저가 쉽게 경쟁사로 옮겨갈 수 있었다는 점, 개발하기 어려운 기술을 기반으로 한 서비스가 아니었다는 점 등 먼저 시장을 개척한 선발 기업으로서 결정적인 우위를 확보하지 못했기 때문이다. 반면, 나중에 시장에 진입한 후발 기업은 선발 기업이 해온 비즈니스를 보고 배울 수가 있다. 특히 먼저 시장에 진입한 스타트업이 제품이나 서비스를 제공할 고객에 대한 분석과 비즈니스 성장 방법에 대한 탐색을 마치고 이미 시장을 개척했기 때문에 후발

기업은 이러한 복잡하고 어려운 프로세스를 거칠 필요가 없다. 이등전략Late Mover Advantage라고도 하는 후발주자의 장점은 특히 규모의 경제 효과를 발휘할 수 있는 대기업에게 합리적인 전략일 수 있는 만큼 스타트업에게는 까다로운 전략이 될 것이다.

경쟁에 대한 분석

경쟁전략을 연습하기 위한 기법이나 수단에는 여러 가지가 있다. 이 책에서는 널리 잘 알려진 기법 2가지를 소개한다.

첫 번째는 다양한 비교 항목에 대해 자사와 경쟁사 간에 제품의 우열을 기입하는 방법이다. [표 5.1]과 같이 각 비교 항목에 대해 우수하면 O, 열등하면 X, 비슷하면 Δ를 기입하면 경쟁 제품 간의 비교 및 대조에 유용하다.

이 분석에서 자사가 열등한 항목을 빼고 비교하거나 경쟁 상황과 자사의 미래를 비교하는 것은 쉽지만 이 표에서 우위에 있다고 해도 실제 시장에서 반드시 우위에 있다고 볼 수는 없다. 경쟁 상황 분석은 냉정하고 객관적으로 해야 한다. 또한 지속 가능한 우위를 점할 수 있는가도 중요한 관점이다. 현재 자사가 경쟁우위에 있더라도 경쟁사도 계속해서 자신의 부족한 부분을 개선해 나가기 때문에 언제, 어느 누구라도 금방 따라올 수 있다는 경각심을 가져야 한다. 또한 현재의 비교우위를 어떻게 지속할 것인가와 경쟁사가 우위에 있는 항목을 어떻게 따라잡을 것인가에 대해서도 고민해야 한다.

[표 5.1] 경쟁 상황 분석표의 예

(예)	자사	경쟁사 A	경쟁사 B	경쟁사 C
가격	○	△	△	X
성능	○	△	X	○
신뢰성	○	△	X	△
설치의 용이함	○	X	△	△
조작성	○	△	○	X
지원 체제	△	○	△	△
유지관리	○	X	△	X

경쟁 상황 파악과 경쟁사 간의 비교에 자주 사용되는 또 하나의 툴은 [그림 5.4]이다. 이것은 제품이나 시장 분석에 필요한 2개의 핵심 항목을 각각 X, Y 축에 두고, 경쟁사와 자사가 X-Y의 2차원 평면상에서 어디에 포지셔닝(Positioning[8], 위치 잡기)하는지

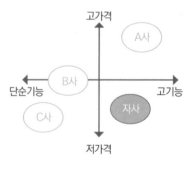

[그림 5.4] 포지셔닝

---

8) 앞에서 설명한 세그먼테이션(Segmentation), 타켓팅(Targeting)과 여기에서 설명한 포지셔닝 (Positioning)의 머리글자를 연결하여 STP라고 부르며, 시장을 분석하는 대표적인 마케팅 기법 중 하나로 알려져 있다.

한눈에 볼 수 있게 나타낸 그림이다. X, Y 두 개의 지표만 있기 때문에 두 개의 축에 어떤 분석 항목([그림 5.4]에서는 가격과 기능)을 대입(적용)할지가 중요하다. 정해진 분석 항목을 기준으로 자사가 어떤 시장을 주력으로 타겟팅으로 하는지, 경쟁사는 어떤 시장에 주력하는지 쉽게 알아볼 수 있다.

5-5 스케일 업 하는 비즈니스를 찾는 법

스타트업을 시작하는 시기는 [그림 5.5]와 같이 어떤 타겟 고객에게 어떤 제품이나 서비스를 제공할지를 탐색, 모색하는 시기다. 그렇다면 스타트업은 어떻게 성장하는 사업을 탐색, 모색하고 고객이 원하는 제품이나 서비스를 찾을 수 있을까?

대기업이나 스몰 비즈니스에서 신제품 출시를 검토할 때는 기존 사업의 경험이나 사례를 바탕으로 시장조사를 한다. 어

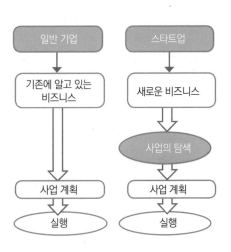

[그림 5.5] 스타트업은 새로운 비즈니스를 모색하는 데서 시작한다

떤 고객층이 어떤 제품이나 서비스를 원하고 있는지 면밀히 조사해 그 결과를 기초로 다음 제품이나 서비스의 규격(제원)을 결정하는 것이 가장 일반적이고 전형적인 방법이다. 그러나 스타트업에게 이러한 방법은 큰 도움이 되지 않는다. 아직 존재하지 않는 아이템이니 관련 데이터가 당연히 없고, 고객이나 유저는 아직 본 적도 없는 아이템이니 물어도 대답을 할 수 없다. 아직 존재하지 않는 제품이나 서비스이다 보니 고객이나 유저도 자신들이 원하는지를 알 수 없기 때문이다.

그렇다면 미래를 내다보는 예언자가 아니고서는 스타트업이 성공할 수 없는 것일까? 그렇지 않으면, 창업가는 성공하기 어려운 큰 위험을 무작정 감당하고 있다는 것일까? 그렇지 않다. 사실 이러한 탐색 프로세스는 매우 과학적인 방법으로 진행이 가능하다.

과학적 기반의 '가설 → 실험 → 증명' 프로세스

사이언스Science, 특히 자연과학 분야에서는 미지의 진실이나 보편적인 법칙과 원리를 알아내기 위해 연구 활동을 하는데, 연구의 본질은 '가설 → 실험 → 증명'의 프로세스를 반복하는 것이다.

일반적으로 연구는 자연현상의 관찰에서 시작하여, 그 현상으로부터 발견한 미지의 진실이나 법칙 또는 원리에 관한 가설을 세운다. 가설이 올바른지 확인하기 위해 실험이나 시뮬레이션을 실시하고, 그 결과를 분석하여 가설이 옳았는가를 검증한다. 가설을 지지하는 실험 결과가 얻어지면 이 가설을 증명했다고 하고, 만약 가설과 반대된 실험 결과가 나오면 가설이 틀렸다는 뜻이므로 새로운 가설을 만들고 새롭게 실험을 하여 다시 검증한다. 과학적인 연

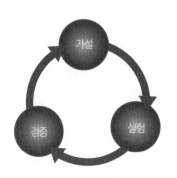

[그림 5.6] 과학적 기반의 연구활동

구 활동은 이처럼 '가설 → 실험 → 검증'이라는 프로세스를 반복하며, 미지의 진실을 알아내고 보편적인 법칙이나 원리의 확립을 목표로 한다. 대부분의 가설이 틀리기 때문에 진실을 밝히기 전까지 이 프로세스는 계속 반복된다.

스타트업의 '가설 → 실험 → 검증' 프로세스

스타트업이 누구에게 어떤 제품이나 서비스를 제공할지 결정하는 프로세스, 즉 성장하는 비즈니스를 탐색하거나 모색하는 프로세스는 이러한 과학적 연구 활동과 매우 비슷하다.

여기서도 '관찰'에서부터 시작된다. 자연과학에서의 관찰대상은 자연현상이지만, 스타트업에서의 관찰대상은 잠재적인 고객이나 유저다. 관찰에서 얻은 판단에 기초하여 '고객은 이러한 문제를 가지

고 있기에 이러한 해결책을 제공하면 우리의 가치를 인식하고 돈을 지불할 것'이라는 가설을 세운다. 가설을 세운 다음, 그것이 맞는지 확인하기 위한 실험을 한다. 최소한의 핵심 기능을 구현한 '최소 기능 제품MVP: Minimum Viable Product'을 제작해 목표 고객에게 실험을 의뢰하는 것이다. 완벽하지 않더라도 검증이 가능한 수준의 실험 대상 MVP은 가설을 통해 세운 제품이나 서비스가 되고, 실험 데이터는 고객이나 유저로부터 피드백된 실험 대상에 대한 사용 의견과 제안이다. 가설과 맞는 실험 결과가 얻어지면, 다시 말해 스타트업이 고객이 가진 문제의 해결책이라고 제시한 제품이나 서비스가 구매까지 연결된다면, 이 가설은 증명된 것이다.

그러나 자연과학 연구처럼 스타트업도 수립한 대부분의 가설이 맞지 않는데, 그 이유는 다양하다. 고객이 가진 문제라고 예상했던 것이 실제로는 아니었거나, 좋은 서비스지만 가격이 비싸 고객이 사지 않았거나 등 다양한 경우가 있다. 또한 가설과 다른 고객 피드백이 나오면 그 가설은 틀렸기 때문에 다른 새로운 가설을 세워서 다시 실험해야 한다. 다시 실시하는 새로운 실험도 역시 과학적인 연구와 마찬가지로 새로운 가설이 올바른지 검증하는 실험이 이루어져야 한다. 결국 앞서 실험했던 제품이나 서비스의 기능 및 규격을 바꿔서 다시 고객 테스트를 통한 검증을 해야 한다. 스타트업은 이같은 '가설 → 실험 → 검증' 프로세스를 계속 반복하면서 최종적으로 '누구에게 어떤 제품이나 서비스를 제공할지 결정'하고 성장 가능한 비즈니스를 찾는다.

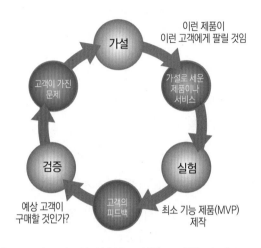

[그림 5.7] 스타트업의 '가설 → 실험 → 검증' 프로세스

최소 기능 제품의 실험

스타트업에서 '가설 → 실험 → 검증' 프로세스를 반복할 때의 실험 대상은 가설 수립 과정에서 가정한 제품이나 서비스이다. 이 단계의 제품이나 서비스는 최소 기능 제품MVP이면 충분하다. 이런 제품은 고객으로부터 사용 후 의견과 제안 피드백을 얻어 가설을 검증하는 것이 목적이기 때문에 완벽할 필요도 없고 대량생산을 목적으로 하지도 않는다. 많은 가설이 틀리기 때문에 얼마나 빠르게 '가설 → 실험 → 검증'의 사이클을 반복해 신속하게 수정하고 적합한 결론을 도출하느냐가 핵심이다. 이 사이클을 얼마나 많이 반복하는

가가 중요하므로 실험대상인 최소 기능 제품MVP은 최소한의 비용과 시간을 투입해 만들고 고객으로부터 빠르게 피드백을 얻는 데 주력해야 한다.

대개 기술자들은 완성되지 않은 최소 기능 제품을 고객으로부터 검증받는 것에 거부감을 가진다. 하지만 이런 반복 과정을 거치지 않고 오로지 기술적으로 뛰어난 아이템만을 고집해서 고객이 원하지도 않는 아이템을 만들어 출시한다면 시장에서 외면당할 수 있다. 따라서 위와 같이 최소 기능 제품을 통해 신속하게 수정하고 개선하면서 효율적으로 제품이나 서비스를 개발하는 것은 무엇보다 중요하다. 누가 고객일지 모르고 고객이 어디에 가치를 두는지도 확실치 않은데 어떻게 품질을 평가해야 할지 안다는 말인가. 최소 기능 제품은 완성품이 아니므로 최소한의 시간과 비용을 투입하는 효율성과 빠르게 검증하는 신속성을 중시해야 한다.

고객과 인터뷰를 통한 검증

스타트업에서 '가설 → 실험 → 검증' 프로세스의 첫 단계인 가설 수립은 잠재 고객의 관찰 결과를 토대로 시작한다. 자연 관찰과 달리 단지 보는 것뿐만 아니라 잠재 고객과의 인터뷰를 통해 고객의 행동을 이해하고 고객이 가진 문제를 파악하는 것이 주요 목적이다.

이때의 '실험 데이터'는 고객으로부터 피드백을 받은 의견이다.

데이터라고 하면 주로 통계를 처리할 때 필요한 숫자 같은 것이 연상될 것이다. 물론 앙케이트나 조사를 통해 얻는 정성적Qualitative인 자료도 유용하지만, 이 같은 정량적Quantitative인 수치 데이터는 대량 데이터일 때 더욱 효과적이다. 스타트업이 '누구에게 어떤 제품이나 서비스를 제공'할지 탐색할 시기에는 고객과 직접 인터뷰를 통해 얻을 수 있는 의견이 가장 중요하고 생생한 데이터다. 이 시기에 테스트용으로 만드는 최소 기능 제품이 바로 판매에 들어갈 만한 퀄리티가 아니어도 되듯이 수집할 데이터가 반드시 대량일 필요는 없다.

스타트업 초기 단계에서는 무엇보다 타겟 고객의 의견을 들을 수 있는 인터뷰가 중요하다. 이 단계에서 이루어지는 고객과의 인터뷰는 매출을 올리기 위한 인터뷰를 목적으로 하는 것이 아니고, 고객이 무엇을 원하는지 듣기 위한 것도 아니다. 앞에서도 서술한 것처럼, 고객이나 유저는 자신이 아직 보지도 못한 아이템에 대한 질문에 답을 할 수 없기 때문이다. 고객 인터뷰는 고객의 구체적인 행동 패턴을 알아채고, 고객이 갖고 있는 문제점을 파악하며, 고객의 특성을 이해하고, 가설을 증명하기 위한 것이다.

최초의 가설을 수립하는 단계라면 목표 고객이 당면한 문제점은 무엇이고, 그 문제에 대응을 어떻게 하고 있는지 파악하는 것이 중요할 것이다. 하지만 가정을 통해 만들어 낸 제품이나 서비스를 고객들이 테스트해 본 후라면 자신들이 수립한 Problem/Solution의 가설을 검증하는 것이 목적이므로, 제품이나 서비스의 장단점을 파악하는 것과 동시에 가격과 성능에 대한 고객의 피드백도 함께 확보해야 한다. 나아가 고객이 어떤 경로로 제품이나 서비스를 구입하고 있는지, 누가 구입 의사결정자인지도 파악해야 하는데 구매 채널이나 소비 행동에 대한 가설도 검증해야 하기 때문이다.

이 시기의 고객 인터뷰는 단순히 판매 확대를 위한 일련의 과정 중 하나가 아니라 전체 사업 전략을 결정하는 매우 중요한 과정으로 인식해야 한다. 따라서 왜곡 없는 정확한 피드백을 얻기 위해 외부 전문기관에 의뢰하기보다는 CEO나 창업멤버가 직접 진행하는 것이 좋다. 경영자나 개발자가 직접 고객과 커뮤니케이션을 함으로써 전략이나 제품 사양에 정확하게 피드백을 반영할 수 있고, 이를 통해 빠르게 사이클을 회전시킬 수 있기 때문이다.

5-6 린 스타트업

앞서 서술한 스타트업의 초기 사고방식을 일반적으로 '린 스타트업Lean Startup'[9]이라고 한다. 린 스타트업은 에릭 리스Eric Ries가 자신의 저서[10]에서 제창한 개념으로, 그는 고객과 시장이 이미 존재하는 상

---

9) 린 스타트업이라는 명칭은 도요타 자동차의 린 생산방식에 유래된 용어이다. 생산 공정에서 불필요한 낭비 요소를 철저히 배제하고 제거해서 '린'(Lean, 기름을 걷어낸, 군살 없이 슬림한)하게 관리한다'는 의미를 갖는다.

10) 『린 스타트업』, 에릭 리스, 이창수 외 옮김, 인사이트, 2012.

황을 전제로 한 기존 대기업의 경영 기법은 스타트업에게 적합하지 않으므로 스타트업은 그들만의 고유한 경영 기법이 필요하다고 주장한다. 린 스타트업의 기본 프레임은 앞서 서술한 과학적 연구 방법 사이클인 '가설 → 실험 → 검증'의 프로세스처럼 'Build(구축) → Measure(측정) → Learn(학습)' 과정이 반복되는 사이클을 사용한다.

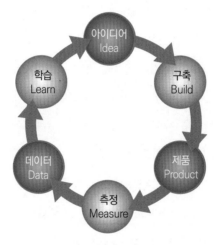

[그림 5.8] 린 스타트업에서의 Build/Measure/Learn 사이클

두 사이클을 자세히 비교해보자. 첫 단계인 스타트업의 제품 아이디어 단계는 가설 단계와 같고, 최소 기능 제품을 활용해 고객의 피드백을 기반으로 가설을 검증한다. 또한 검증 과정에서 고객 인터뷰를 중시하며, 대부분의 가설은 틀리기 때문에 빠르게 검증하고 파악한 내용을 학습하고, 다시 처음으로 돌아가 새로운 아이디어를 내는 반복과정이 중요하다고 여기는 점 등 과학적 연구 방법과 린 스

타트업 방법이 서로 유사함을 알 수 있다.

최소 기능 제품

앞에서 언급한 '이러한 고객이 이러한 제품이나 서비스를 원할 것이다'라는 가설을 기반으로 만든 '완벽하지 않지만 최소한의 작동 및 운영 기능을 가진 제품이나 서비스'를 린 스타트업에서는 최소 기능 제품MVP, Minimum Viable Product라고 한다. 최소 가능 제품은 고객 테스트에 필요한 최소한의 기능을 가진 제품으로, 고객으로부터 피드백을 받아 스타트업이 세운 가설을 검증하는 것이 주 목적이기 때문에 제품이나 서비스가 완벽할 필요가 없다.

검증 가능한 최소 기능 제품에도 다양한 형태가 있다. 하드웨어의 경우에는 어느 정도 실제로 움직이는 프로토타입Prototype을 만들어야 검증이 가능하겠지만, 웹 서비스의 경우에는 문자 그대로 구동될 수 있는 최소 기능만 개발해서 검증해도 된다. 예를 들면 온라인 판매 비즈니스를 할 때 첫 페이지의 메뉴만 만든 상황에서 고객이 주문이나 구매를 한다면 사람이 직접 오더와 배송 주문까지 수작업으로 처리하는 형태도 최소 기능 제품이라고 할 수 있다.

가령 웹상에서 주문이 들어오면 직원이 근처 매장에서 주문받은 제품을 사 와서 포장한 후에 배송하는 상황을 생각해 볼 수 있다. 물론 사업이 커지면 주문이나 배송 시스템을 자동화하고 재고도 미리 확보하고 있지 않으면 정상적으로 운영이 안 되겠지만 사업 시작 초기에는 주문 횟수나 주문량이 매우 적기 때문에 주문, 사입, 배송과 관련된 프로세스를 직원이 직접 수작업으로 처리해도 업무 프로세스와 고객의 반응 및 특성에 대한 파악이 가능하다.

Pivot

피벗Pivot이라는 단어도 린 스타트업에서 온 용어로 스타트업 업계에서는 일반적으로 사용되고 있다. 원래 의미는 '방향 전환'이라는 의미지만, 마치 농구할 때 공을 들고 한 쪽 발을 바닥에 고정한 상태에서 다른 쪽 발을 움직여 전후좌우로 방향을 전환하는 것처럼 스타트업이 수립한 가설이 틀렸을 때 보유한 핵심기술이나 전략은 변하지 않은 상황에서 다시 새로운 가설을 세워 사업의 방향 전환을 도모하는 것이다.[11]

피벗은 사업 형태에 따라 다양하지만, 처음에는 제품의 여러 부분 중 하나로 개발했다가 다른 부분이 불필요해져 그 상태를 완제품으로 전환한다든가 특정 기능만으로 충분할 것이라 판단하고 개발했다가 기능 추가로 방향을 전환하는 것이 대표적이다. 또한 제품

---

11) 크고 작은 방향 전환에 대한 명확한 기준이 있는 것은 아니지만, 'Build → Measure → Learn (가설 → 실험 → 검증)'의 피드백 사이클을 여러 번 반복 및 회전하는 과정 중에 소폭으로 가설을 변경하고 검증하는 것은 Pivot이라고 하지 않는다.

의 기능은 적합했지만 목표 고객을 잘못 설정해 전환을 시도하거나 목표 고객은 고정한 상태에서 판매 채널을 변화시키는 피벗도 있다. 소비자를 타겟으로 하는 B2C 비즈니스로 자리 잡은 상태에서 기업 대상의 B2B 비즈니스로 피벗하는 사례도 있는데, 예를 들어 대중적인 소비자 범용 제품을 개발하던 회사가 기업고객을 대상으로 기업별 맞춤형 제품을 개발하는 경우가 여기에 속한다.

피벗은 지금까지의 가설을 버리고 새로운 가설에 근거한 제품이나 서비스를 만드는 작업이기 때문에 창업가는 항상 자기 생각이 틀릴 수 있다는 마인드를 가져야 한다. 처음에 스타트업이 세운 가설과 실제 고객이 가진 해결해야 할 문제점이 일치하지 않을 때 피벗을 해야 하는데 가설은 언제라도 바뀔 수 있으니 조금 틀리더라도 그냥 밀어붙이면 되지 않을까라는 생각은 하지 말아야 한다. 과감한 피벗을 위해서는 큰 용기와 결단이 필요하다. 창업 초기 단계에 스타트업이 잘못된 가설을 고집하는 것은 돌이킬 수 없는 치명적인 결과로 나타날 수 있으므로, 항상 피벗할 수 있다는 가능성을 염두에 두고 '가설 → 실험 → 검증' 사이클의 빠른 반복을 통해 고객 니즈에 부합한 해결책을 찾아야만 한다.

린 스타트업의 확장

린 스타트업의 사고방식은 주로 소프트웨어나 웹 서비스 비즈니스에서 활용되는데, 이 분야는 하드웨어 대비 개발에 필요한 투입 자원이 비교적 적게 들어 제품 변경이 쉽다. 그렇기 때문에 'Build → Measure → Learn'의 사이클을 빠르게 반복할 수 있다. 또한 소프트웨어나 웹 서비스는 인터넷상에서 고객의 피드백을 쉽게 얻을 수 있기 때문에 린 스타트업 사고방식은 소프트웨어나 웹 서비스 분야에서 발달해왔다.

최근 린 스타트업 사고방식은 다른 사업분야로도 급격히 확장되고 있다. 많은 분야에서 디지털 혁신이 신규 사업 성공의 필수 요소가 되고 있고, 이전까지 'Build → Measure → Learn' 사이클의 반복이 적합하지 않다고 여겨졌던 하드웨어 분야에서도 최근에 변화의 바람이 불고 있다.

얼마 전까지 하드웨어 비즈니스는 [그림 5.9]과 같이 대량생산과 대량소비가 핵심이었다. 제품의 대량생산을 위해 공장을 세우고, 대량 판매를 위한 유통 판매망 구축과 함께 대규모의 광고홍보를 병행하고, 고객에게 많은 물량의 제품을 신속하고 정확하게 배송하기 위해 탄탄한 물류와 결제 시스템 구축을 위한 막대한 자금 투자가 필요했다.

많은 투자를 하려면 그에 맞는 정확도 높은 가설에 의거한 사업계획을 수립해야 한다. 즉, 대량생산과 대량소비 기반의 하드웨어 비즈니스는 막대한 비용과 투자가 뒤따라야 하므로 '어떤 고객에게 무엇을 판매할까'라는 핵심적인 질문에 대해 정확한 답이 필요하다.

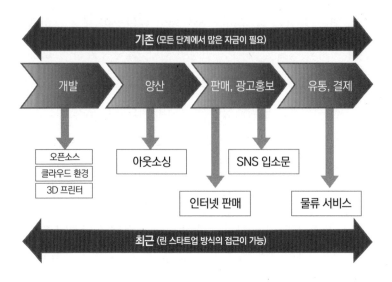

[그림 5.9] 하드웨어 비즈니스 사업 환경의 변화

처음부터 규모의 경제가 적용되는 분야가 아니면 시작하기 어려운 사업구조로, 불완전한 가설을 기반으로 성장 가능 여부가 불확실한 제품이나 서비스로 고객의 피드백을 통해 가설을 수정, 검증해가는 스타트업의 비즈니스 방식과는 어울릴 수 없는 사업구조였다고 할 수 있다.

그러나 최근 들어 하드웨어 비즈니스를 둘러싼 환경은 크게 변화하고 있다. 가장 큰 변화 요소로서 제품 개발이 쉬워진 점을 들 수 있다. 3D 프린터를 비롯한 다양한 제품과 기술의 발전으로 하드웨어 개발이 용이해졌다. 또한 소량의 주문생산이 가능한 제조 전문 아웃소싱 업체가 증가하면서 이전 대비 다품종 소량생산이 일반화되었다. 요즘 하드웨어는 소프트웨어 탑재가 거의 필수인데, 예전이라면 사내에 서버를 설치해 독자적으로 개발해야 했던 소프트웨어도 클라우드 환경이나 오픈소스를 활용해 값싸게 장착할 수 있게 되었다.

판매 측면에서도 인터넷의 발달로 오프라인에 독자적인 판매망이나 판매 채널을 갖지 않더라도 고객에게 직접판매를 하거나 아마존 같은 온라인 스토어를 통해 쉽게 인터넷 판매가 가능해졌다. 이전에는 많은 기업들이 광고홍보에 많은 비용을 투입해 TV 광고와 같은 고비용 광고 채널에 집중했는데, 최근에는 SNS를 기반으로 한 입소문이나 바이럴 마케팅을 활용하여 큰 비용을 들이지 않고도 효율적인 마케팅이 가능해졌다. 작은 기업에게 진입장벽이 높았던 물류 구축이나 결제 기능도 이제는 아마존이 결제, 재고관리, 발송까지 모두 대행하는 시대가 되었다. 다시 말해, 대량생산, 대량소비면 충분했던 시대에 하드웨어 비즈니스를 하기 위해 막대한 자금이 필요했던 시대가 저물고 있는 것이다. 필요한 자금 규모가 줄어들었을 뿐 아니라, 크라우드 펀딩Crowd Funding과 같은 새로운 자금 조달 방법도 생겨나고 있다.

이와 같은 환경 변화에 의해 하드웨어 비즈니스도 이전 대비 스타트업의 운영방식을 적용하기가 매우 쉬워졌다. 물론 단순한 코딩을 통해 바로 서비스 변경이 가능한 웹 서비스 같은 소프트웨어와 달리 하드웨어 개발은 '가설 → 실험 → 검증' 사이클의 반복에 많은 시간이 걸리겠지만, 제조, 판매, 재고관리, 결제, 광고홍보와 같은 기능을 모두 사내에서 관리하고, 설비 등에 많은 투자를 한 상황에 재고 리스크까지 감당해야 했던 이전 경영 방식과 비교해보면 이제 '가설 → 실험 → 검증' 사이클을 반복하며 성장하는 스타트업의 경영방식을 도입하기 쉬워진 것은 사실이다.

이러한 배경으로 원래 소프트웨어나 웹 서비스에 통용되던 린 스타트업 기법이 최근에는 하드웨어뿐 아니라 다양한 스타트업 분야에도 사용되고 있다. 대학의 연구 성과를 활용하는 연구개발형 스타트업도 예외는 아니다. 일반적으로 연구개발형 스타트업에서는 '실험'을 하기가 쉽지 않다. 스타트업의 '실험'은 최소 기능 제품을 만들어 잠재 고객에게 테스트하는 것인데, 기존에 없던 신기능을 구현하는 것이 연구개발형 스타트업이므로 최소 기능 제품 수준이라도 그것을 개발하기 위해서는 많은 시간과 자금이 필요하다.

그렇다고 해서 연구개발형 스타트업이 린 스타트업 방법을 활용할 수 없는 것은 아니다. 오히려 제품이나 서비스가 아직 존재하지 않는 단계부터 고객 인터뷰를 통해 고객이 가진 문제점을 발견하고, 그 해결책을 찾기 위해 수립한 가설을 검증하는 린 스타트업 접근 방식이 연구개발형 스타트업에게 더 적합하다고 할 수 있다. 처음부터 가설을 좀 더 정확하게 수립할 수 있다면 실험과 검증의 사이클 반복 횟수를 줄임으로써 비용과 시간을 절약할 수 있기 때문이다.

많은 자금과 시간이 필요한 연구개발형 스타트업은 정확한 초기

가설을 수립하는 것이 중요하다. 연구개발 핵심 멤버인 연구자나 기술자는 제품이나 서비스 자체보다 거기에 녹아 있는 기술을 더 중요하게 여길 수도 있다. 하지만 그러한 시각에서 벗어나 고객이 가진 문제점과 해결책에 대한 가설을 실험하고 검증하는 관점을 가지고 비즈니스를 바라보아야 한다.

제5장 정리 ✏️

〰〰〰〰〰〰〰〰〰〰〰〰〰〰〰〰〰〰〰〰〰〰〰〰〰〰

- ✅ 스타트업은 궁극적으로 매출이 큰 시장을 타겟으로 삼아야 한다.

- ✅ 초기 스타트업은 당장 큰 시장을 노리기보다 비록 소수일지라도 확고하게 자사 제품이나 서비스를 사용하고 지지해 줄 고객의 확보를 목표로 해야 한다.

- ✅ 시장을 독점하는 것이 가장 이상적이지만, 시장이 커지면 반드시 경쟁 상대가 나타나므로 미리 경쟁사 대비 차별적 우위를 확보해야 한다.

- ✅ 성장하는 사업이란 '규모의 경제' 효과를 누릴 수 있는 사업이며, 스타트업은 규모의 경제를 확보할 수 있도록 빠른 성장을 목표로 해야 한다.

- ✅ 어떤 아이디어나 아이템이 비즈니스로 성장할지는 고객의 피드백을 기반으로 '가설 → 실험 → 검증'의 프로세스를 반복하는 과정에서 발견된다.

- ✅ 고객의 피드백을 활용해 '가설 → 실험 → 검증'의 사이클을 빠르게 반복해 고객이 필요한 해결책을 찾는 것이 성공의 열쇠이다.

〰〰〰〰〰〰〰〰〰〰〰〰〰〰〰〰〰〰〰〰〰〰〰〰〰〰

STARTUPS 101

6

비즈니스 모델과
비즈니스 플랜

Chapter 6

비즈니스 모델과
비즈니스 플랜

　이번 제6장에서는 비즈니스의 핵심인 수익 창출 방법에 대해 설명하고, 이들을 조합한 후에 비즈니스 플랜을 세워서 문서화하는 방법에 대해 알아볼 것이다. 일반적으로 비즈니스 모델이나 비즈니스 플랜은 비즈니스에 대해 분석하고 설명하는 것과 동시에 사업가 자신의 생각을 일목요연하게 정리하기 위한 수단으로 받아들여진다.

　비즈니스는 여러 가지 요소들이 복합되어 있어서 머릿속으로 생각하는 것만으로는 올바로 정리하기가 어렵다. 하지만 이를 문서로 시각화하거나 구체화하면 좀 더 쉽게 전체 비즈니스를 파악하고 분석할 수 있다.

　자, 그럼 본격적으로 들어가보자. 먼저 알아볼 것은 비즈니스 모델이다.

6-1 좁은 의미의 비즈니스 모델 = 수익 창출 방법

비즈니스 모델이라는 말은 여러 의미로 사용되는데, 좁은 의미로는 수익을 창출하는 방법, 넓은 의미에서 비즈니스 시스템이나 전반적인 구조라 할 수 있다. 사업을 통해 수익을 창출함에 있어 좁은 의미로 비즈니스 모델을 수익 모델Revenue Model 또는 수익 창출Monetize 기법이라고도 부른다. 수익 창출 방법은 대상이 제품인가 서비스인가에 따라 다르고, 제품의 경우에도 유형의 하드웨어와 무형의 소프트웨어로 나눠 살펴볼 수 있다.

하드웨어 비즈니스의 수익 창출 방법

하드웨어Hardware 비즈니스는 제조 후 판매라는 가장 일반적인 방식으로 수익을 실현한다. 이는 가장 단순한 방법으로서, 제품 판매만 놓고 보면 최종 소비자에게 직접판매하거나 여러 판매 채널을 통해 중간상을 경유하는 간접판매하는 방법이 있다. 간접판매의 경우, 매출 기준은 최종 소비자의 구입 시점이 아니라 중간 판매업자가 제조사에 발주하는 시점에 매출 및 수익이 발생한 것으로 본다.

또한 완제품을 최종 소비자에게 제공하는 제조사 외에도 부품 제공이나 원재료 공급 등 하청업체들이 수직적으로 계층화된 경우가 많으므로, 최종 제품 제조사는 하청업체가 그들의 고객으로부터 어떻게 수익을 창출하는지에 대해서도 인식해야 한다. 제품 판매 시, 직접 제품을 생산하지 않고 다른 제조사에서 제품을 매입해서 재판매하는 경우도 있다. 소매업Retail은 판매 대상이 최종 소비자이고, 도매업Wholesale의 경우에는 소매점이다. 소매업의 유형에는 전문점, 매장, 통신판매, 온라인 판매 등 다양한 형태가 존재한다.

제품으로 수익을 창출하는 방법은 판매 외에도 여러 가지가 있다. 대여를 통해 수익을 내는 방법도 있다. 고객에게 직접 전달이 가능한 제품의 경우에 렌털Rental이나 리스Lease처럼 빌려주는 형태로도 수익 창출이 가능하고, 부피가 매우 큰 대형 기계나 단기간 사용하는 제품의 경우에는 고객이 직접 찾아와 사용하고 이용료를 지불하는 형태도 있다.

수익을 창출하는 또 다른 방법으로는 제품 판매 후 유상의 보수, 점검, 수리가 있다. 제품 판매 시, 노마진 수준의 저가격으로 판매하고 보수 또는 점검을 통해 수익을 만드는 비즈니스이다. 또한 제품의 폐기, 청소, 위탁, 이전 등과 같은 방식으로 수익을 창출하는 경우도 있다. 이쯤 되면 제품보다는 서비스에 더 가까운 비즈니스지만, 최근 단순히 제품을 제작해 판매하는 것만으로는 수익 창출이 점점 더 어려워지고 있기 때문에 제조사에서는 하드웨어와 연관된 다양한 서비스 제공을 통해 수익을 추가하는 비즈니스를 검토해야 한다. 이와 같은 방법은 하드웨어를 제작하고 판매하는 스타트업일 경우에 충분히 고려할 만하다.

한편, 최근에는 특화된 전문 제조사가 생겨나면서 제조업의 업태도 크게 변하고 있다. 제품을 취급하는 회사지만 제작은 외부 전문 제조사에 의뢰하고 제품의 설계, 개발, 판매에만 집중하는 경우도 크게 증가하고 있다.[1] 특히 전자제품 생산을 위탁받은 제조사를 **EMS**Electronics Manufacturing Service라고 하는데, 주로 타이완이나 중국에 많다.

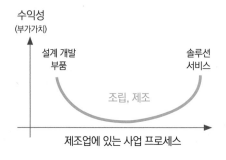

[그림 6.1] 스마일 커브(Smile Curve)

하드웨어 비즈니스 모델에 대해서 좀 더 말하자면, 스마일 커브 Smile Curve라는 방식이 있다. 제조업의 여러 가지 사업 프로세스를 보면 수익성이 높은 것은 제품 설계, 개발 그리고 부품의 공급과 제품 솔루션과 애프터서비스 분야가 해당된다. 반면에 제품의 조립이나 제조 분야는 대개 수익성이 낮다. 가로축의 사업 프로세스와 세로축의 수익성을 두고 위에서 언급한 제조업 각 분야를 배치하면 [그림

---

1) 이러한 형태의 회사를 팹리스(Fabless)라고 부르며, 특히 반도체 분야에 많다.

6.1]과 같이 스마일 커브가 도출된다. 원래는 전자산업의 구조를 설명할 때 사용된 커브로서, 많은 미국 기업들은 커브의 좌우 양측 영역에 위치해 수익성이 매우 높지만, 일본 기업들의 경우에는 주로 조립과 제조 중심의 구조라서 커브 중앙의 낮은 수익성 영역에 머물러 있다. 모든 제조업을 이 스마일 커브로 분석할 수는 없지만 하드웨어 제조업을 염두에 두고 있는 스타트업이라면 반드시 참고해야 할 것이다.

소프트웨어 비즈니스의 수익 창출 방법

소프트웨어Software 비즈니스도 하드웨어와 동일하게 제작한 소프트웨어 제품을 고객에게 판매하고 수익을 얻는 구조를 가지고 있다. 직접 제품을 만들지 않고 타사에서 매입해서 재판매하는 형태의 비즈니스가 있는 것도 서로 유사하다.

그러나 이전에는 CD 등의 매체에 저장된 소프트웨어가 하드웨어처럼 물리적인 상태로 판매되는 것이 일반적인 형태였지만, 요즘 대부분의 소프트웨어 판매는 고객이 직접 인터넷에서 다운로드하는 형태로 바뀌었다. 최근에는 소프트웨어를 고객의 하드웨어에 설치하지 않고 서버나 클라우드상에 고객이 직접 접속해 사용하기도 한다. 이처럼 소프트웨어 제품이 고객에게 전달되는 방법의 변화에 따라 비즈니스 수익 창출 방법도 바뀌고 있다.

전달 방법이 변했다고 해도 제품 구입에 따른 비용 지불 방식은 사라지지 않았다. 하지만 다운로드한 제품을 이용할 수 있는 권리와 사용에 대한 라이선스 비용을 지불하거나 클라우드상의 소프트웨어를 월 정액 방식으로 이용하는 서브스크립션(Subscription, 구독) 모델, 소프트웨어 사용량만큼 이용료가 부과되는 종량제 과금 모델 등 다양한 방법들이 사용되고 있다. 소프트웨어 기반의 스타트업을 창업할 때는 이러한 수익모델을 충분히 검토해야 한다. 또한 판매 이후 소프트웨어의 버전업Version Up이나 유지, 보수와 관련된 매출은 익히 알려져 있는 수익 모델이자 중요한 수익원이 된다.

이 밖에도 소프트웨어 개발을 위탁받아 제작 후에 납품하는 수탁(受託, Trust) 개발 방식도 있다. 특히 소프트웨어 스타트업의 초기 단계에 개발력만 충분하다면 비교적 수익 창출이 쉽기 때문에 특정 고객을 대상으로 한 소프트웨어 개발이나 시스템 개발을 위탁받아 진행하는 수탁 사례가 많다. 개발에 필요한 역량을 갖춘 상태에서 수탁을 통해 적정한 수익을 얻을 수 있다면 훌륭한 비즈니스가 될 수 있지만 스타트업의 주요 목표가 되어서는 안 된다. 수탁 업무는 기본적으로 스타트업에게 필요한 스케일 업Scale Up, 즉 큰 성장을 할 수 있는 비즈니스가 아니기 때문이다.

소프트웨어나 시스템 개발뿐만 아니라, 데이터 처리나 컨설팅을 수주하는 경우도 마찬가지다. 대개 수탁 비즈니스는 일이 증가한 만큼 업무 인원을 늘려야만 원활하게 일이 진행될 수 있다. 결국 수탁 비즈니스는 큰 성장을 하려면 추가적인 비용을 들여서 업무 인원을 늘릴 수밖에 없기 때문에 인원 증가에 비례해 성장하는 비즈니스라 할 수 있다. 제5장에서 서술한 것처럼 수탁 비즈니스는 '규모의 경제Economies of Scale' 효과를 누릴 수 없는 비즈니스 모델로서 스케일 업 할 수 없는 사업구조이기 때문에 스타트업의 비즈니스로서는 적당하지 않다.

그렇지만 다양한 이유로 인해 스타트업 창업 시 소프트웨어 비즈니스를 수탁 비즈니스로 시작해야만 할 수도 있다. 혁신적인 제품 개발 계획은 있지만 개발 기간 동안 매출이 없기 때문에 개발 자금 확보와 회사 연명을 위해 수탁 비즈니스를 해야 하는 경우다. 뛰어난 기술력과 회사의 개발 역량을 떨어뜨리지 않는 내에서 부수적인 업무로 소화한다면 부담이 적겠지만, 수탁 업무에 매몰되어 정작 중요한 자사 제품 개발에 역량을 집중하지 못한다면 개발이 점점 늦어져 최악의 경우에 수탁 비즈니스 회사로 전락할 수도 있다.

또한 자사의 제품이 있지만 고객사의 시스템에 적용하기 위해 대폭적인 커스터마이징이 필요해 그 부분을 외주로 맡김으로써 정작 자사 제품을 사용하기 어려운 경우도 있다. 이러한 경우, 주객이 전도되어 수탁 개발이 자사의 주요 비즈니스 활동이 되어 버려 자사 제품을 개량하는 데 집중하기 어려워지거나 때에 따라서는 고객사에 판매 자체가 불가능한 상황에 맞딱드릴 수도 있다.

이런 상황에 빠지지 않으려면 높은 기술력이나 타사에 없는 독자적인 기술을 보유해야 한다. 수탁 개발의 경우에 개발 결과물은 제작을 의뢰한 회사의 소유가 되는 것이 일반적이다. 하지만 자사의 독자적인 기술을 기반으로 개발했다면 핵심적인 부분을 자사의 권리로 보유할 수 있고, 다른 수탁 개발에 범용적으로 반복해서 사용한다든가 수탁 개발 과정 중에 축적된 노하우를 바탕으로 핵심기술을 개선 및 발전시키는 것도 가능하다.

이렇게 수탁을 받을 때는 계약 조건에 개발물의 권리관계를 명확하게 밝혀 둘 필요가 있다. 일반적으로 규모가 큰 회사에서 개발을 맡기므로 개발 회사가 약자가 되는 경우가 많은데, 독자 기술을 가진 개발 회사라면 자사가 보유한 핵심기술을 타사 개발에도 사용할 수 있다는 계약 조건을 포함시킬 수 있을 것이다. 이와 같이 자사 제품을 개발하면서 수탁 비즈니스를 하는 것도 가능하고 어쩔 수 없이 그런 일을 해야만 하는 상황이 올 수도 있지만, 근본적으로 스타트업은 수탁 비즈니스로 수익을 만들더라도 자사 제품 개발에 필요한 자금을 확보해 거기에 집중하는 것이 바람직하다.

수탁 개발의 경우에 수익공유Revenue Share라는 모델도 있다. 이것은 소프트웨어 개발뿐 아니라 수탁이라는 형태의 비즈니스에 자주 사용되는데, 고객사가 개발을 의뢰할 때 정액으로 개발 대가를 지불하지 않고 완성된 개발물의 판매로 얻는 수익의 일정 비율을 개발 회사에 배분하는 방식이다. 수탁하는 개발 회사 측은 개발 비용을 회수하지 못할 리스크가 있지만 개발 제품이 성공해 판매가 잘될 때는 큰 수익을 얻을 수 있다. 개발을 의뢰한 회사는 초기 비용에 대한 부담을 낮출 수 있지만, 성공할 경우에는 수익을 개발사와 나눠 갖게 된다.

서비스업의 수익 창출 방법

서비스업의 비즈니스 모델에 대해 알아보자. 서비스업에는 운수, 숙박, 음식, 출판, 통신, 데이터처리, 금융, 보험, 법무, 부동산, 의료, 간호, 인재 알선, 교육, 스포츠, 오락, 광고, 디자인 등 다양한 종류가 있는데, 이들의 수익모델을 일반화하기는 어렵지만 크게 5가지의 형태로 정리해 볼 수 있다.

- 시간 과금
- 종량 과금
- 정액 과금
- 중개 수수료
- 광고 수입

시간 과금은 말 그대로 서비스를 제공한 시간에 대한 비용을 청구하는 모델로서, 예를 들어 3분간 전화 요금 몇 엔이나 1시간에 간호 비용 몇천 엔 청구 등이 있다.

종량 과금은 제공한 서비스의 양만큼 과금하는 모델로서, 승차

거리에 비례하는 기차 운임, 사용한 데이터량에 대한 통신료, 진료 내용에 대한 의료비 등의 다양한 사례가 있으며, 경우에 따라 시간 과금을 종량 과금의 일부로 보기도 한다.

정액 과금은 일정한 시간이나 범위, 구간 내에 있으면 서비스 제공 분량에 상관없이 고정된 금액으로 이용할 수 있는 과금 형태이다. 스포츠 경기의 연간 입장권, 뷔페 이용권, 각종 연회비, 신문이나 잡지의 정기구독 등이 있으며, 영어로는 Subscription fee 혹은 Membership fee라고 한다.

중개 수수료도 서비스 비즈니스의 주요한 과금 형태이다. 부동산 중개 사무소는 아파트 소유주와 임차인을 중개해서 수수료를 받고, 증권사 직원은 주식 매매를 중개해서 수수료를 받는다. 최근에는 웹상에서 물건의 매매 중개나 알선을 통해 매칭이 성공하면 중개 수수료를 받는 서비스가 많아졌다. 최근 각광받고 있는 공유(共有, Sharing) 비즈니스도 중개 수수료로 수익을 창출한다. 빈 방의 임대차를 중개하는 에어비앤비나 배차 서비스로 유명한 우버처럼 공유경제는 잉여자산을 활용해서 수입을 얻고자 빌려주는 사람과 물건을 소유하지 않고 필요할 때 원하는 만큼만 빌리고자 하는 사람 사이를 이어주는 중개 서비스가 핵심이며, 주요 수익원은 개인 간의 중개 수수료이다.

광고를 수입원으로 하는 비즈니스도 많다. 예전부터 TV 방송국의 주요 수입원이 광고인 것은 잘 알려져 있다. 하지만 인터넷의 빠른 발전에 따라 인터넷 광고를 수익원으로 하는 비즈니스가 크게 성장하고 있는데, 구글이나 페이스북의 경우에 광고 수입만으로 연간 몇조 엔의 매출을 기록하고 있다. 인터넷 광고도 다양한 형태가 있는데, 가장 단순하게는 배너광고처럼 웹사이트 내부의 광고 페이지나 섹션을 판매한다든가 광고 클릭 횟수에 따라 광고비를 받는 형태가 있다. 제품 구입이나 서비스 이용에 대한 광고비용이 발생하는 성과보수형의 제휴광고도 광고를 수입원으로 하는 비즈니스 모델의 하나이다.

웹사이트에서 광고 수입을 목적으로 하는 비즈니스 모델 아이디어가 매우 많지만, 광고 수입만으로 비즈니스를 운영하기는 쉽지 않다. 작은 규모의 비즈니스를 생각하고 있다면 상관없겠지만, 광고 수입만으로 회사를 운영하기 위해서는 자사 웹사이트에 상당히 많은 방문자 트래픽이 필요하다. 방문자가 많아야 광고주가 모이기 때문이다. 방대한 양의 방문자 트래픽을 모으는 것은 쉬운 일이 아닐 뿐더러 모인 트래픽을 처리하기 위한 인프라를 구축하고 운영하는 데에도 많은 관리 노하우와 예산이 필요하다.

서비스업에서 수익을 창출하는 방법으로 다시 돌아가 보자. 서비스업에서 하나의 서비스로 복수의 과금 형태를 운영하는 사례가 우리 주위에 많이 있다. 기차 운임은 종량 과금을 기반으로 운영되지만 정기권 판매는 정액 과금 방식이다. 각종 통신료도 종량 과금과 정액 과금이 합쳐진 형태라 할 수 있다. 온라인 미디어는 독자들의 구독료와 각종 업체들의 광고가 주요 수입원으로 이는 전통적 미디어인 신문이나 잡지의 비즈니스 모델을 그대로 가져온 것이다. 테마 파크의 경우에 종일권을 제외한 다른 티켓은 입장료(정액 과금)와 개별적인 놀이기구 탑승료(종량 과금)를 혼합한 사례이며, 출품 수수료(정액 과금)와 매매 체결 시 발생하는 중개 수수료(종량 과금)를 청구하는 경매 사이트도 이와 비슷한 예이다.

그 외의 수익 창출 방법

지금까지 하드웨어, 소프트웨어, 서비스로 나누어 다양한 수익 창출 방법을 살펴보았다. 하지만 실제 비즈니스 현장의 분류 방법과 차이가 있을 것이다. 앞서 언급했듯이 하드웨어를 파는 비즈니스에서도 서비스를 통한 수익 창출이 중요해지고 있는 것처럼 그 방법 역시 다양해지고 있다.

대학의 연구 성과를 활용하는 연구개발형 회사의 경우에는 기술 라이선스를 주요 수입원으로 하는 경우도 있다. 작은 회사가 제품을 직접 제작하는 것이 쉽지 않기 때문에 특허와 같은 지적재산권을 타사에 라이선스 형태로 제공하여 실제 제품 개발은 그들에게 맡기는 방법도 있다. 이른바 '대학 벤처 기업'에서 이러한 방식을 취하는데, 일반적으로 기술 라이선스나 연구개발을 수탁하는 것으로는 큰 성장이 어렵기 때문에 스타트업의 주요 수익모델로 삼는 것은 적합하지 않다. 다만 이와 별개로 신약 비즈니스는 기획부터 제품화까지 막대한 자금과 시간이 소요되는 특수한 영역으로서, 주요 수익원으로 기술 라이선스 제공 또는 연구개발의 수탁을 통해 수익을 창출하기도 한다.

스타트업을 창업할 때에는 어떤 수익 모델을 통해 어떤 과금체계로 운영하는 것이 좋을지 지속적으로 고민해야 한다. 여러 가지 비즈니스 모델의 조합을 통해 새로운 비즈니스 창조가 가능할지 또는 기존 비즈니스 모델을 다른 업계에 적용 가능한지를 항상 열린 자세로 타진해야 한다. 앞서 언급한 단순 대분류만으로는 구분하기 어렵겠지만, 신규 사업 고려 시 참고해볼 만한 방법이다.

프리미엄 모델

프리미엄Freemuim은 Free와 Premium을 연결한 합성어로 기본적인 서비스나 기능은 무료Free로 제공하지만, 상위 기능이나 고급 서비스 Premium service를 사용할 때 과금하는 비즈니스 모델이다. 예를 들어, 몇 기가바이트의 저장 공간은 무료로 제공하지만 그 이상의 용량을 사용한다면 유료가 되는 온라인 스토리지 서비스나, 한 달 동안 몇 건의 기사는 무료로 구독 가능하지만 그 이상의 기사 구독을 원하면

---

2) 공유경제가 좋은 예로서 기존의 모든 비즈니스에 이 비즈니스 모델을 도입한다면 새로운 비즈니스가 될 가능성이 있다.

유료로 전환되는 온라인 미디어, 간단한 기능은 무료지만 고급 편집 기능은 유료로 제공하는 소프트웨어 등 우리 주위에 프리미엄 방식을 채택한 비즈니스 모델은 많다.

프리미엄 모델은 무료 사용판을 배포해서 서비스를 홍보하고 사용자 증가를 도모할 수 있다. 기본적으로 소프트웨어나 콘텐츠의 경우에 비용이 제로에 가까워 무료 사용판의 이용자가 많더라도 서비스 제공에 따른 비용은 미미한 장점을 가진 비즈니스 모델이다.

프리미엄 비즈니스 모델에서는 무료 사용판의 사용자만으로 수익 창출이 불가능하여 무료 버전에 광고를 끼워 넣어 수익을 추구하는 경우도 많다. 무료로 서비스를 이용하고 싶은 사용자는 광고를 시청하면 된다. 서비스의 종류나 내용에 따라 다르겠지만 일반적으로 유료 서비스라면 사용하지 않겠다는 사용자가 많기 때문에, 유료 사용자 비율은 전체 사용자 중 1%에 머무는 것으로 알려져 있다.

소모품 모델

영어로 Razor-Blades(레이저 블레이드, 수동 면도기와 교체 날) 모델 혹은 Captive 가격 전략이라고 하는 비즈니스 모델이다. 수동 면도기와 교체 날이라는 예에서 알 수 있듯이, 소비자에게 처음에 구입하는 제품(수동 면도기)을 싸게(또는 무료로) 제공하고 향후 소모품(교체 날)이나 서비스로 수익을 창출하는 비즈니스 모델이다. 사용자가 일단 특정 제품을 사용하면 그 제품 규격과 맞는 전용 소모품을 계속 구입해야 하므로 제조사로서는 장기적이면서 안정적인 수익을 확보할 수 있다. Razor-Blades 모델은 오래전에도 존재하던 것으로 예를 들어 필름 카메라와 필름(소모품)이나 현상, 인화(서비스) 비즈니스와 같은 전형적인 소모품 모델이 있다. 최근에는 프린터 제조사가 잉크나 토너 같은 소모품을 통해 수익을 창출하는 사례가 대표적이고, 플레이스테이션 같은 게임 콘솔과 게임 타이틀 비즈니스, 스마트폰과 통신요금도 이러한 Razor-Blades 모델의 사례라고 할 수 있다.

6-2 넓은 의미의 비즈니스 모델 = 비즈니스 구조

앞서 좁은 의미의 비즈니스 모델, 즉 다양한 수익 창출 방법에 대해 언급했다. 지금부터는 넓은 의미의 비즈니스 모델에 대해 설명할 것이다. 비즈니스는 제품이나 서비스를 고객에게 제공하고. 그 대가로 수익을 얻는 활동을 의미한다. 넓은 의미의 비즈니스 모델은 이처럼 비즈니스 활동을 전개하기 위한 조직이나 구조 전체를 의미한다. 다시 말해 제4장과 제5장에서 서술한 내용 전부를 포괄해서 비즈니스 모델이라고 칭한다.

목표 고객 설정, 고객의 문제를 정의해서 해결 방안을 제시 및 제공하는 가치 및 그 가치를 전달할 수단과 방법은 비즈니스 모델을 구성하는 핵심 요소이다. 제품이나 서비스의 제공 대가로 수익을 얻지 못하면 비즈니스가 될 수 없기에 수익 창출 방법은 비즈니스 구조를 결정하는 데 핵심적인 고려 대상이다. 또한 스타트업은 스케일업 Scale Up 하는 성장 지향적 비즈니스를 목표로 삼아야 하므로 시장 규모와 경쟁 상대, 자사의 경쟁우위 역시 중요한 비즈니스 모델 구성 요소이다. 또한 이 비즈니스를 전개하는 데 필요한 자원과 외부 파트너와의 연계 그리고 전체적인 소요 비용도 중요한 부분이다.

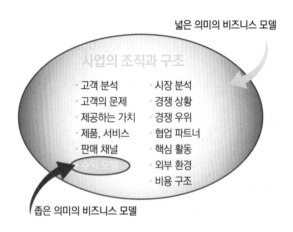

[그림 6.2] 넓은 의미의 비즈니스 모델

비즈니스를 전개할 때에는 각 요소를 검토해서 진행 방식을 결정하는데, 그중 가장 중요한 것이 무엇인지는 업종이나 업태에 따라 다르다. 예를 들어, 새로 출발하는 스타트업 비즈니스가 신약 개발 사업이라면 목표 고객이 갖고 있는 문제에 대해 고민할 필요가 없다. 특정 질환으로 건강을 잃는 문제를 해결하면 되는 것이다. 또한 제품이 약품인 이상 판매 채널이나 수익 모델은 매우 명확하고 한정적이다. 어느 정도 성장 가능한 규모인지는 그 질환을 앓는 환자들의 수에 달려 있으므로 환자 숫자에 대한 추정이 필요하다.

이런 경우에 비즈니스 모델 중 핵심은 약효나 안정성 등 제품의 효능이지만, 특허의 취득 상황, 약품 사용 승인과 허가 프로세스나 보험 적용 가능 여부 등 법적, 행정적 규제 등 외부요인도 중요하다. 장기간 지속될 연구개발을 위한 예산 추정이나 단계별 자금의 조달 시점과 규모, 개발 이후 판매 제약회사와의 협업관계를 어떻게 구축할 것인가도 중요한 요소가 된다.

그러나 새로 시작하는 스타트업이 일반 소비자 대상의 신규 웹서비스라면 신약 벤처의 경우와는 사뭇 다른 형태가 될 것이다. 비즈니스 모델 요소 중 가장 심혈을 기울여야 할 두 가지 내용은, 목표 고객이 가진 문제의 해결 방법과 고객과의 커뮤니케이션 방법이다.

사업 규모가 커지면 기술적인 요소와 수익 모델을 무시할 수 없다. 하지만 그것이 아주 초기 단계에서는 비즈니스 모델의 핵심 과제가 아니었을 것이다. 웹 서비스의 경우라면 우선 사용자 수 증가에 주력해야 하며, 어떻게 수익을 창출할 것인가는 사용자를 어느 정도 확보한 이후에 생각해도 된다.

이처럼 스타트업이 고려해야 할 가장 핵심적인 요소가 무엇인가는 비즈니스 내용이나 업태에 따라 다르다. 하지만 앞서 언급했던 요소들 모두가 비즈니스 모델을 구성하는 중요한 요소라는 점은 명확하다. 여기서는 다양한 요소로 만들어지는 비즈니스 모델을 간결하게 정리하는 몇 가지 방법을 소개할 것이다. 이번 장의 첫부분에서 언급한 것처럼, 비즈니스에는 다양한 요소가 복잡하게 작용하므로 개인의 머릿속에만 담아두면 반드시 놓치는 부분이 나오고 개별적인 요소가 독립적으로는 이치에 맞더라도 복수의 요소를 조합하면 다른 결과가 나올 수도 있는 점을 인식해야 한다. 위에서 서술한 대로 비즈니스 모델은 업종이나 업태에 따라 다를 수 있지만, 모든 비즈니스에 범용적으로 사용되는 기법이나 툴이 몇 가지 존재한다. 이에 대해 한번 알아보자.

린 캔버스

첫 번째는 린 캔버스Lean Canvas라는 툴이다.[3] 린 캔버스는 [그림 6.3]과 같이 넓은 의미의 비즈니스 모델을 구성하는 다양한 요소 중 가장 핵심적인 9가지를 1개의 표로 만든 분석 툴이다. 9가지 핵심요소에 대한 각 회사별 현황을 기입해서 조직이나 구조의 전체 상황 및 요소 간 상호 관계를 파악할 수 있게 했다. 1장의 시트만으로 단순화해 한눈에 알아볼 수 있으며 쉽게 수정이 가능한 장점도

---

3) 『린 스타트업』, 애시 모리아, 위선주 옮김, 한빛미디어, 2012.

있다.

린 캔버스 작성 시에는 9가지 요소를 작성하는 순서에 맞게 핵심적인 내용을 중심으로 요약해서 기입한다.

PROBLEM (문제)	SOLUTION (해결책) 4	UNIQUE VALUE PROPOSITION (고유한 가치 제안) 3	UNFAIR ADVANTAGE (압도적 우위성) 9	CUSTOMER SEGMENTS (고객 세크먼트)
1	KEY METRICE (핵심 지표) 8		CHANNELS (판매 채널) 5	2
COST STRUCTURE (비용 구조) 7			REVENUE STREAMS (수익의 흐름) 6	

[그림 6.3] 린 캔버스(Lean Canvas)

(1) 문제(Problem)

(2) 고객 세그먼트(Customer Segment)

처음 기입해야 하는 것은 왼쪽 끝의 '문제'란과 오른쪽 끝의 '고객'란이다. 제4장에서 설명한 것처럼 스타트업은 지금까지 없던 새로운 비즈니스를 시작하는 것이기 때문에 제품이나 서비스를 디테일하게 준비하는 것보다 먼저 목표 고객의 해결되지 않은 문제를 찾아내는 것이 더 중요하다. 또 스타트업은 다수의 고객층을 동시에 공략할 여력이 없기 때문에, 고객 세그먼트를 나누고 가장 핵심적인 고객층을 설정해서 전략을 수립해야 한다. 고객과 유저가 다른 비즈니스의 경우에는 양쪽 모두에 대한 세그먼테이션이 필요하다.

(3) 고유한 가치 제안(Unique Value Proposition)

(4) 해결책(Solution)

고객은 눈에 보이는 제품이나 서비스에 돈을 지불하는 것이 아니라 제품이나 서비스를 사용한 후에 고객이 느끼는 눈에 보이지 않는 가치에 대해 대가를 지불한다. 문제에 대한 해결책은 제품이나 서비스 자체 또는 그보다 한 단계 위의 시스템이나 서비스가 어떠한 가치를 고객에게 제공하는가를 여기에 적는다.

(5) 판매 채널(Channels)

제품이나 서비스가 고객에게 직접 전달되는 직접판매인지 아니면 중간상을 거쳐야 하는 간접판매인지를 파악하여, 만약 후자라면 그 판매경로가 어떻게 되는지 기입한다. 판매 채널은 되도록 복수인 것이 유리하다고 반복하여 설명했다. 고객에게 전달하는 방법이 중요한 비즈니스라면 그 전략도 여기에 포함시켜야 한다.

(6) 수익의 흐름(Revenue Stream)

이 항목은 다양한 수익 창출 방법과 관련된 좁은 의미의 비즈니스 모델이다. 여러 개의 수익 모델이 결합될 수 있다는 점도 고려해야 할 부분이다.

(7) 비용 구조(Cost Structure)

이 항목은 지금까지 언급하지 않았는데 어떤 형태의 사업이든지 운영에 필수적인 '비용'과 관련된 부분이다. 회사의 상세한 지출 항목은 대외비이므로, 이 책에서는 사업과 관련된 특정 지출이나 큰 지출 항목 등 핵심적인 비용에 대해서만 언급한다.

(8) 핵심 지표(Key Metrics)

핵심 지표 역시 아직까지 설명하지 않은 항목으로 비즈니스의 발전 정도를 측정 가능하게 정량적Quantitative으로 나타내며, 핵심성과지표KPI, Key Performance Indicator라고도 한다. 대개 비즈니스의 최종 성과는 매출이나 수익을 통해 정량적으로 평가하므로 사업 성과를 어떤 기준으로 평가할 것인가를 결정해야 한다. 인터넷 비즈니스에서는 사이트 방문자 수나 사이트의 체류시간 등을 평가 지표로 하는 경우가 많은데, 비즈니스 모델을 수립하는 단계에서는 업무를 평가하기에 가장 적합한 지표가 어떤 것인지 알 수 없는 경우가 많아 이를 선택하기가 쉽지 않다.

(9) 압도적 우위성(Unfair Advantage)

경쟁에 대한 차별화 요인, 경쟁우위, 진입장벽에 대한 내용을 담는 란이다.

이상 9가지 요소를 한 장의 그림으로 정리하면, 구상 중인 비즈니스의 조직이나 구조를 일목요연하게 정리해서 파악할 수 있다.

비즈니스 모델 캔버스

두 번째는 비즈니스 모델 캔버스Business Model Canvas이다. 이는 앞서 설명한 린 캔버스와 같이 비즈니스 모델을 구성하는 다양한 요소를 9개의 블록에 기입한다. 비즈니스 모델 캔버스를 구성하는 요소 중 일부는 린 캔버스에서 사용한 것과 동일하다. 사실 발표 시점은 비즈니스 모델 캔버스가 린 캔버스보다 앞서는데, 비즈니스 모델 캔버스를 초기 스타트업에 적합하게 변경한 것이 린 캔버스이다.

따라서 비즈니스 모델 캔버스는 초기 스타트업보다는 어느 정도 성장한 스타트업이나 이미 시장에서 자리를 잡은 기업에게 적합한 툴이다. 이 캔버스에는 사업 실행에 필요한 요소를 기입하는 란도 있고 사업을 성장시킬 조직이나 구조까지 포함되어 있다. 또한 린 캔버스와 마찬가지로 작성 순서가 있으므로 그 순서에 따라 9가지 구성요소를 설명한다.

KEY PARTNERS (핵심 파트너) 8	KEY ACTIVITIES (해결책) 6	VALUE PROPOSITION (가치 제안) 1	CUSTOMER RELATIONSHIPS (고객 간의 관계) 4	CUSTOMER SEGMENTS (고객 세크먼트) 2
	KEY RESOURGES (핵심 자원) 7		CHANNELS (판매 채널) 3	
COST STRUCTURE (비용 구조) 9			REVENUE STREAMS (수익의 흐름) 5	

[그림 6.4] 비즈니스 모델 캔버스(Business Model Canvas)

출전 : 《Business Model Generation》(Alexander Osterwalder & Yves Pigneur 지음).

(1) 가치 제안(Value Proposition)

(2) 고객 세그먼트(Customer Segment)

처음에는 캔버스 중앙의 가치 제안과 오른쪽 끝의 고객 세그먼트를 작성한다. 가치 제안 란에는 비즈니스가 어떤 고객에게 어떤 가치를 제공하는지와 문제점을 해결하기 위한 솔루션을 어떻게 제안할 것인가가 들어간다. 고객 세그먼트를 좁혀서 접근해야 하는 점은 린 캔버스와 같다.

(3) 판매 채널(Channels)

이 항목은 린 캔버스와 동일한 항목으로 고객에게 직접판매인지 간접판매인지를 밝히고, 후자라면 판매경로는 어떻게 되는지 기입한다.

(4) 고객과의 관계(Customer Relationships)

린 캔버스에는 없는 항목이며, 좁은 의미의 마케팅이라 할 수 있다. 어떻게 고객과 커뮤니케이션하며 고객을 확보하고 관계를 유지하고 고객 숫자를 증가시킬 수 있는지에 대한 내용이 담긴다.

(5) 수익의 흐름(Revenue Stream)

이 항목은 린 캔버스와 동일하며, 앞서 설명한 좁은 의미의 비즈니스 모델이다. 비즈니스 모델 캔버스와 린 캔버스의 가장 큰 차이가 있는 곳은 캔버스 왼쪽 절반 영역이다. 린 캔버스가 앞서 살펴본 비즈니스의 3대 기능 중 '목표 고객과 비즈니스 아이템'에 대한 분석이 핵심인 반면, 비즈니스 모델 캔버스는 좀 더 넓게 '제작'과 '판매' 요소까지 포함한 분석을 실시한다. 캔버스 왼쪽 절반은 비즈니스의 실행에 필요한 요소를 기재하고, '목표 고객과 비즈니스 아이템'이 어느 정도 결정된 후에 성장을 도모하기 위한 조직과 사업구조를 알 수 있게 해준다.

(6) 핵심 활동(Key Activities)

고객에게 의미 있는 가치를 창출하기 위해 무엇이 가장 중요한 활동인지에 기재하는 영역이다. 만약 신약을 개발하는 벤처라면 임상실험을 하거나 인허가를 얻는 것이 가장 핵심적인 활동이 될 수 있고, 고급 화장품을 판매하는 회사라면 광고홍보 활동이나 판매원에 대한 교육훈련이 가장 중요한 활동이 될 수 있다. 제조업이라면 공장의 자동화가 가장 중요한 회사도 있을 것이다. 같은 업종이라도 그 회사가 고객에게 제공하는 가치나 차별화 요인이 무엇인가에 따라 핵심 활동은 다르다.

(7) 핵심 자원(Key Resources)

비즈니스에서 가장 중요한 자원이 무엇인가를 기재한다. 제조업의 경우에는 공장이나 설비가 중요한 자원일 수 있겠지만, 팹리스 Fabless 회사라면 설계 자산이 가장 중요할 것이다. 신약 개발 회사라면 가장 중요한 자원은 특허일 것이고, 고급 화장품 회사는 브랜드일 것이다. 인적자원 측면에서 보면 소수 천재 프로그래머의 재능에 의존한 제품을 만드는 회사는 그 프로그래머가 가장 중요하고, 훌륭한 리더십을 갖춘 경영자가 이끄는 회사는 경영자가 가장 중요한 자원이 될 것이다.

(8) 핵심 파트너(Key Partners)

비즈니스를 지원하는 파트너 회사 중 중요한 역할을 하는 외부 파트너를 핵심 파트너라고 한다. 제조업의 경우에 부품이나 재료의 구입처, 조달처, 유통 업체 등이 중요한 비즈니스 파트너이다. B2B 비즈니스라면 고객사가 협업 파트너인 경우도 있고, 최종 사용자는 고객의 고객인 경우도 많다. 이는 자사와 고객사가 서로 잘 맞지 않으면 최종 소비자인 그다음 단계 고객사의 과제를 해결하는 솔루션을 제공하기 어렵기 때문이다.

(9) 비용 구조(Cost Structure)

이 항목은 린 캔버스에도 존재하지만 비즈니스 모델 캔버스는 린 캔버스보다 폭넓은 비즈니스 활동에 적합한 포맷이라는 차이점이 있다. 그러므로 앞으로 크게 성장할 비즈니스를 염두에 두고 비용 지출 상황을 고려할 필요가 있다. 비즈니스를 해나가며 어떤 활동이나 자원에 가장 비용이 많이 드는지를 아는 것과 함께 회사가 성장할수록 규모의 경제 효과가 발휘되는 비용이 무엇인지 파악하는 것이 중요하다. 전체 비용 구조상 규모의 경제와 관련 없는 비용이 대부분을 차지한다면 그 비즈니스 모델은 성장하지 않는, 다시 말하면 스타트업의 비즈니스로 적합하지 않다고 할 수 있다. 업무에 투입된 인원 이상으로 성장할 수 없는 수탁 비즈니스가 대표적인 예이다.

지금까지 살펴보았듯이, 9개의 비즈니스 중요 항목을 1장의 시트에 일목요연하게 정리할 수 있다면 초기 작은 회사에서 벗어나 이제 큰 성장을 도모하는 단계에 있는 회사의 조직과 전체 구조를 한눈에 조망할 수 있게 된다.

캔버스의 사용 방법

지금까지 린 캔버스와 비즈니스 모델 캔버스라는 두 가지 툴을 소개했다. 실제로 이 캔버스를 작성해보면 비즈니스를 구성하는 요소가 블록에 잘 채워지지 않는다거나 특정 요소가 두 가지 이상의 블록에 걸쳐 있는 애매한 상황을 자주 접한다. 또는 자사의 비즈니스 구조에 중요하지 않거나 반대로 너무 명확해서 기입할 필요가 없는 경우도 있다. 그러나 캔버스는 자사 비즈니스에 대한 본인의 생각을 정리하기 위한 툴이므로 정해진 포맷에 너무 연연할 필요는 없다. 캔버스의 내용을 문장으로 풀어서 정리하려면 많은 노력과 시간이 필요하겠지만, 만약 이전부터 상당히 진지하게 검토해온 비즈니스 플랜이라면 30분 만에 정리할 수 있을 것이다.

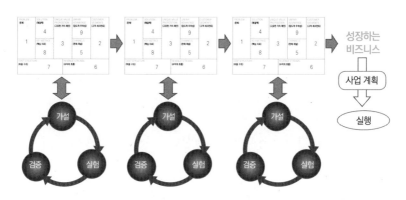

[그림 6.5] 캔버스의 사용 방법

또한 캔버스의 특징은 작성한 내용을 쉽게 갱신할 수 있다는 것이다. 제5장에서 스타트업의 비즈니스 탐색 프로세스는 '가설 → 실험 → 검증'의 반복을 통해 진행된다고 했는데, 캔버스는 이 프로세스 사이클을 반복할 때 사용하기 적합한 툴이다.

[그림 6.5]는 그 모습을 잘 나타내고 있다. 스타트업의 비즈니스 아이디어는 '고객은 어떠한 문제점을 가지고 있고, 이러한 해결책을 제공하면 가치를 인정하고 대가(돈)를 지불할 것이다'는 가설에서 시작한다. 가설을 캔버스에 써 내려가며 '가설 → 실험 → 검증'의 사이클을 반복한다. '실험'은 고객에게 아직 완성되지 않은 최소 기능 제품의 사용을 의뢰하는 것을 의미하고, '검증'은 그것을 사용해 본 고객이나 유저와의 인터뷰를 통해 사용 후에 느낀 점 등을 피드백 받아 수립한 가설이 타당한지를 판단하는 것이다.

대부분의 가설은 틀리는데, 원인은 매우 다양하다. 처음부터 고객의 문제를 잘못 추정했을 수도 있고, 제시한 해결책이 틀렸을 수도 있다. 목표 고객층을 잘못 선정했거나 경쟁우위에 있다고 여긴 생각이 틀렸을 수도 있다. 캔버스를 사용하면 가설의 어느 부분이 잘못되었는지 쉽게 확인이 가능하며, 어디를 수정하면 되는지 바로 알 수가 있다. 간단하게 작성 및 갱신이 가능한 캔버스는 스타트업이 '가설 → 실험 → 검증' 프로세스를 반복하기에 적합한 툴이다.

'가설 → 실험 → 검증'의 사이클을 반복하는 과정을 통해 처음에 수립했던 비즈니스에 대한 가설은 점점 현실성 있는 가설이 되어간다. 처음에는 린 캔버스가 적당하고, 어느 정도 가설이 검증되면 비즈니스 모델 캔버스가 더 유용해진다. 초기의 가설 검증 단계에서는 고객이나 고객이 가진 문제에 포커스를 맞추는 것이 좋기 때문에 린 캔버스가 적합하지만, 비즈니스 모델이 점점 구체화되면 큰 성장을 위해 여러 가지 요소를 고려해야 하므로 폭넓은 요소를 포함한 비즈니스 모델 캔버스가 분석에 더 적합하기 때문이다. 고객에게 가치를 제공하는 측면에서 비즈니스 모델을 검증할 수 있다고 해도 그것을 발전시키기 위해 외부에서 지원하는 파트너에 대한 가설이나 필요 핵심 자원에 대한 가설이 잘못되면 비즈니스를 크게 성장시킬 수 없기 때문이다.

캔버스를 이용해 '가설 → 실험 → 검증'의 프로세스를 계속 반복해 가며 비즈니스가 빠르게 성장 가능한 단계에 도달하면, 더욱 정교하고 치밀한 비즈니스 플랜을 세워 실행해 가야 한다.

6-3 비즈니스 플랜

비즈니스 플랜Business Plan, 즉 사업 계획이라는 단어는 다양한 의미로 사용된다. 스타트업에서 사업 계획서를 작성하는 가장 큰 목적은 투자 유치지만, 사업 파트너나 고객, 다른 회사와의 제휴를 위해 쓰일 수도 있고, 종업원들에게 회사의 목표 등을 전달하거나 공유하기 위해 사용되기도 한다.

대기업의 사업 계획서는 해당 연도의 매출과 이익에 대한 목표를 중심으로 작성된다. 결국 사업 계획의 핵심은 숫자이고, 그 숫자를 달성하기 위한 다양한 방법과 계획을 문장으로 설명하는 것이다. 그러나 아직 매출은 물론 판매 대상인 제품이나 서비스조차 없는 스타트업의 사업 계획은 일반 회사의 그것과는 상당히 다르다. 일반적으로 회사의 사업 계획이라고 하면 몇 년간의 목표 매출액과 같은 수치적인 목표를 달성하기 위한 근거로서 시장 규모 예측, 수익의 근거인 판매 가격이나 수량이 뒤따른다.

하지만 스타트업의 경우에는 일반 기업들과 같은 숫자 기반의 정량적인 내용보다 어떤 사업을 기획하고 성장시켜 나갈 것인가에 대한 정성적인 비즈니스 모델을 설명하는 데에 중점을 둔다. 지금까지 없던 새로운 비즈니스를 시도하는 스타트업의 사업 계획서에는 목표 고객과 그들이 어떤 해결되지 않은 문제점을 가지고 있는지와 그 문제를 해결하기 위해 어떤 해결책을 제공할 것인가에 대한 계획이 담겨 있어야 한다. 이는 결국 지금까지 설명한 넓은 의미의 비즈니스 모델 그 자체라 할 수 있다. 스타트업 단계에서는 '비즈니스 모델과 비즈니스 플랜' 단어 자체에는 본질적인 차이가 없지만, [그림 6.6]처럼 보통 비즈니스 플랜은 정성적 기반의 비즈니스 모델에 좀 더 구체적인 숫자를 제시한 정량적인 계획을 추가한 것을 의미한다. 스타트업의 사업 계획서는 예전에는 보통 수십 페이지 분량이었지만, 최근 특히 초기 단계 스타트업에서는 전통적인 사업 계획서의 요약본이나 문서가 아닌 프레젠테이션 슬라이드와 보충자료가 대부분을 차지한다.

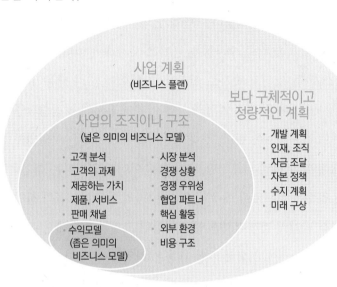

[그림 6.6] 비즈니스 모델과 비즈니스 플랜

스타트업의 초기 사업 계획은 대부분 가설일 수밖에 없기에 '가설 → 실험 → 검증'의 피드백 사이클을 빠르고 반복적으로 진행해 목표 고객 설정과 비즈니스 아이템을 어떻게 제공할 것인가를 결정해야 한다. 가설을 수정하듯이 많은 분량의 사업 계획서를 수정하는 것은 쉽지 않으며, 가설 단계에서 제시하는 정량적인 숫자는 큰 의미가 없으므로 정성적으로 접근 가능한 논리가 더 중요하다. 따라서 '가설 → 실험 → 검증'의 프로세스를 반복하는 단계에서는 캔버스와 같은 정성적이면서 단순한 툴을 사용한 후에 비즈니스가 본격적으로 성장 단계에 이르면 정량적인 계획을 포함한 사업 계획을 세우는 방식이 일반화되고 있다.

실제로 비즈니스가 성장하는 단계가 되면 일반 기업과 같이 정량적 분석에 필요한 각종 숫자들을 근거로 제시해야 한다. 얼마나 큰 비즈니스가 될 것인지 숫자로 설명할 수 있어야 하기 때문이다. 이 단계의 사업 계획은 기존 기업의 사업 계획과 유사하게 정량적인 계획을 세워 실행해가야 한다. 정량적인 비즈니스 모델은 사업의 종류나 업태에 따라 크게 다르지만, 결국 매출이나 이익이라는 핵심적인 숫자는 업종에 상관없이 매우 중요하다. 따라서 스타트업의 사업 계획도 실행 단계에 가까워지면 일반 기업의 그것과 비슷해진다.

비즈니스 플랜에 포함해야 할 내용은 사업 분야에 따라 다르겠지만 [표 6.1]과 같은 것이 일반적이다. 스타트업 초기 단계에서는 넓은 의미의 비즈니스 모델을 중심으로 하는 정성적인 내용이 핵심이 되지만, 눈에 띄게 성장하는 단계가 되면 사업 계획상 정량적 내용의 비중이 증가한다.

[그림 6.7]은 실리콘밸리의 유명한 벤처 캐피털인 Sequoia capital이 웹사이트[4]에 게재한 비즈니스 플랜의 작성방법이다. 초기 스타트업의 비즈니스 플랜에 대한 것으로서 [표 6.1]의 좌측 부분인 넓은

---

4) 출전 : https://www.sequoiacap.com/article/writing-a-business-plan/

의미의 비즈니스 모델과 거의 동일하지만, 창업자나 경영진과 같은 팀 멤버, 손익이나 재무계획Financials이 추가되었다. 플랜 작성 방법에 정답이 있는 것은 아니지만 하나의 의미 있는 지표는 될 것이다.

[표 6.1] 비즈니스 플랜의 핵심 포인트

(넓은 의미의) 비즈니스 모델	비즈니스 실행 계획
비전, 미션	창업자와 경영진
해결해야 하는 문제	조직과 체제
해결책과 고객 가치	개발 계획
고객 분석	협업 기업
시장 규모, 성장성	자금 조달
시장 동향과 타이밍	자본 정책
경쟁 상황	수지 계획
독자성, 진입장벽	공적 규제
판매 채널	지적재산
수익모델	현재와 미래의 계획

Company purpose Start here: define your company in a single declarative sentence. This is harder than it looks. It's easy to get caught up listing features instead of communicating your mission.

Problem Describe the pain of your customer. How is this addressed today and what ate the shortcomings to current solutions.

Solution Explain your eureka moment. Why is your value prop unique and compelling? Why will it endure? And where does it go from here?

Why now? The best companies almost always have a clear why now? Nature hates a vacuum so why hasn't your solution been built before now?

Market potential Identify your customer and your market. Some of the best companies invent their own markets.

Competition / alternatives Who are your direct and indirect competitors. Show that you have a plan to win.

Business model How do you intend to thrive?

Team Tell the story of your founders and key team members.

Financials If you have any, please include.

Vision If all goes well, what will you have built in five years?

[그림 6.7] Writing a Business Plan (Sequoia Capital)

비즈니스 플랜은 다양한 요소로 구성되어 비즈니스 전반적인 조직이나 구조를 파악해 작성자의 생각을 정리하는 데 유용하다. 하지만 아무리 뛰어난 아이디어나 플랜도 타인에게 전달이 제대로 안 된다면 무의미하다. 따라서 타인에게 주요 내용을 효과적으로 전달할 수 있는 능력은 창업가정신의 중요한 요소 중 하나이다. 전달 대상은 잠재 고객, 협업 파트너, 판매 채널, 기자, 신규 인력 등 다양한데, 특히 스타트업에게 가장 중요한 대상은 투자자이다.

비즈니스 모델이나 비즈니스 플랜을 타인에게 전달하는 전통적인 방법은 서류 형태이다. 요즘도 각종 기관에 공적자금을 신청하거나 출자를 받을 때, 각 기관은 서류 형태로의 제출을 요구한다. 그러나 대개 그전에 프레젠테이션을 통해 비즈니스 플랜이나 모델을 전달하게 된다. 특히 투자자는 수많은 스타트업 중 극히 소수에게만 출자하는데, 그중에서 옥석을 가려 투자 후보 스타트업을 엄선한다.

스타트업은 우선 짧은 시간에 프레젠테이션을 통해 사업의 개요와 핵심을 전달하는데, 투자자가 그 내용에 흥미를 가지면 지속적인 미팅을 갖게 되고 그러면서 비즈니스의 디테일한 부분까지 전달하는 과정을 밟게 된다. 투자자에게 첫 번째 프레젠테이션 할 때 허락된 시간은 일률적으로 말할 수는 없지만, 사전에 예약 시간을 확보했다면 약 15분 정도를 준비하는 것이 일반적이다. 그러나 이것은 일반적인 시간일 뿐 상황이 바뀔 수 있으므로 그 시간보다 짧게 혹은 길게 프레젠테이션을 할 수 있는 임기응변이 필요하다.

스타트업에 관심을 가진 사람이라면 피치Pitch라는 단어를 들어봤을 것이다. 피치는 비즈니스를 소개하는 짧은 프레젠테이션을 통칭한다. 엘리베이터 피치Elevator Pitch라는 단어도 있는데, 이것은 엘리베이터에서 우연히 만난 VIP나 투자자에게 피치, 다시 말해 엘리베이터가 오르내리는 극히 짧은 시간 안에 슬라이드와 같은 어떠한 보조 도구도 없이 단기간에 비즈니스 핵심을 압축해서 피칭Pitching하는 것을 뜻한다. 매우 짧은 시간의 압박 속에 효율적으로 비즈니스를 소개하는 경우에 사용한다.

최근 청중을 한 곳에 모아 많은 스타트업의 피치를 들을 수 있는 이벤트가 활성화되고 있다. 이 중에는 콘테스트 형태로 진행되는 것도 있다. 이런 경우에 각 회사별 피치 시간은 3~5분으로 매우 짧고, 슬라이드를 사용해 진행하는 것이 일반적이다.

피치의 목표는 상대에게 자신의 비즈니스에 흥미를 갖게 하는 것이다. 지금까지 없던 새로운 비즈니스를 제안한다면 듣는 사람들은 거기에 많은 궁금한 점을 가지겠지만, 짧은 시간에 모든 것을 이해하기엔 무리가 따른다. 그렇기 때문에 궁극적인 피치의 목적은 상대방이 나의 이야기를 더 듣고 싶게 만드는 데 있다.

프레젠테이션이나 피치에 들어갈 발표 자료에는 전달 대상과 주어진 시간이 다양해서 일괄적으로 말하기 어렵지만, 기본적으로 지금까지 설명해온 넓은 의미의 비즈니스 모델이나 비즈니스 플랜의 핵심은 꼭 포함해야 한다. 특히 고객이 누구이고, 고객의 어떠한 문제를 해결하고자 하며, 무엇이 우리의 경쟁우위인지에 관한 내용은 시간의 길고 짧음에 상관없이 반드시 들어가야 할 핵심 중의 핵심이다.

자사의 경쟁우위를 단시간에 상대방에게 납득시키는 것은 간단하지 않다. 특허 기술을 보유했다거나 특정 업계에서 괄목할 만한 실적을 올린 인물이 창업주나 창업 멤버가 되었다거나 자사만이 할 수 있는 특별한 기술을 어필할 수 있다면 피치에 반드시 포함시켜야 한다. 상대하는 투자자가 충분한 시간이 있다면 매출이나 이익과 같은 정량적인 데이터를 포함하는 것도 좋지만, 초기 단계의 스타트업이라면 아무래도 가설에 입각한 숫자일 것이므로 정성적인 넓은 의미의 비즈니스 모델에 집중하는 것이 낫다.

프레젠테이션이나 피치는 상대방에게 흥미를 유발하는 것이 목적이므로 상대가 모르는 것이나 자신만 아는 내용을 포함할 수 있어야 효과적이다. 그것은 청중이 모르는 기술일 수도 있고, 그들이 눈치채지 못한 고객이 가진 문제일 수도 있다. 또한 [그림 6.7]에서 Sequoia capital이 말한 "Why Now?"에 해당하는 '여태까지 불가능했는데 왜 지금은 가능한가?'에 대한 답변이 가능하다면 효과적인 발표가 될 것이다.

신규 비즈니스 아이디어는 매우 다양하지만, 그 자체로 볼 때 과거에 없던 완전히 새로운 것은 별로 없다. 대부분의 아이디어는 누군가가 이전에 생각했던 것이다. 그 당시에는 기술 부족이나 규제 등의 이유로 그 아이디어를 비즈니스로 실현하기 어려웠을 가능성이 높다. 사회 인프라가 구축되지 않았을 수도 있고, 컴퓨터의 CPU 처리능력이 충분치 않았던 것이 이유였을 수도 있다. 그러나 지금은 실현 가능하다는 이유와 상황을 충분히 설명하면 청중도 흥미를 갖게 될 것이다.

발표하는 비즈니스 아이디어가 단순한 아이디어 구상 수준인지 아니면 구체적으로 진척된 결과물이 있는지의 여부는 투자자 등 청중들에게는 큰 관심 포인트가 된다. 이미 고객이 있다면 그 부분을 강조해야겠지만, 아직 고객에게 선보일 수준의 제품이 아니라면 가장 기본적인 기능만 가진 프로토타입이라도 보여줘야 한다. 프로토타입이 없다면 목업(mock-up, 실물 크기의 모형)이라도 상관없다. 어떤 형태로든 보여줄 결과물이 있다면 청중의 주의를 끌 수 있다. 구체적인 결과물이 없는 경우, 잠재적 고객들과의 인터뷰를 통해 그들이 가지고 있는 문제를 드러내고 이를 가설로 세워 해결책을 제시한다면 청중의 주의를 환기시키는 데 큰 도움이 될 것이다.

짧은 프레젠테이션을 할 때는 슬라이드 작성법이나 보디랭귀지 사용법 등과 같은 프레젠테이션 기법이 성패에 영향을 미친다. 비즈니스 핵심 내용보다 그런 테크닉에 의해 평가가 좌우되는 것을 이해하지 못할 수도 있지만, 능숙한 화술은 경영자가 가져야 할 중요한 능력 중 하나이다. 경영자가 고객에게 자사의 비즈니스 강점과 매력을 제대로 전달할 수 없다면 아무리 뛰어난 제품이나 서비스라도 성공적으로 판매할 수 없다. 또한 이런 경영자 밑에서 일하면 좋겠다고 생각이 들게 만들어야 좋은 인재가 찾아오는 법이다. 투자자는 그런 요소까지 포함해 프레젠테이션이나 피치를 듣는다는 점을 알아두기 바란다.

이 책에서는 프레젠테이션 기법에 대한 설명은 다루지 않았다. 하지만 최근 다양한 프레젠테이션 슬라이드가 공개되어 있고, 피치 영상도 인터넷에서 손쉽게 찾아볼 수 충분히 자기 것으로 만들어보기를 바란다.

중요한 프레젠테이션을 앞두고는 발표 평가자에 대한 분석 및 사전 예행연습을 여러 차례 반복해야 한다. 발표를 듣는 상대가 투자자, 고객, 미디어 등 어떤 주체냐에 따라 발표 내용도 달라야 한다. 투자자인 경우, 그들이 기존에 투자한 회사에 대해 미리 파악하는 것도 중요하다. 어떤 점에 흥미를 표시하는지, 어떤 것에 집중하는지 등도 면밀하게 파악해서 준비해야 한다.

제6장 정리 ✏️

✓ 수익 모델(좁은 의미의 비즈니스 모델)은 여러 가지가 있다.

✓ 비즈니스 조직이나 구조(넓은 의미의 비즈니스 모델)는 다양한 요소가 결합되기 때문에 복잡하지만, 서류나 슬라이드에 적으면 자신의 생각을 정리할 수 있다.

✓ 린 캔버스나 비즈니스 모델 캔버스는 '가설 → 실험 → 검증'의 프로세스를 반복할 때 사용하기 편리한 툴이다.

✓ 비즈니스 플랜(사업 계획)은 사업 조직을 정성적으로 표현한 비즈니스 모델에 추가적으로 구체적 숫자를 기반으로 한 정량적인 계획이 담겨 있어야 한다.

✓ 아무리 뛰어난 아이디어나 플랜도 타인에게 효과적으로 전달하지 못하면 의미가 없다. 커뮤니케이션 능력은 창업가정신의 중요한 요소이다.

7

주식회사의 본질을
이해하자

Chapter 7

주식회사의 본질을
이해하자

지금까지 스타트업이 새로운 비즈니스를 시작하는 과정에서 알아야 할 것들에 대해 설명했다. 이번 장부터는 실제로 회사를 설립하여 자금을 조달하고 운영하는 데 필요한 기초 지식을 설명할 것이다.

회사를 설립하는 것 자체는 어려운 일이 아니다. 회사 설립과 관련된 실무 및 자금 조달은 전문가나 믿을 만한 창업 선배들에게 자문을 구하는 것이 확실할 것이다. 그러나 회사의 구성이나 자금 조달 시스템에는 스타트업만의 특징이 있으므로 일단 만들고 나면 나중에 수정하기 어려운 부분도 있다. 스타트업의 특징을 충분히 이해하지 못한 채, 부실한 계획하에 창업하면 나중에 회사가 성장할 때 회사의 여러 조직이 예기치 않게 성장의 걸림돌이 되기도 한다. 또 스몰 비즈니스에서는 괜찮더라도 스타트업으로서 성장하는 데는 적합하지 않을 수도 있다. 이번 장에서는 먼저 주식회사의 시스템에 대해 설명하겠다.

7-1 회사를 세워서 사업을 해야 하는 이유

비즈니스는 고객에게 제품이나 서비스를 제공하여 대가를 얻는 활동이지만 주체가 반드시 회사일 필요는 없다. 가령 지하철 역 앞의 매장은 회사 소유나 개인이 운영하는 매장이겠지만, 솜씨 좋은 개인이 스마트폰 앱을 만들어 판다면 회사를 설립할 필요가 없을 수도 있다.

그렇다면 비즈니스를 하는데 왜 회사를 세워서 하는 것이 좋을까? 회사 창업의 대표적인 이유로 '이 일을 하는데 군이 창업까지 할 필요가 있을지 모르겠는데, 개인보다는 사업자로 등록된 회사와 거래하겠다는 고객이 있기 때문'이다. 이는 학교 내 앙트러프러너 스쿨에 창업 상담차 방문하는 학생으로부터 자주 듣는 말이다. 이와 같은 이유로 시작한 창업은 스타트업보다 스몰 비즈니스인 경우가 많은데, 제품이나 서비스 판매 시 고객이 개인과는 거래가 불가능하다거나 회사가 아닌 개인에게 대금을 지불할 수 없어 불가피하게 회사를 창업해야 한다고 말한다. 특히 상장한 대기업을 상대해야 할 때, 고객사 내부 규정상 개인과의 거래가 불가능한 경우도 있다.

○○○이라는 개인이 운영하는 매장이 △△주식회사로 바뀌어도

대표이사 혼자 모든 일을 맡고 있는 회사라면 사실상 개인 매장과 차이가 없으므로 '거래할 때 개인보다는 회사를 선호한다'라는 말은 큰 의미가 없다. 반면 개인일 때보다 회사가 되면 신용도가 오른다. 회사를 설립하기 위해 자본금이 1,000만 엔이나 필요했던 시절도 있었기에, 지불 능력이라는 관점에서 본다면 '개인보다 회사의 신용도가 높다'는 사고방식은 한편으로 타당하다고 할 수 있다.

하지만 지금은 어느 정도 비용만 지불하면 누구나 쉽게 회사를 만들 수 있으므로 이러한 사고방식은 더 이상 합리적이라고 볼 수 없다. 특히 스몰 비즈니스 창업 시 회사가 더 유리한 이유는 개인보다 회사와 거래하는 것이 좀 더 신뢰감과 긍정적인 이미지를 주기 때문이다. 이는 단순히 거래 고객에게만 해당하는 것이 아니라 인원을 고용하는 경우에도 마찬가지다. 개인 매장보다는 회사가 우수한 인력을 채용하기 쉽다.

회사로 비즈니스를 하는 것이 좋은 또 다른 이유는 회사를 통해 사업과 관계된 다양한 일들을 개인의 사적인 일과 분리시켜 별도로 관리할 수 있다는 점이다. 자금을 예로 들어보자. 개인 사업이라면 아무리 사업 장부와 가계부를 구분해도 사업 자금과 개인 자금을 명확하게 구분하기 어렵다. 하지만 회사를 만들어 명확하게 자금을 구분할 수 있다면 사업 자금만을 따로 떼놓고 관리하는 것이 가능하다. 특히 자금을 빌리는 경우에는 사업 자금의 흐름을 명확히 하는 것이 중요하다. 돈을 빌려주는 채권자 입장에서 자금의 흐름을 정확히 파악할 수 없다면 자금 대여에 대해 확신을 가질 수 없고, 대여해 준다고 해도 그 이후 회사의 상황 파악이 어려울 수밖에 없다. 또한 융자가 아니라 출자를 받는다는 것은 회사 주식을 매각하는 것이기 때문에 회사가 없다면 원천적으로 불가능하다.

창업에 있어 공과 사를 구분하는 것은 자금 측면에만 국한되는 것이 아니다. 사업을 하면서 맺어야 할 다양한 계약 역시 개인과 사업의 분리가 가능하다. 혼자서 하는 개인 사업일지라도 아르바이트 생을 고용하거나, 원재료를 구입하거나, 업무의 일부를 외부의 제3자에게 위탁할 때 다양한 형태의 계약[1]이 필요하다. 개인 사업에서는 사업 관련 계약자가 개인이지만, 사업을 회사화한다면 관련 계약을 회사의 명의로 하게 된다.

여기서 '회사화(會社化)'라는 단어를 사용하였는데, '법인화(法人化)'라는 단어가 더 적합하다. '법인'은 문자 그대로 법률로서 자격을 부여받은 사람, 즉 사람은 아니지만 법적으로 사람과 같은 모습의 권리나 의무가 인정된 조직체이다. 법인은 사람이 아니지만 사람처럼 재산을 가지거나, 계약을 체결하거나, 인력을 고용하거나, 물건을 판매할 수 있는 존재이다. 사업을 운영할 때 법인을 만들어 개인인 내가 아닌 법인에게 사업과 관련된 자산을 가지게 하거나 소유하게

---

[1] 계약은, 계약서에 도장을 찍는 행위만을 가리키는 것은 아니다. 구두상이라도 쌍방이 합의한 약속이라면 그것도 계약이다.

하거나 계약을 체결하게 하는 등 사업에 연관된 일과 개인의 사적인 일을 구분하는 것이 가능하다.

법인과 같은 어느 정도 생소한 단어들이 많이 나왔는데 여기서 다시 정리를 해보자. 우선 '기업'이라는 단어를 살펴보자. '기업'과 '회사'는 원래 다른 것이지만, 명확한 구별 없이 사용하는 경우가 많다. '업(業)을 계획한다'는 의미 그대로 사업을 행하는 주체는 모두 기업이다.

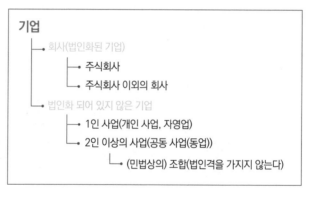

기업
- 회사(법인화된 기업)
  - 주식회사
  - 주식회사 이외의 회사
- 법인화 되어 있지 않은 기업
  - 1인 사업(개인 사업, 자영업)
  - 2인 이상의 사업(공동 사업(동업))
    - (민법상의) 조합(법인격을 가지지 않는다)

[그림 7.1] 다양한 기업 형태

기업에는 여러 형태가 있는데, 법인화되어 있는 기업을 회사라고 한다. 회사에는 주식회사 이외의 다른 회사도 존재하지만, 일반적으로 회사라고 하면 주식회사를 뜻한다. 한편 법인화되어 있지 않은 기업도 다수 존재하는데, 그중에 혼자서 사업을 운영하고 있다면 개인 사업이고, 여러 사람이 함께 사업을 한다면 공동 사업이다. 공동 사업을 운영할 때에는 법인이 아닌 사업체로 조합[2]을 만드는 경우도 있다.

'비즈니스를 하는데 왜 회사가 있어야 하는가?'에 대해 다시 생각해보자. 앞서 말한 대로 회사를 만들어 사업을 하는 것이 유리한 이유는 일반적으로 개인보다 회사가 신용도가 높다는 점과 사업 관련 자금이나 계약을 사적인 것과 분리 가능하다는 점이다.[3] 그러나 회사화(법인화)의 메리트는 개인이 홀로 스몰 비즈니스를 해나갈 때의 이야기이다. 큰 성장을 사업 목적으로 스타트업을 창업하는 이유는 조금 다르다.

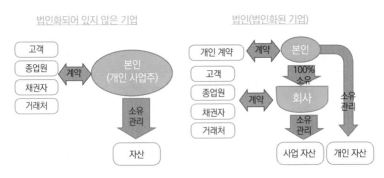

[그림 7.2] 개인 사업과 법인화된 기업

---

2) 같은 '조합'이라도, 노동조합, 공제조합, 생활공동조합(생협), 농업공동조합(농협) 등은 별도의 법률로 법인격을 갖는 것이 정해져 있다.

3) 그 밖에도, 회사를 만들게 되면 적자를 이월하거나, 세금과 관련해서 혜택을 받는 등의 실무적인 장점도 여러 가지 있지만, 그것이 본질적인 포인트는 아니므로 여기서는 생략한다.

7-2   스타트업이 주식회사가 되어야 하는 이유

앞에서 살펴본 내용은 회사를 경영하는 소유주, 즉 오너$_{Owner}$가 1인일 경우에 해당되지만, 다수가 공동으로 회사를 경영한다면 상황은 크게 변한다. 1인 경영체제라면 사업이 회사화되어도 오너는 자기 자신뿐이므로 사업과 관련된 다양한 업무는 모두 혼자서 결정할 수 있지만, 다수의 공동 소유주 체제라면 조금 복잡해진다.

예를 들어, 사업을 하기 위해 가진 자산(資産)을 생각해보자. 구체적으로 사업용 자산이나 물품 등이다. 사업과 관련된 자산은 사업주의 공동 재산이므로, 오너가 다수라면 자금을 사용하거나 물품을 매매할 때 전원의 합의가 필요하다. 또한 어떤 이유로 공동 사업에서 빠지고 싶다는 사람이 있거나 공동 사업주가 사망한 경우에는 공동의 몫에서 그 멤버의 분량만큼 쪼개서 반환해야 한다. 돈이라면 쉽겠지만, 자산이 물품만 있는 경우라면 분할하지 못할 수도 있다. 자산의 소유나 관리뿐 아니라 제3자와 계약을 맺을 때도 공동 사업에서는 전원의 합의가 필요하므로, 누군가가 반대한다면 계약을 할 수 없다. 이처럼 공동 사업은 자산의 소유와 관리가 복잡하고, 외부와의 계약이 불안정한 특징을 가진다.(그림 7.3)

주식회사는 이러한 공동 사업의 복잡함, 불안정성을 해소할 수 있다. 주식회사에서는 사업을 운영하는 회사의 소유권을 주식으로 세분화하여 다수의 사람이 소유할 수 있도록 한다. 법인화하지 않고

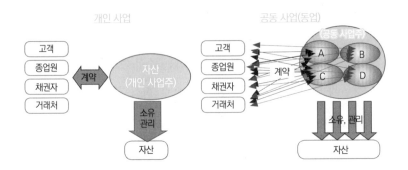

[그림 7.3] 개인 사업 VS 공동 사업(동업)

공동 사업을 하는 경우에 '공동 사업주'로 불리는 사업의 오너들이 주식회사에서는 '주주'라는 이름의 오너가 된다.

주주는 사업의 오너지만, 공동 사업주처럼 사업 자산을 공유하거나 제3자와 계약을 체결하지 않는다. 사업 자산을 보유하거나 계약을 체결하는 것은 사람처럼 행동하는 법인이다. 공동 사업의 의사결정 과정에는 오너 전원의 합의가 필요했던 것에 반해, 주식회사에서는 '법인'이 의사결정을 한다.

주주는 사업의 오너로서 주식회사의 소유권인 주식을 보유하고 있는 자이다. 소유권을 가지고 있다는 것은 소유물(즉, 회사)의 최종적인 지배권을 가지고, 소유물이 창출하는 이익을 가질 권리가 있음을 의미한다. 주주는 사업 활동을 법인에 맡기는 대신, 회사 이익의 분배에 대한 권리와 회사의 중요한 방침에 대해 의견을 제시할 수 있는 권리를 가진다.

회사의 중요한 방침에 대해 오너들의 의견이 서로 다를 경우에는 다수결에 따라 의견을 결정한다. 공동 사업주나 주주도 모두 사업의 오너로, 공동 사업의 경우에는 의견 결정 시 전원 합의가 필요하지만 주식회사는 다수결의 원칙에 따라 의사결정을 한다. 또한 주식회사는 오너가 사업에서 손을 떼려고 하면, 사업 자산을 분할하여 분배할 필요 없이 다른 사람에게 주식을 양도하기만 하면 된다. 즉 사업의 소유권을 유동화(流動化)시킬 수 있는 것이다. 이처럼 주식회사는 법인이 사람으로 인정받는 것과 함께 법인의 주주가 주식을 분할 보유하는 이중 구조[4]를 가짐으로써, 공동 사업의 문제점이었던 복잡함이나 불안정성을 해결할 수 있는 시스템이다.

주식회사는 오너의 수가 많을수록 효과적인 운영이 가능하고, 매출과 성장에 직간접적으로 영향을 미치는 제3자(혹은 외부 이해관계자나 파트너)와 맺은 계약 건수와 보유한 자산이 많을수록 좋다. 다시 말해, 주식회사는 주주의 숫자와 자산 보유량, 계약 숫자, 이 3가지가 많을수록 좋은 조직이라 할 수 있다.

반면, 제3자와의 계약도 많지 않고 보유 자산도 적은 스몰 비즈니스의 1인 오너 체제 또는 개인 사업이나 두세 사람 공동 사업의 경우에는 다수의 오너가 없으므로 아무리 회사화를 한다고 해도 앞서

---

4) 이 내용은 2003년 헤이본샤에서 발행한 이와이 가쓰히토의 책 『회사는 이제부터 어떻게 되는가』에서 발췌하였다.

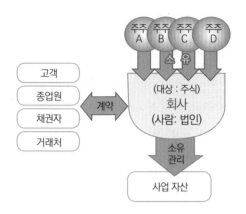

[그림 7.4] 주식회사의 이중 구조

말한 주식회사의 장점을 기대할 수 없다. 개인 사업의 경우, 제3자와의 계약이나 의사결정을 모두 혼자 하므로 만장일치나 다수결의 원칙과는 차이가 있고, 서로 친한 두세 사람이 공동 사업을 하더라도 크게 다르지 않다. 다수의 오너가 없는 스몰 비즈니스 회사를 운영하는 경우의 장점은, 앞에서 언급했듯이 회사의 신용이 있는 것처럼 보여지는 점과 자금관리 측면에서 돈이나 계약과 관련된 업무를 사적인 일과 분리할 수 있다는 점 정도에 불과하다.

한편, 스타트업의 경우에는 다양한 비즈니스 파트너와 계약을 맺고 자산 증대에 노력하며 많은 사람에게 소유 지분의 분산과 함께 자금을 확보하는 데 노력해야 한다. 이는 지금까지 말한 주식회사의 특징과 같다. 스타트업이 주식회사여야 하는 이유는, 다수의 오너가 소유한 공동회사의 복잡함과 불안정성을 해소하고 그 장점을 최대한으로 누릴 수 있다는 데 있다.

 회사의 특징과 기본적인 구성

이제 주식회사의 특징과 기본적인 조직에 대해 알아보자.

주식회사의 특징

주식회사는 사업체의 소유권을 주식으로 세분화하여 다수의 사람이 소유할 수 있도록 한 것이다. 회사는 오너인 주주의 소유물이므로 회사를 최종적으로 콘트롤하는 권한은 주주에게 있고, 이익은 결국 소유자인 주주의 것이다. 사업을 통해 이익이 발생하면 주주는 보유 주식수에 따라 이익배분(배당)을 받는다.[5] 이 때의 이익배분 비율은 보유한 지분 비율에 비례하며, 의결권의 비율과도 일치하는 주주평등의 원칙이 적용된다. 즉, 각 주식의 권리는 동일한 것이 원칙이다.

사업이 잘되지 않는 경우에도 주주는 출자액 이상의 책임을 질

---

5) 그러나 일반적으로 스타트업 기업에서 이익이 나면 더 큰 성장을 위한 투자를 하므로 주주에게 배당 이익을 분배하지 않는다. 스타트업에 출자하는 투자자가 금전적으로 기대하는 것은 배당이 아닌 주식 매각을 통한 이익이다.

필요가 없다. 회사가 채무를 상환하지 못해 파산해도 주주는 출자 금액만 잃고 오너로서 회사의 채무를 대신 변제할 필요가 없다. 이것은 주식회사의 특징인 주주의 '한정책임'에 해당하며 사업 중 발생된 채무를 오너가 변제할 책임이 있는 '무한책임'과는 많이 다르다.

주식회사에서는 주주가 자신의 출자 지분(주식)을 쉽게 다른 사람에게 양도할 수 있다. 출자 지분을 양도한다는 것은 출자금의 회수 수단을 제공하는 것과 같은 의미이다. 결국 출자자는 주식 매각을 통해 출자한 자금을 회수하는데, 매각 시 주가가 구입 시점보다 높다면 출자자는 매각이익을 얻을 수 있다. 일반적으로 스타트업의 출자자는 상장이나 매각을 통해 주식을 비싸게 파는 것을 기대하고 투자하는데, 이것은 주식회사의 특징인 출자자의 유동성 개념이 저변에 깔려 있다. 주식회사는 출자 지분의 양도가 가능하기 때문에 주식의 분할 판매(양도)를 통해 자금을 조달할 수 있다.

또한 출자 지분의 양도성이 높으므로 오너가 퇴진하거나 사망해도 주식이 다른 오너에게 양도되기 때문에 회사의 연속성을 유지하는 것도 가능하다. 공동 사업의 경우, 오너가 사업에서 손을 떼거나 사망하면 그 오너의 지분에 상응하는 토지나 건물 같은 회사의 자산을 배분해서 양도하기 어렵기 때문에 사업의 연속성에 악영향을 준다. 하지만 주식회사에서는 그와 유사한 경우에 주식을 양도하면 상황이 간단하게 정리된다는 차이점이 있다.

주식회사에서 회사를 최종적으로 콘트롤하는 권한이 주주에게 있지만, 주주는 경영진에게 경영권을 맡김으로써 소유(출자자)와 경영(업무 집행자)이 분리되는 것도 큰 특징이다. 이 점에 대해서는 아래에서 좀 더 상세히 설명하겠다.

주주와 경영자

앞서 설명한 대로 주식회사는 주주가 소유주이고 법률상 사람인 법인으로 재산의 소유, 계약의 체결, 인원의 고용, 물건의 매매 등을 할 수 있다. 그러나 법인은 사람처럼 행동하지만 살아 있는 인간은 아니기 때문에 실제로 계약서에 도장을 찍거나 돈을 지불하거나 누군가와 교섭할 수는 없다. 회사가 법인으로 활동하기 위해서는 회사를 대표하여 실제로 결재를 하거나 돈을 지불하거나 교섭을 할 살아 있는 인간, 즉 경영자가 필요하다. 일반적으로 임원이나 대표이사가 그 역할을 한다. 주주는 사업의 오너지만, 일일이 회사 경영에 관여하는 것은 불가능해 회사의 업무 집행은 경영자에게 맡기는 것이 주식회사의 기본적인 운영방식이다. 대표이사나 임원은 회사라는 법인을 대신하여 업무를 집행하고 운영하지만 주주는 아니다. 이 점은 법인화되어 있지 않은 개인 사업이나 공동 사업과 비교했을 때 차이가 크다.

개인 사업이나 공동 사업으로 운영되는 스몰 비즈니스의 경우, 계약서에 오너가 도장을 찍고 물건을 산다. 즉, 법인화되어 있지 않은 기업에서는 일반적으로 개인 사업주나 공동 사업주가 오너이자 동시에 경영자이다. 그러나 주식회사에서는 오너(주주)와 경영자가 원칙적으로 다른 존재다. 이를 주식회사의 소유와 경영의 분리라고 한다.

주주총회

주주는 주식회사의 소유주로 회사를 최종적으로 통제 및 관리할 권한을 가진다. 주주가 그러한 권한을 행사하는 곳은 주주총회이다. 대기업의 주주총회에서는 회사의 합병이나 분할과 같이 회사의 중요하고 기본적인 사항에 대해 의결을 하지만, 회사의 업무를 집행할 수는 없다. 그 대신 그러한 기본적인 사항 이외에 회사의 업무 집행을 위탁할 임원을 선임하기도 한다. 작은 회사[6]의 경우에는 주주총회가 좀 더 폭넓은 권한을 가지지만, 일반적으로 회사 경영이나 업무 집행은 임원에게 맡긴다.

주주총회의 의결은 다수결에 따른다. 제9장에서 설명하겠지만, 회사는 차등적인 의결권을 가진 주식을 발행할 수도 있다. 하지만 일반적으로 1주당 1개의 의결권이 부여되기 때문에 각 주식의 권리는 서로 동일한 것이 원칙이다.

---

6) 정확하게 말하면, 주주총회의 권한은 뒤에 설명하는 '이사회'의 설치 여부에 따라 다르다.

임원과 이사회

임원은 주주총회의 의결사항인 합병이나 분할과 같은 중요한 이슈를 제외한 회사 경영에 관련된 의사결정과 업무를 집행하는 사람으로, 주주총회에서 선출된다. 대기업의 경우에 모든 임원이 참여하는 '이사회'라는 회의체가 있지만, 이제 갓 창업한 스타트업의 경우에는 일반적으로 이사회가 존재하지 않는다. 이사회를 설치하는 경우에 최소 3인 이상의 임원이 필요한데, 그렇지 않을 경우라면 임원은 1인이어도 상관없다.

이사회가 설치된 회사에서는 임원 중 대표이사를 선출한다. 대표이사는 법인을 대신하여 대외적으로 회사를 대표하는 사람이다. 이사회의 지휘와 감독하에 회사의 업무를 관장하면서 중요한 의사결정을 하고, 비용을 집행하며, 대내외 교섭을 한다. 대표이사는 사장이나 CEOChief Executive Officer라는 직함을 가지는데, 이러한 호칭은 회사 내의 직위이고 법적으로 정해져 있는 것은 아니다.

대기업에서는 복수의 대표이사가 있는 경우도 많지만, 스타트업에서도 공동 창업자 두 명이 대표이사인 사례는 많다. 이사회를 설치하지 않는 회사는 반드시 대표이사를 둘 필요가 없다. 실제 이사회를 설치하지 않는 회사에서도 대외적으로 회사의 대표자를 명확히 하기 위해 대표이사를 두지만, 대표이사를 임명하지 않더라도 모든 임원이 회사를 대표할 수 있으므로 법적으로는 대표이사 없이 임원만 있는 회사라도 문제는 없다.

[그림 7.5]처럼 주식회사의 대표이사는 임원들이 모인 이사회를 통해 선임되고, 이사회는 주주총회에서 선출된 임원으로 구성된 주주총회의 하부기관이다. 일반적으로 대기업에서 임원은 부장의 한 단계 상급자이고, 사장(대표이사)은 흔히 회사원들에게 성공의 상징으로 여겨지는 가장 높은 지위라는 생각이 강해 아직도 계층을 주주 → 임원(이사회) → 대표이사의 순서로 인식하지 않는 회사도 많다. 하지만 원칙적으로 주식회사는 대표이사보다 이사회가 강한 권한을 가지며, 주주가 모인 주주총회가 이사회보다 더 강력한 상위집단이다.

주식회사의 기관 설계

위에서 언급했듯이, 주식회사는 주주총회를 통해 임원을 선출하는 것이 필수지만, 이사회 설치나 대표이사 선임은 필수가 아니다. 주식회사는 좀 더 다양한 조직 구성이 가능하다. 주주총회, 임원, 이사회, 감사역 등 주식회사에 선임할 수 있는 사람이나 설치할 수 있는 회의체를 법률적으로 주식회사의 '기관'이라고 부르고, 회사에 어떠한 기관을 둘지를 결정하는 것을 '기관 설계'라고 한다. 그 밖에 주식회사가 설치할 수 있는 기관은 감사회, 회계감사인, 회계고문, 감사 등 다양하다. 이들을 어떻게 조합할 것인가를 법에서 정하

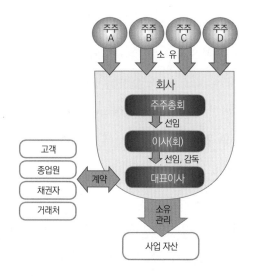

[그림 7.5] 주식회사의 기본적인 기관

는 경우도 있지만, 복잡한 기관 설계는 주로 상장한 대기업에서 하는 일이므로 이 책에서는 다루지 않는다.

　기관 설계는 회사의 규모에 따라 변경이 가능하다. 처음에는 기관 설계를 단순하게 하고 회사가 성장함에 따라 계속 변경하는 것이 좋다. 창업자의 1인 출자를 통해 설립한 회사라면 주주총회와 임원 등 최소한의 기관만 가지고 시작하는 것도 좋다. 이 때 창업자는 대표 임원으로서 대기업에서처럼 임원의 고유 업무인 경영에 대한 감독 업무만 하는 것이 아니라 회사의 모든 업무 집행(경영)도 하기 때문에, 소유와 경영이 분리된 상황이라고 할 수 없다.

　그러나 스타트업이 큰 성장을 통해 상장을 목표로 한다면 이사회를 설치하는 것이 유리하다. 그 설치 시점이 정해진 것은 아니지만 벤처 캐피털 등 투자자들로부터 투자를 유치하는 시점이 적합하다. 이사회 설치 시 최소 임원 숫자는 3인인데, 가장 큰 금액을 투자한 사람이 임원진의 일원으로 참여하는 것이 일반적이다. 임원은 주로 회사의 업무 집행에 대한 감시자 역할을 수행하는데, 투자자가 임원으로 취임하면 업무를 집행(경영)하는 창업 임원을 감시하게 된다.

여러 명의 투자자가 임원이 되는 경우도 있지만 이사회에서의 의사결정은 결국 다수결에 따르므로, 감시 역할을 하는 투자자 출신 임원의 숫자와 회사의 업무를 집행(경영)하는 창업자를 포함한 임원 숫자의 밸런스가 잘 맞아야 한다. 또한 이사회를 설치하면 회사의 재산 및 임원의 업무 집행 상태를 감독하는 '감사Auditor'가 반드시 필요하다. 벤처 캐피털이 투자를 한 경우에는 그들이 감사의 역할을 담당하는 경우가 많다.

7-4 스타트업에 대한 오너십

스타트업은 처음부터 많은 주주가 있는 것이 아니다. 처음에는 스몰 비즈니스나 개인 사업처럼 1인이나 2인 이상의 공동 창업자가 오너가 되어 시작하는 것이 보통이다. 그러나 스타트업은 목표로 한 성장을 달성해 대기업이 되면 많은 주주에게 지분이 분산되는 것이 일반적이다. 즉, 처음에는 창업자가 소유한 회사에서 나중에 성장을 하면 불특정 다수가 대부분의 지분을 소유하게 되는 것이 스타트업의 본질이다.

개인 사업을 주식회사로 하는 경우

개인 사업을 회사화한 경우를 예로 들어보자. 주주가 1인인 경우에 주식회사의 구조는 일반적으로 [그림 7.6]과 같다. 개인 사업을 회사화해서 본인이 100%의 주식을 갖는다면 본인의 의사가 주주총회의 의사가 된다. 주주총회는 회사의 업무를 집행하는 임원을 선임하는데, 개인 사업을 회사화하는 경우에는 모든 사업을 혼자서 하기 때문에 주주총회가 선출한 임원은 본인밖에 될 수 없다.

또한 최소 3인의 임원을 두어야 하는 이사회를 설치할 필요도 없기 때문에 회사를 대표하는 사람은 개인 사업주가 유일하다. 회사 자산이 모두 오너의 것이라면 소유권이나 경영권도 당연히 대표 한 사람의 것이 된다. 주식회사는 소유와 경영의 분리가 특징이라고 했지만, 오너가 직접 경영하는 회사는 이 두 가지가 분리된 회사라고 할 수 없다.

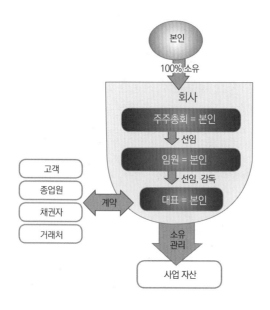

[그림 7.6] 1인 기업의 경우

상장 대기업의 경우

이제 스타트업이 큰 성장을 통해 지향하는 상장 대기업의 구조를 살펴보자. 실제 상장기업의 기관구성은 지금까지 서술했던 것보다 훨씬 복잡하지만 그 본질은 [그림 7.5]와 다르지 않다. 상장 대기업이 되면, 오너는 일반 대중을 포함한 불특정다수의 주주들이다. 수많은 오너가 소유하고 있다는 의미에서 상장 대기업은 공공성을 가진 공공의 존재라고 할 수 있다. 주주는 임원에 대한 선임 및 해임에 대한 권리를 가지기 때문에 그들을 감독하게 되며, 대외적으로 회사를 대표하는 대표이사는 이사회의 지휘와 감독하에 회사의 업무를 총괄 집행한다. 임원의 일부는 회사 업무를 집행하는 사람이 겸임하는 경우도 있지만, 원칙적으로 상장회사의 임원은 업무를 집행하는 것보다 업무를 집행하는 대표이사를 지휘 및 감독하는 것이 맞다.

스타트업의 주주와 경영자

스타트업도 스몰 비즈니스처럼 설립했을 때 오너는 창업자 한 명일 수도 있고 두세 사람이 공동 창업할 수도 있다. 하지만 투자자로부터 투자를 유치하면서 오너의 숫자가 증가하고 결국 불특정 다수의 오너가 소유한 상장회사로 바뀌게 된다.[7] 따라서 스타트업은 시작할 때부터 미래에 수많은 오너가 지분을 보유한 회사가 되는 것을 전제로 비즈니스를 해나가야 한다.

스타트업을 창업해 본인이 원하는 일을 할 때, 처음에는 창업자가 소유권을 가지더라도 결국 다시 내놓을 각오를 해야 한다. 이는 창업자에게 매우 불합리한 시스템으로 여겨질 것이다. 지금까지 세상에 없던 새로운 것을 만들어내는 사람은 창업자이지, 자금을 투자하는 투자자가 아닐뿐더러 주식시장에서 주식을 사고파는 사람들은 더더욱 아니다. 본인이 진정으로 하고 싶은 일을 하기 위해 창업한

---

7) 이러한 회사의 조직에 대해서는 제8장에서 자세하게 설명한다.

스타트업인데 정작 그 꿈을 실현했을 때 그 사업의 오너십Ownership 측면에서 보면, 창업자 본인이 소유한 회사가 되지 못하는 셈이다.

그렇다면 왜 이렇게 불합리해 보이는 시스템일지라도 스타트업을 해야 하는 것일까? 그 이유는 본인이 스타트업 창업을 통해 하고 싶은 일을 하는 것과 오너십을 내려 놓는 것을 반드시 모순이라고만 볼 수 없기 때문이다. 회사의 오너십이 창업자에서 투자자들에게 이동하더라도 제품이나 서비스의 개발 혹은 마케팅 등 회사 업무를 어느 단계까지는 창업자 본인이 직접 수행해야만 한다.[8] 성공한 스타트업 중에는 상장회사가 되어 창업자의 지분율이 10% 이하가 되어도 대표이사로서 직접 경영을 하는 경우가 많다. 오너십 측면에서 볼 때, 이미 자신의 소유라고 할 수 없는 회사의 경영을 창업자가 지속할 수 있는 것은 첫째, 하고 싶은 일을 계속할 수 있다는 것과, 둘째 다른 주주들의 주식 매입이 창업자의 계획에 대해 동참하고 지지한다는 의사를 표현한 것과 같으므로, 스타트업 초기 단계와 크게 다르지 않은 상황이 전개된다.

창업한 회사가 상장기업이 되어 불특정 다수의 주주가 주식을 분산해서 소유하고 있다는 것은 창업자가 꿈꾸는 것에 대해 대중이 그 가치를 인정한 것과 같다. 그렇다면 자신이 하고 싶은 것을 실현하

---

8) 창업자가 기술자라서 회사 경영 자체에 흥미가 없을 경우에는, 초기 단계에 경영 전문가를 경영자로 영입하는 사례도 있다.

는 것이 목적인 창업가에게 본인의 지분 보유 비중은 그다지 중요하지 않을 것이다. 오히려 본인이 일궈낸 사업이 사회적으로 인정받게 된 것을 더 자랑스럽게 생각할 것이다.

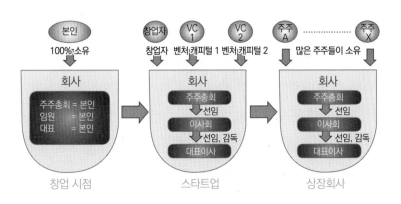

[그림 7.7] 스타트업의 시작부터 목표 달성까지의 변화 과정

하지만 모든 스타트업이 이와 같이 이상적인 방식으로 성장하는 것은 아니다. 게다가 오너십을 잃으면 회사의 정책방향이 바뀌어 창업자가 하고자 하는 일을 할 수 없게 될 수도 있다. 실제로 투자자와 창업자 사이에 경영에 대한 의견 대립으로 문제가 발생하는 경우도 많다. 그런 의미에서 창업자가 가졌던 꿈을 이루기 위해 회사의 오너십을 유지하는 전략도 생각해 볼 필요가 있다. 특히 스타트업이 드물던 시절, 창업자는 오너십을 잃지 않는 것에 강한 집착을 보였다. 그러므로 그 무렵 창업자는 이 책에서 언급하는 내용과 전혀 다른 조언을 할지도 모른다.

창업자가 오너십을 잃는 것이 싫다면 투자자들에게 투자를 받지 않는 것도 방법이다. 그렇다고 큰 성장을 이루지 말라는 법도 없고 실제로 성공한 사례도 있다. 그러나 투자자로부터 투자를 받아 빠른 성장을 도모하는 것이 높은 성공 확률을 가진다고 앞에서 설명했다. 특히, 초기에 많은 개발자금이 필요한 기술 분야의 스타트업은 투자자로부터 투자를 받는 것 외에 다른 선택지가 없는 경우가 많다.

또한 신규 사업의 기획과 성장 속도가 점점 빨라지고 해외의 경우에 투자자의 투자를 통해 성장하는 스타트업 방식이 일반화되는 가운데, 투자 없이 창업자의 독자적인 방식으로 글로벌하게 성장하는 사업을 꿈꾸는 것은 객관적으로 볼 때 매우 어려운 일이다. 이 책에서는 외부에서 투자받는 것을 가정한 스타트업을 기준으로 하지만, 창업자 본인의 오너십을 우선으로 할지, 오너십보다는 외부자금을 유치해 성공 확률을 높일지에 대한 결정은 창업자의 생각에 달려있고, 어떤 전략이 옳은가에 대한 결론은 쉽게 내릴 수 없다.[9] 그러나 어떤 선택을 하더라도 각각의 차이점이나 이해 득실 관계는 숙지해야 한다. 본인의 오너십 확보에 주력하는 창업가일지라도 스타트업 특성에 대한 이해는 매우 중요하다.

---

9) 비록 본인의 오너십을 희생하더라도 성공한다면, 창업자는 큰 금전적 보상을 얻을 수 있으므로, 이후 새로운 창업을 할 때 외부에서 투자를 유치하지 않고 보상을 통해 얻은 자기 자금만으로 창업이 가능하다.

7-5 주식회사 이외의 기업 형태

지금까지 회사라고 한 경우에 주식회사를 전제로 이야기했는데 주식회사 이외의 형태에 대해서도 알아보자. 스타트업의 다른 형태로는 합동회사가 있다.[10] 합동회사(合同會社)는 미국에서 Limited Liability Company LLC라고 하는 회사 형태를 모델로 하여 만들어진 것으로, 일본판 LLC라고 부르기도 한다.

합동회사는 주주평등의 원칙에 따라 소유한 지분 비율대로 이익 배분이나 의결권을 부여하는 주식회사와 달리 이를 자유롭게 결정할 수 있다는[11] 특징이 있다. 이는 사업의 성패나 가치평가가 자금 이외의 자원에 의해 좌우되는 회사에 적합한 형태이다. 예를 들어, 자금은 없어도 콘텐츠 제작에 특별한 전문 능력을 가진 크리에이터와 콘텐츠를 만드는 능력은 없지만 자금력을 보유한 사람이 공동으로 사업을 하는 경우이다. 이러한 경우에 일반적인 주식회사를 설립하면 이익 배분이나 회사의 지배권(의결권)은 투자한 비율대로 결정되므로 사업을 해서 발생한 이익과 사업의 최종적인 결정권은 크리에이터에게는 없고 자금을 제공한 사람에게만 주어진다. 결국 사업 성

---

10) 이 밖에 합명회사, 합자회사라는 종류의 회사도 있다. 또한 유한회사가 있는데 이는 2006년에 일본의 회사법 개정 이전에 존재하였던 회사의 형태로, 현재 법률적으로는 주식회사로 되어 있지만 명칭만 남아 있다.

11) 이처럼 자유로운 상황을 '내부 자치'라고 한다.

공에 대한 이익 배분이 불합리해질 수밖에 없어 처음에 크리에이터가 구상했던 계획대로 진행하기 어려워진다.

그러나 합동회사라면 이익 배분의 비율을 자유롭게 설정할 수 있으므로 성공했을 때의 이익을 크리에이터에게 더 배분할 수 있고, 그의 의향을 크게 반영하여 의사결정을 할 수도 있다. 이러한 특징 때문에 합동회사 조직은 콘텐츠 산업, 전문 인력 간의 공동 사업, 기업 간의 조인트 벤처Joint Venture, 기업과 연구기관의 연계 프로젝트 등에 활용된다. 일본에서는 합동회사 제도의 역사가 짧아서 주식회사에 비해 일반적인 인지도는 낮지만, 최근에는 증가하는 추세이다.

스타트업의 관점에서 보면, 합동회사는 주식을 발행하지 않으므로 주식 매각을 통한 자금 조달이 불가능하지만 주식회사에 비해 설립이 쉽고, 합동회사에서 주식회사로의 변경도 쉽다. 따라서 회사 설립 시에 합동회사로 시작한 후에 외부에서 자금을 조달하는 단계에서 주식회사로 전환하는 것도 충분히 고려해볼 만하다.

LLC(합동회사)와 유사한 이름의 LLPLimited Liability Partnership라는 기업형태도 있다. LLP는 유한책임사업조합으로 불리지만, 이익 배분이나 의결권 배분 비율을 보유 지분율에 따르지 않고 자유롭게 결정할 수 있다는 점에서 합동회사LLC와 같은 특징을 가지고 있다. LLP는 조합 조직이므로 주식회사로 변경할 수 없기에 적합하지 않은 기업형태지만, 과세 방법 등 LLC에 없는 장점도 있으므로 스타트업이 아닌 창업을 할 때 고려할 수 있을 것이다.

제7장 정리 ✏️

✓ 회사가 없더라도 사업은 가능하지만, 회사가 있으면 고객과 대중에게 신용을 얻을 수 있고, 사업과 개인의 활동을 서로 분리할 수 있다.

✓ 스타트업을 시작한다면 미래의 큰 성장을 위해 주식회사로 창업하는 것이 가장 합리적이다.

✓ 주식회사는 사업을 영위하는 회사의 소유권을 주식이라는 형태로 분산하여 다수의 사람이 소유할 수 있도록 한 것이다.

✓ 궁극적으로 주식회사의 장점은 지분을 보유하고 있는 오너가 많아짐에 따라 복잡함이나 불안정성을 해소할 수 있다는 점에 있다.

✓ 큰 성장을 목표로 하는 스타트업은 다수의 오너에게 지분의 분산과 많은 자산을 보유하기 위해 노력하고 대내외적으로 많은 계약을 맺어야 하는데, 이를 위해서는 주식회사의 형태가 가장 적합하다.

✓ 스타트업은 창업자에 의해 시작되는 사적(Private)인 대상이지만 결국 성장 과정에서 불특정 다수의 오너에게 소유가 분산되는 공적(Public)인 존재로 변모한다.

✓ 창업자 본인이 하고 싶은 것을 실현하는 것과 창업회사의 성장 과정에서 오너십을 상실하는 것은 서로 모순되는 것이 아니다. 불특정 다수의 주주에게 소유가 분산되는 것은 본인의 창업 아이템이 공적인 존재로서 사회에서 인정받았다는 것을 의미하기 때문이다.

✓ 창업자가 자신의 오너십을 우선시할 것인지 아니면 오너십을 잃더라도 외부투자를 유치할 것인가에 대한 결정은 그의 판단에 달려 있다.

STARTUPS 101

8

사업에 필요한 자금을 조달하는 방법

Chapter 8

사업에 필요한 자금을 조달하는 방법

사업에는 돈이 필요하다. 스몰 비즈니스의 창업에도 돈이 들지만, 스타트업을 창업하고 성장시키기 위해서는 훨씬 더 많은 돈이 필요하다. 그 이유는 스타트업이 큰 규모의 사업을 지향하기 때문이다. 큰 사업을 지향하는 비즈니스에는 반드시 경쟁 상대가 있으므로, 경쟁에 이기기 위해서는 독자적인 기술을 개발하거나 경쟁 상대보다 빠른 성장을 위해 상당한 규모의 자금이 필요하다.

자기 자금만으로 필요한 자금을 조달한다면 가장 좋겠지만, 자기 자금을 처음부터 많이 보유하고 있는 사람은 거의 없기에 제3자로부터 자금을 제공받게 된다. 실패할 가능성도 높고 투자 자금을 회수할 가능성도 적지만, 대신 성공했을 때 투자자는 큰 금전적 보상을 기대할 수 있다. 이렇듯 스타트업은 출자를 통해 자금을 제공받는 것이 일반적이다. 이번 장에서는 벤처 캐피털이라는 투자자의 출자를 중심으로 회사의 자금 조달에 관하여 설명할 것이다.

8-1 자금 조달

사업에는 돈이 필요하다. 창업가는 사업을 통해 매출 수입이 들어오기 전까지, 최소한 스스로 버틸 수 있을 정도의 자금이 필요하다. 그러나 대개 혼자서 사업하기는 어려우므로, 누군가로부터 도움을 받아야 한다. 직원을 채용하려면 인건비가 드는데, 기술 기반의 스타트업은 초기 제품이나 서비스 개발에 큰 자금이 필요하다. 소프트웨어의 개발비라면 대부분 인건비이겠지만, 하드웨어를 만드는 비즈니스는 시제품 제작용 설비나 부품을 구입하기 위한 자금이 많이 필요하다. 제품이나 서비스의 판매를 위해 필요한 비용도 무시할 수 없다. 요즘은 그런 비용이 예전보다 많이 낮아졌다고는 하지만,[1] 그렇더라도 역시 돈이 든다.

비즈니스는 고객에게 제품이나 서비스를 제공하고 그 대가로 수입을 얻는 활동이다. 사업이 잘되면 사업에 필요한 자금은 발생한 매출로부터 조달할 수도 있다. 매출로 벌어들인 수입 중에서 지출한 비용을 제하고 남은 돈이 이익이 된다.

그러나 일반적으로 수입보다는 지출이 먼저 발생한다. 제품 제작

---

1) 예전에는 몇백만 엔짜리 서버가 필요했던 서비스가 지금은 종량 과금의 클라우드 서비스로 제공이 가능하고, 공장이나 제조설비를 갖춰야 하는 제조업에서도 3D 프린터나 제조 수탁 서비스를 이용할 수 있다. 또한 신문이나 TV에 광고를 집행하는 대신 요즘에는 소셜 미디어 마케팅만으로 충분할 수도 있다. 유통도 결제도 지금은 아마존이 해준다.

을 위해 먼저 원재료나 부품을 사서 조립하고 제품화하여 판매하기까지 일정 시간이 걸리므로 선(先) 지출 후(後) 수입의 구조가 된다. 사업이 순조로워 수입이 들어오더라도 이러한 일시적 자금 부족 현상이 발생한다. 창업을 시작하는 단계에는 이외에도 초기 투자금이 필요하다. 스몰 비즈니스로 라멘집을 시작하려고 해도 매장을 임대하고 각종 조리도구나 식품을 갖춰야 하는데, 지금까지 없던 새로운 비즈니스를 시작하는 스타트업이라면 스몰 비즈니스 이상의 초기 자금이 필요할 것이다. 라멘집은 개점 첫날부터 매출이 발생하지만, 스타트업은 창업한 후에 당분간 제품이나 서비스를 개발만 해야 하므로 매출이 없는 상태가 지속되기 때문이다. 심지어 그 기간이 몇 개월일지, 몇 년일지도 알 수 없다.

매출을 통해 벌어들인 수입 이외에 제3자로부터 자금을 제공받는 것을 자금 조달이라고 한다. 매출과 이익이 있는 큰 회사도 자금을 조달한다. 대기업의 경우에는 새로운 공장을 짓거나 기업 인수를 위해 자금을 조달하는 경우가 많은[2] 것에 비해, 스타트업은 마땅한 수입이 없기에 인건비를 포함한 운영비용 확보를 위해 자금을 조달할 필요가 있다.

---

2) 사업이 안정적으로 매출과 이익을 내는 정상적인 상태가 되더라도 지출이 수입보다 먼저 발생하는 것은 변함없다. 둘 사이에서 발생하는 자금 입출금의 시간차를 메꾸기 위한 운전자금의 조달은 회사 규모에 상관없이 누구에게나 필요하다.

스타트업이 자금을 조달하는 방법은 크게 두 가지이다. 자금을 빌리거나(융자를 받음) 주식을 매각(출자를 받음)하는 것인데, 이에 대해서는 뒤에서 상세하게 설명할 것이다.

자기자본만으로 창업한 스타트업

제3자로부터 자금을 제공받지 않고, 100% 자기자본만으로 창업하는 것을 영어로 부트스트랩Bootstrap이라고 부른다. 또한 외부 자금을 받지 않고 매출만으로 성장하는 것을 오가닉 그로스Organic Growth라고 한다. 모두 다른 사람으로부터의 도움을 받지 않고 자력으로 일을 시작하고 성장해간다는 의미를 담고 있다.

스타트업은 많은 자금이 필요하기 때문에 회사 지분(주식)을 제공하고 출자를 받는 형태로 자금을 조달한다. 하지만 타인의 출자 없이 자기 자금만으로 성장하는 비즈니스를 구축할 수 있다면 가장 이상적일 뿐만 아니라 사실 불가능하지도 않다. 외부로부터 자금 조달 없이 빠른 속도로 성장할 수 있다면 그보다 더 좋을 수는 없다. 출자를 받는다는 것은 회사 소유권의 일부를 이전하는 것을 의미하므로, 창업자의 입장에서는 소유권 이전 없이 사업을 영위하는 것이 바람직하다.

하지만 유감스럽게도 현실적으로 자금을 조달받지 않고 자기자본만으로 스타트업을 빠르게 성장시키기란 쉽지 않다. 창업할 때 자기자본이나 수탁 개발 수입으로 지출비용을 충당하며 자금 조달 없이 부트스트랩으로 사업을 시작했다고 하더라도, 향후 크게 성장하기 위해 필요한 자금은 오가닉 그로스만으로 충분치는 않을 것이다. 창업자 입장에서는 출자 등의 자금 지원을 받지 않는 것이 이상적이지만, 현실은 그렇지 않다.

그 밖의 자금 조달과 크라우드 펀딩

스타트업의 주요한 자금 조달 방법인 융자와 출자에 대해 알아보기 전에, 그 외의 자금 조달 방법에 대해 알아보자.

기술 기반 스타트업의 경우, 공공기관에서 공모하는 보조금이나 지원금이 또 하나의 자금원이 될 수 있다. 어떤 보조금은 사업이 성공한 경우에 이익의 일부를 국고에 환원하도록 요구하기도 하지만, 공공기관의 보조금과 지원금은 기본적으로는 갚을 필요가 없는 자금이므로 출자나 융자를 받기에 아직 시기 상조인 초기 단계에서는 개발자금으로 유용할 수 있다. 다만 공공기관 자금은 세금을 재원(財源)으로 하고 있어서 자금의 용도가 매우 자세히 규정되어 있거나 서류 작성에 많은 노력을 요구하므로 사용하기 까다로운 자금이라고 말할 수도 있다.

공공기관 외에 민간에서 제공하는 지원금도 있다. 대학 등의 연구기관에서 조성한 자금 중 최근에는 스타트업을 대상으로 한 지원자금도 증가하고 있기 때문에 신청을 고려해볼 만하다. 또한 스타트업을 대상으로 다양한 콘테스트도 개최되고 있다. 콘테스트 상금만으로는 제대로 된 스타트업을 시작하기에 부족하겠지만, 학생이 웹 서비스 분야의 창업을 시도하기에는 충분한 금액이 될 수도 있다. 투자자가 참석한 콘테스트에 나와서 입상한 것이 계기가 되어 자금 조달까지 연결되는 사례도 있으므로 결코 무시할 수 없는 자금 조달 수단이라고 할 수 있다.

2000년대 후반부터 미국을 중심으로 크라우드 펀딩Crowd Funding이라는 자금 조달 방법이 유행하고 있다. 크라우드 펀딩은 불특정 다수의 사람으로부터 인터넷을 통해 자금을 조달하는 시스템이다. 원래는 음악이나 영화 등 아티스트의 활동 지원 플랫폼으로 발달했는데, 최근에는 스타트업의 자금 조달 방식으로 활용되어 엄청난 자금을 모은 사례도 있다. 미국에서는 킥스타터Kickstarter, 인디고고Indiegogo 등이 유명하고, 국내에도 몇 개의 크라우드 펀딩 플랫폼이 있다.

크라우드 펀딩은 인터넷 사이트에서 자금 조달을 원하는 사람이나 회사가 자신들이 어떤 프로젝트를 진행하고 어느 정도의 자금을 언제까지 모으고 싶은지를 공표한다. 프로젝트의 내용을 검토하고 자금 제공을 희망하는 사람은 인터넷을 통해 크라우드 펀딩 계좌로 입금하는데, 지정된 날까지 목표 금액이 모이지 않으면 프로젝트는 취소되고 입금액은 환불된다. 목표 금액을 초과하면 모인 자금은 프로젝트를 제안한 개인이나 회사에 제공된다.

크라우드 펀딩은 자금 제공자에게 주어지는 대가의 유무나 내용에 따라 몇 개의 유형으로 구분된다.

첫 번째는 기부형이다. 이것은 문자 그대로 자금 제공에 대한 대가가 없거나 소정의 감사 답례품 정도를 받고 자금 제공자가 순수하게 프로젝트를 응원하는 것이다.

두 번째는 구입형이다. 이것은 프로젝트에서 개발하는 제품이나 서비스를 사전에 비용을 지불하고 구입하는 방식이다. 자금을 제공받는 프로젝트 기획자 측면에서 보면, 필요한 최소 수량 이상의 구입 예약이 있는 경우에만 개발 및 제조를 하고, 최소 수량에 미치지 못하면 프로젝트가 취소되는데 제조 후 남는 재고에 대한 리스크가 없다는 점에서 스타트업에 아주 적합한 방식이다.

그러나 구입형 크라우드 펀딩은 제품이나 서비스가 완성되기 전에 사전 판매한다는 점에서 주의가 필요하다. 계획한 대로 개발 진행이 안 될 경우에 사전에 비용을 지불한 제품을 예약자에게 제공하지 못하는 사태가 발생할 수 있다. 그렇게 되면 모아진 자금은 이미 개발 자금으로 소진되어 환불이 불가능할 수도 있다. 구입형 크라우드 펀딩은 크라우드 펀딩이라는 단어를 사용하고 있지만, 그 본질은 예약 판매이다. 이렇듯 기부형과 구입형 간에는 성격상 큰 차이가 있기 때문에 어떤 방식으로 진행할지 사전에 충분히 고려해야 한다.[3]

---

3) 매출 수입 이외의 형태로 회사가 자금의 제공을 받는 것을 자금 조달이라고 정의한다면, 구입형 크라우드 펀딩은 엄밀히 말해서 자금 조달이 아니라 매출로 인한 수입으로 분류되어야 한다.

기부형과 구입형 외의 형태로는 융자형과 출자형이 있다. 이 방식들은 법률적인 규제가 엄격할뿐더러 각국의 법률이나 규정이 다르고 그 숫자도 많지 않기 때문에 이 책에서는 자세하게 설명하지 않지만, 향후 규제 완화나 법률 개정에 의해 스타트업의 자금 조달 수단으로 발전할 수도 있다.

최근에는 가상통화를 이용한 자금 조달이 세간의 화제가 되고 있다. ICO Initial Coin Offering라는 단어를 들어보았을 것이다. 가상통화가 세상을 크게 바꿀 가능성이 있지만, 이를 이용한 자금 조달이 법적으로 인정받기에는 아직 시기상조다.[4] 나중에 혁신적인 자금 조달 방법이 될 수도 있겠지만, 적어도 현 시점에서 이 책을 읽고 창업의 기초 지식을 공부하는 사람들에게는 어렵고 복잡한 이슈라고 생각한다.

8-2 출자와 융자

자금 조달의 주요한 두 가지 방식을 꼽자면 융자(자금을 빌림)와 출자(주식의 매각을 통한 자금 확보)가 있다. 자금 조달은 영어로 Funding, Finance, Financing 등으로 표현되고, 융자는 Debt finance, 출자는

---

4) 법률로 전면 금지된 나라도 있다.

Equity finance로 나타낸다.

융자와 출자의 가장 큰 차이는 자금 손실에 대한 리스크를 누가 떠안는가에 있다. 융자는 그 리스크를 떠안는 주체가 자금을 받는(빌리는) 사람이지만, 출자에서는 자금을 제공하는(투자하는) 사람이다. 융자는 돈을 빌리는 것이므로 빌린 돈은 갚아야만 한다. 반면, 출자는 회사 주식을 매각한 대가로 돈을 받는 것이므로 출자를 통해 받은 자금을 돌려줄 필요가 없다.

[표 8.1] 출자와 융자의 차이

출자를 받는다(Equity Finance)	융자를 받는다(Debt Finance)
주식(회사의 소유권의 일부)을 판다	자금을 빌린다
회사의 지배권을 갖게 된다	이론적으로 회사의 지배권과는 관계없음
출자금은 기본적으로 상환의 대상이 아니다	빌린 자금이므로 상환해야 한다
지분을 받은 대가로 출자한 자금이므로 상환과는 관계없다	상환하는 것이 정상이다
자금의 제공자가 리스크를 떠안는다	자금을 빌린 사람이 리스크를 떠안는다

융자와 출자의 또 하나의 큰 차이는 회사의 소유권과 통제 및 관리 권한과 관련된 것이다. 출자는 회사의 오너십(소유권)과 직결된 주식을 일부 매각하고 자금을 받기 때문에 상환의 의무가 없지만, 오너가 가진 회사의 소유권이나 통제 및 관리 권한이 출자한 상대방에게 분산된다. 한편 융자는 자금을 빌리는 것이므로 빌린 자금을 상환만 하면 회사의 소유권이나 지배권과 관련이 없다. 출자를 통해

받은 자금을 돌려줄 필요가 없다는 것은 언뜻 회사에 유리하게 보이지만, 반대로 자금을 반환하고 싶다고 해도 그럴 수 없다는 점에 주의해야 한다. 출자는 주식을 매매하는 행위이다. 일단 판매하면 마음이 변했다고 해도 되돌려 받을 수 없다는 점은 주식의 경우도 동일하다. 출자자에게 매각한 주식은 그가 되팔기를 원해야만 매입을 할 수 있는데, 만약 이전에 매각한 주식을 되찾기를 원한다면 매각했을 때보다 높은 가격을 제시해야 하며 상대가 거부한다면 되살 수도 없다.

출자에 의한 자금 조달은 회사의 오너십(지분)을 나눠서 매각하는 것이다. 조달한 돈을 갚지 않아도 되는 점은 매력적이지만, 일단 회사의 오너가 된 출자자는 자발적으로 주식을 되팔기 전까지는 계속 오너인 주주로 존재한다. 회사나 경영자는 본인들이 출자한 주식을 다시 매입하기 전까지는 오너십을 가져올 수 없다는 점을 이해해야 한다.

다음으로 자금을 빌려주는 사람 입장에서 융자와 출자의 차이를 생각해보자.

자금 대여자 입장의 논리

융자로 자금을 제공하는 경우, 자금을 빌려주는 대여자의 수익원은 대여자금에 대한 이자수입이다. 이때, 대여자금은 반드시 회수되는 것을 전제로 한다. 하지만 현실적으로 그중 일부는 회수되지 않는 경우도 있으므로 이자율은 그러한 리스크까지 고려해 결정되지만, 기본적으로는 대여 자금 회수가 어렵다고 판단하면 융자는 이루어지지 않는다. 또한 자금을 빌린 회사가 아무리 성공해도 이자수입이 약정 이자율 이상으로 증가하지 않으므로 대여자 입장에서는 성장 가능성보다 확실한 자금 회수에 더 큰 관심을 두게 마련이다. 이때 자금 대여자는 필수적으로 융자 신청자의 안정성이나 확실한 신용 또는 담보를 요구하므로 융자는 로우 리스크, 로우 리턴Low Risk, Low Return의 성격을 가진다. 이러한 융자는 은행의 전형적인 비즈니스 모델이다.

한편, 출자의 경우에 자금 제공자의 수익은 받은 주식의 매입가보다 높은 가격으로 팔아서 얻는 매각이익Capital Gain에서 발생한다.[5] 출자는 융자와 달리 주식을 매각한 회사가 성공할수록 주가가 높아져서 매각이익도 커진다. 크게 성공하는 회사에 출자할 수 있다면 출자액의 몇십 배, 몇백 배의 이익을 얻는 것도 가능하다. 따라서 출자자는 자금을 빌리는 회사가 얼마나 크게 성공할 수 있는가가 주요 관심사다. 투자자는 큰 성공을 할 만한 회사에 투자하기를 원하지만 그런 회사는 극히 일부이며, 어떤 회사가 성공할지 알 수 없기 때문

---

5) 일반적으로 주식투자에서는 배당금도 출자자에게는 중요한 수익원이지만, 스타트업은 대개 배당금을 주지 않으므로, 스타트업에 출자하는 투자자의 수익원이라고 볼 수는 없다.

에 스타트업 전문 투자자는 투자 대상 회사를 선별해서[6] 그중 소수라도 큰 성공을 거두리라 기대하고 투자한다. 물론 출자할 때는 나름의 판단 기준에 따라 성공 가능성 있는 회사에 투자하지만 실제로 성공하는 경우는 많지 않다. 결과적으로는 파산하는 회사가 나올 수도 있지만, 그렇더라도 거기서 발생하는 손실을 다른 투자처에서 거둔 성공으로 상쇄할 수만 있다면 문제없다고 보는 것이 스타트업 전문 투자자의 판단 기준이자 논리이다. 이와 같은 투자 형태는 뒤에서 설명할 벤처 캐피털의 전형적인 비즈니스 모델로 하이 리스크, 하이 리턴High Risk, High Return 성격의 자금 제공 방식이다.

[그림 8.1] 자금 제공자 관점의 구조

여기서 알아야 할 것은, 일반적으로 출자자는 제3자에게 주식을 매각한다는 점이다. 융자의 경우에 대여자는 융자해주었던 사람이나 회사로부터 자금을 회수하지만, 출자는 출자자가 매입한 주식을

---

6) 벤처 캐피털 등의 투자자가 자신들의 전체 투자처를 정리한 것을 Portfolio(포트폴리오)라고 부른다.

다른 제3자에게 매각하는 것이 일반적이라서 자금을 제공하고 회수하는 상대가 다르다. 뒤에서 자세히 설명하지만, 출자자가 제3자에게 주식을 파는 것을 EXIT라고 한다. EXIT에는 두 종류가 있다. 하나는 회사 주식을 주식시장에 공개IPO, Initial Public Offering하는 경우다. 이 경우에 출자자가 주식을 매각하는 상대는 주식시장에서 주식을 사는 일반인을 포함한 모든 사람이다. 또 하나의 EXIT은 투자한 스타트업이 타기업(일반적으로 이미 상장된 대기업)에게 인수합병M&A, Merger & Acquisition되는 경우이다. 이 경우에 출자자가 주식을 매각하는 상대는 투자처 스타트업을 인수합병한 기업이 된다.

또한 융자와 출자는 사업을 청산할 때도 차이가 있다. 사업을 중단하고 회사를 청산하는 경우, 남아 있는 자산은 채권자에게 우선적으로 배분하고, 그 후에 출자자에게 배분된다. 일반적으로 스타트업의 청산은 사업 부진이 원인이므로 큰 자산이 남아 있지 않겠지만, 회사 청산 시 자산 분배의 우선순위 측면에서 볼 때 출자는 하이 리스크, 융자는 로우 리스크라고 할 수 있다.

출자와 융자의 선택

자금 조달의 두 가지 주요 방식은 융자와 출자라고 했다. 그렇다면 어느 쪽을 선택해야 할까? 스타트업의 경우에 융자를 받기 쉽지 않아 선택의 폭이 넓지는 않지만, 원론적인 측면에서 설명하겠다.

출자는 회사의 오너십(지분) 분산을 의미하며 출자자는 회사의 오너 중 한 사람으로서 계속 존재하는 것을 의미한다. 하지만 융자는 빌린 돈을 갚는다면 회사의 오너십을 넘길 필요가 없다. 따라서 빌린 돈을 확실히 갚을 수 있다면 융자를 받는 쪽이 좋다. 물론 융자받은 돈의 상환 가능성을 장담할 수는 없겠지만 예상치 못한 사태가 발생하지 않는 한 상환이 가능하다는 판단이 든다면, 회사의 오너십을 넘길 필요가 없는 융자가 합리적인 선택이 된다. 자금을 상환하지 못할 가능성이 꽤 높다고 판단되면 상환 의무가 없는 출자가 더 나은 선택지이다. 하지만 그 대가로 회사의 오너십을 분할해서 출자자에게 제공해야 한다.

예를 들어, 자사가 보유한 기술로 소프트웨어 개발이 가능해 대기업으로부터 주문을 받아 6개월 후에 납품하는 상황을 가정해보자. 6개월을 버틸 개발 비용도 있고 확실히 개발이 가능하다는 자신이 있다면, 출자보다도 융자를 통해 자금을 조달하는 것이 맞다. 안정적인 고객이 있고 매출 시점도 확실하므로 개발 종료 후에 납품이 되면 융자한 자금은 쉽게 상환할 수 있다. 물론 6개월 사이에 발주를 한 대기업이 도산하거나 예상보다 개발이 어려워 납품이 불가능할 리스크도 존재하겠지만, 고객이 불분명하고 출시한다 해도 판매가 불확실한 스타트업의 사업과 비교하면 훨씬 리스크가 낮다.

그러나 동일하게 6개월 후에 완성 예정인 소프트웨어 개발이라도 기존에 없던 신개념의 웹 서비스를 개발하는 것이라면 융자가 아닌 출자를 통해 자금을 확보하는 것이 맞다. 웹 서비스를 고객이 사용할지 여부가 불확실하고 그동안 경쟁 상대가 먼저 출시해서 앞서 나갈지도 모른다. 융자를 받아도 확실하게 상환할 수 있다고 말할 수 없고, 리스크가 높은 자금이라면 융자가 아닌 출자를 통해 자금을 확보하는 것이 좀 더 안전하다.

위의 예에서 보듯이, 빌린 자금을 확실히 갚을 수 있다면 융자를 받는 것이 좋고, 갚지 못할 리스크가 높다면 갚을 필요가 없는 출자를 받는 것이 낫다. 사업에 실패할 리스크가 낮다고 판단해 자금을 제공한 경우에 그 리스크는 자금을 제공한 사람이 떠안는 것이 원칙이다.

이 원칙에 따른다면, 스타트업은 출자를 받을 수밖에 없다고 앞에서 언급한 내용이 타당하다고 볼 수 있다. 스타트업은 기존에 없는 새로운 것을 만들기 때문에 구상했던 제품이나 서비스가 실제 비즈니스로 이어질지의 여부를 처음에는 알 수가 없다. 스타트업의 창업 초기는 목표 고객이 누구이며 어떤 제품이나 서비스를 제공하면 팔릴 수 있을지 모색하는 시기이다. 이 시기에 스타트업이 조달하는 자금은 상환이 불가능할 수도 있다. 따라서 적어도 일정 단계까지는 출자 방식을 통해 조달하는 것을 고려해야 한다.

스타트업이 기본적으로 융자를 받지 않아야 하는 이유는 융자금을 갚지 못할 리스크를 창업자 개인이 부담해야 하기 때문이다. 앞서 말했듯이, 융자금은 상환을 전제로 하기 때문에 자금을 제공하는 측에서는 확실히 회수할 수 있도록 장치를 해놓는다. 그중 하나가 개인보증 제도이다. 즉, 회사가 융자금을 상환하지 못했을 경우에 경영자 개인이 상환에 대한 보증을 지지 않으면 자금을 빌려주지 않는다는 것을 의미한다.

그러나 이렇게 개인보증을 하게 되면 개인 사업을 회사화(법인화)하여 누릴 수 있는 장점이 없어진다. 경영자 개인이 보증하고 융자를 얻게 되면 개인과 회사의 자금을 분리하는 것이 무의미해진다. 회사가 차입금을 남기고 도산하면 경영자가 개인 재산으로 갚아야 한다. 만약 개인 재산을 모두 출연하고도 해결이 안 되면 경영자 자신도 파산할 수밖에 없다.

일본에서는 전통적으로 회사 경영자가 이런 상황에서 개인적으로 금전적인 리스크를 떠안는 것이 당연하다고 생각했다. 벤처 캐피털 같은 전문 투자 기업에서 스타트업에 출자하여 금전적 리스크를 떠안는 것이 일반화된 것은 10~20년 전에 불과하다. 그 이전에는 창업자가 아닌 투자자가 금전적 리스크를 떠안는 자금 조달 방식이 존재하지 않았다.

그래서 사업상 금전적인 리스크는 창업자 개인이 떠안아야 했고, 회사가 도산했을 때 그 리스크를 떠안는 것을 당연하게 여겼다. 그 시기의 상식으로는 회사 파산의 리스크를 창업자 개인이 감수하는 것이 당연했고, 만약 감수하지 않겠다고 하면 창업가의 사업에 대한 의욕과 의지 자체를 의심하던 시절이었다. 그렇기 때문에 그 시기에 창업을 했던 세대가 사업에 쏟은 노력은 대단했고, 그중에서 성공한 창업자는 존경을 받아야 한다고 생각한다.

하지만 당시의 상식과 기준을 리스크가 높은 스타트업 창업에까지 적용하기는 어려울 수 있다. 창업자에게 사업에 대한 강한 자신감과 모든 힘을 다해 사업에 몰입할 각오를 요구할 수는 있지만, 그렇다고 개인이 도저히 변제할 수 없는 차입금의 리스크까지 짊어지라고 하는 것은 무리이다.

스타트업에서 자금에 대한 손실 리스크는 자금을 받는 사람이 아니라 제공하는 쪽에서 떠안는 것이 맞다. 만약 스타트업이 실패했을 때 금전적 리스크를 창업자 개인이 짊어져야 한다면 아마 실리콘밸리에서조차도 창업할 사람은 없을 것이다. 스타트업이 실패했을 때 창업자가 져야 할 패널티는 대표직(職)을 잃는 것만으로도 충분하다. 앞서 말했듯이, 일본에서는 창업자 개인이 금전적 리스크를 떠안는 것을 당연시하는 문화가 있으므로, 스타트업 창업을 목적으로 차입하지는 말라고 당부하고 싶다. 굳이 창업자 개인이 파산 리스크를 떠안을 필요가 없기 때문이다.

그 점에 관해서는 외부 투자자로부터 출자를 받을 때도 주의가 필요하다. 출자를 통한 자금 조달 시 손실 리스크를 떠안는 대상은 자금을 빌려주는 출자자라고 설명했다. 그러나 일본에서는 이 손실 리스크까지 자금을 제공받는 사람에게 부담시키는 출자자도 많았다. 요즘은 많이 줄어든 것 같은데, 회사 지분을 받는 출자임에도 불구하고 융자처럼 개인보증을 요구하거나 회사가 어려움에 닥쳤을 때 출자하면서 받은 주식을 창업자 개인에게 재매입할 것을 요구하는 출자자도 상당수 있었다. 따라서 출자를 받게 되면 투자 계약 내용을 전문가에게 의뢰해 검토하는 것이 필요하다.

출자 방식으로 자금을 조달하면 출자자가 금전적 리스크를 떠안아야 한다. 하지만 그래도 창업자는 제공받은 자금에 손실이 발생하지 않도록 각별히 신경을 써야 한다. 창업자는 사업의 성공을 통해 귀중한 자금을 투자한 출자자의 주식 가치를 높이도록 최선을 다해야 한다.

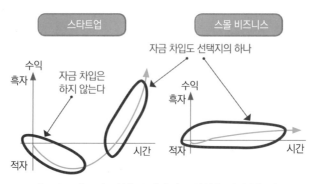

[그림 8.2] 스타트업은 초기에 자금 차입을 하지 않는다

그렇다고 해서 반드시 차입을 하지 말라는 것은 아니다. 처한 상황이나 단계에 따라서는 융자를 통한 차입이 필요할 수도 있다. 뒤에서 다시 언급하겠지만, 공공기관을 통한 융자나 개인보증을 요구하지 않는 융자라면 적극 검토해볼 만하다. 또한 자금의 입출금에

시간차가 생겨 잠시 자금이 부족할 때, 임시방편으로 운전자금을 빌리는 것은 문제없다. 스타트업이라고 해도 일정하게 매출이 발생하거나 외부 자금에 의존하지 않고도 자금 융통이 가능한 단계가 되면, 자금 조달 수단으로 융자를 검토해볼 수 있다. (그림 8.2)

8-3 스타트업 자금의 채권자

자금의 조달 방식이 무엇이냐를 떠나 실제로 자금을 제공하는 사람은 어떤 사람일까? 스타트업은 성공하면 구상했던 것이 큰 비즈니스가 되지만 실패할 리스크도 크기 때문에 당연히 아무에게나 자금을 제공하지는 않는다.

융자를 해주는 주체

로우 리스크, 로우 리턴이 특징인 융자는 비즈니스 리스크가 큰 스타트업과 궁합이 맞지 않을 수 있다. 그렇기 때문에 창업자 주위의 지인이나 관계가 있는 사람들로부터 자금을 조달하는 것 외에 다른 방식은 드물 것이다.

대표적인 융자처로는 은행이 있다. 하지만 은행은 창업 후 최저 3년이 되지 않은 회사에는 융자를 거의 해주지 않기 때문에 갓 창업한 스타트업은 기본적으로 융자의 대상이 아니다. 그리고 은행 융자는 앞서 이야기한 대로 대부분 개인보증을 요구한다. 스타트업은 성공에 대한 확신을 할 수 없는 리스크가 큰 사업에 도전하는 회사다. 창업자 본인은 성공에 대한 열망과 자신감을 가지고 시작하지만 실패할 확률이 더 큰 것이 사실이다. 따라서 사업 실패 시 회사의 차입금을 창업자 개인이 보증하는 것을 전제로 하는 융자는 스타트업에 적합하지 않다고 할 수 있다.

친척이나 친구 외에 융자받을 곳을 고려한다면 첫 번째 선택지는 금융기관과 같은 공공기관이 될 수 있다. 스타트업 대상의 공공 융자에서는 무담보, 무보증으로 융자를 받는 제도도 있으므로 차입금에 대한 리스크를 개인이 떠안지 않는 융자로 고려해볼 만하다.

출자를 하는 주체(창업자, 친척, 친구)

다음으로 출자를 하는 사람 또는 주체에 대해 살펴보자. 앞 장에서 서술한 대로, 스몰 비즈니스나 스타트업 창업 시 창업자가 개인 자금(자본금)으로 설립하는 경우가 많다.

일반적으로 그다음 단계의 출자자는 스타트업 투자에 특화된 전

---

7) 2019년부터는 창업 지원 융자 시 최소 연한 제한 규정이 완화되어, 갓 창업한 스타트업이 은행으로부터 융자를 받은 사례가 점차 늘고 있다. 이 상황은 특수한 금융환경에 기인했을 가능성도 있고 스타트업을 둘러싼 근본적인 환경의 변화라고 하기에는 아직 명확하지 않으므로, 좀 더 추이를 살펴볼 필요가 있다.

문 투자자가 중심이 되는데, 창업 초기의 스타트업에 대한 출자자는 창업자의 친척이나 친구[8]와 같이 주변 지인인 경우도 꽤 많다. 최초 출자자가 창업자의 부모인 스타트업도 많다. 자기 자금으로는 부족한 초기 자금을 제공해 주는 친척이나 친구는 매우 고마운 존재지만, 이 경우에 신중하게 고려해야 할 포인트도 있다. 융자라면 언젠가 변제를 해야 하기 때문에 문제가 없고, 출자라고 해도 외부의 제3자에게 회사의 경영권을 넘겨 줄 우려가 적은 스몰 비즈니스라면 친척이나 친구가 주주가 되는 것이 큰 문제가 되지 않을 것이다. 하지만 스타트업의 경우에는 최종적으로 수많은 출자 주주들에게 소유권이 분산된 상장기업을 지향한다는 점을 고려해야 한다.

창업자가 그러한 필수적인 변화를 이해하더라도 출자하는 친척이나 친구들은 그렇지 않다. 소액주주라도 주주는 회사의 오너이기 때문에 경영 방식이나 자금 조달의 방침에 대해서 충분히 설명을 해주어야 한다. 스타트업에 친숙하지 않은 주주가 있다면 스타트업 특유의 조직이나 경영 특성을 자세하게 설명하고 이해시켜야만 한다.

또한 다수 오너의 의견이 중구난방으로 갈리면 빠른 의사결정이 필요한 스타트업에게는 큰 장애물이 된다. 오너 간의 의견 차

---

8) 영어로는 Friends & Family라고 하며, 3F라고 하는 경우도 있다. 이때 우스갯소리로 3번째의 F는 Fool의 F라고 한다.

이는 다수결로 결정하면 되겠지만 다수결 프로세스를 거쳐야 하는 것만으로도 많은 시간과 노력이 소요된다. 회사의 주요 방침에 대해서 회사 주주들의 지향점이 일치하는 것이 가장 바람직하다. 그러한 의미에서 특히 스타트업의 경우에 주위의 많은 지인들로부터 각각 소액씩 출자를 받아 자금을 조달하는 것은 가급적 지양해야 한다.

주요 출자자(1) - 벤처 캐피털

가장 핵심적인 스타트업 출자자는 벤처 캐피털VC, Venture Capita이다. 캐피털은 스타트업에 제공되는 투자 자금을 의미하고, 스타트업에 투자하는 투자회사나 투자 사업조합을 벤처 캐피털이라 부른다. 또한 그 조직에서 실제로 투자업무에 종사하는 사람들을 벤처 캐피털리스트Venture Capitalist라고 한다. 벤처 캐피털은 뒤에서 자세히 설명하겠지만, 일반적으로 스타트업에 특화된 하이 리스크, 하이 리턴 투자를 한다. 기본적으로는 매입가보다 높은 가격에 주식을 매각할 수 있고 고성장이 기대되는 스타트업을 물색해 투자 대상으로 삼는다. 벤처 캐피털에도 다양한 유형이 있으며, 단순히 자금 출자뿐 아니라 투자 대상의 경영에 적극적으로 관여해서 기업가치 향상에 주력하기도 한다.

주요 출자자(2) - 엔젤투자자

　창업자 본인 자금으로 시작한 후 벤처 캐피털로부터 출자를 받기 전에 엔젤투자자가 출자하는 경우가 많다. 일반적으로 엔젤투자자는 몇십 억 단위의 큰 재산을 가진 자산가이다. 그중에는 성공한 창업자가 구축한 자산을 다음 세대의 창업자에게 출자하는 경우가 많은데, 스몰 비즈니스를 큰 회사로 성장시킨 오너 경영자 또는 투자은행이나 외국계 기업에서 많은 보수를 받아 자산가가 된 개인 등 매우 다양한 유형이 있다. 많은 엔젤투자자가 다음 세대의 스타트업을 지원하거나 특정 기술 또는 사업 영역을 구축하겠다는 생각으로 출자하지만, 그렇다고 해서 투자 수익을 기대하지 않는 것은 아니다. 리스크가 높아 실패할 가능성도 있지만, 성공에 따른 높은 투자 이익을 기대하는 것이 일반적이다.

　좋은 엔젤투자자로부터 출자를 받는다면 오랜 경험에서 나오는 조언을 얻거나 업계 인맥을 통해 사업 파트너나 투자자를 소개받는 등 단순한 자금 지원뿐 아니라 다양한 도움을 받을 수도 있다. 그러나 앞서 말한 친척이나 친구로부터의 출자에 대한 주의사항은 엔젤투자자에게도 적용된다. 비즈니스에 경험이 있더라도 스타트업 특성을 제대로 파악하지 못한 사람이 참여하면 의사결정에 많은 시간이 소요되고, 악의가 없더라도 스타트업에 맞지 않는 조언을 하는 경우도 있다.

엔젤투자자로부터 출자받을 때는 투자자로서의 평판과 자사의 경영방침과 문화에 얼마나 적합한지 등 자금 제공 외에 기대할 수 있는 지원 내용을 고려하여 결정해야 한다. 그리고 그 시점에는 창업자나 현 경영진은 물론 앞으로 출자받을 벤처 캐피털과의 호흡도 고려해야 한다. 일단 회사의 오너 중 한 명이 된 이상 그들에게 물러날 것을 요구할 수는 없다. 나중에 들어올 투자자가 기존의 엔젤투자자를 파트너로 여기지 않는 경우에는 벤처 캐피털로부터 투자를 받지 못하는 상황이 올 수도 있다.

주요 출자자(3) - 일반 회사

최근에는 일반 회사[9]도 스타트업에 적극적으로 투자하고 있다. 그 배경은 자체 개발에 의존하는 것만으로는 혁신에 한계가 있는 대기업이 스타트업과 적극적으로 협력하려는 흐름에 있다. 스타트업의 오너십을 확보하기보다는 서로 강력한 협력관계를 구축하려는 경우에 사업 제휴뿐만 아니라 출자를 하기도 한다. 또한 스타트업과 긴밀한 관계를 구축하기 위해 투자하는 일반 회사가 CVC(Corporate Venture Capital)라는 스타트업 투자 전문 조직을 갖추는 사례도 늘고 있다.

---

9) 금융업, 컨설팅, 프로페셔널 서비스 등 다른 기업을 서포트하는 것을 본업으로 하는 업태의 회사와 달리, 실제로 제품이나 서비스를 제공하는 회사를 일반적으로 '일반 회사'라고 부른다.

일반 회사는 단순히 자금 제공에 머무르지 않고 스타트업의 발전과 성장에 기여하기 위한 목적으로 출자하는 경우가 많다. 스타트업의 입장에서는 유명 기업으로부터 출자를 받는 것만으로도 회사 신용도나 지명도 향상에 긍정적인 영향을 미치기 때문에 매우 환영할 만한 일이다. 하지만 일반 회사로부터 출자를 받게 되면 출자사의 입김이 세지는 것도 염두에 두어야 한다.

너무 이른 시점에 일반 회사로부터 출자를 받으면 그 외의 회사(특히 출자사의 경쟁사) 또는 일반 벤처 캐피털과 비즈니스를 하기 어려워질 수도 있다. 출자 시점이 사업 모색 단계인 경우, 사업에 시너지 효과가 있다고 생각해서 출자를 받았지만, 그 후 시간이 경과하며 스타트업이 세운 비즈니스 가설이 크게 변하여 피벗하게 되면 출자했던 일반 회사와의 관계가 완전히 멀어져 버리는 경우도 있다. 또한 스타트업 조직을 모르는 일반 회사가 주주가 되면 실정에 맞지 않는 각종 보고나 업무를 요구하는 경우도 있기 때문에 주의가 필요하다.

8-4 벤처 캐피털의 기본적인 구조

스타트업의 핵심적인 출자자는 뭐니 뭐니 해도 벤처 캐피털이다. 이번에서는 벤처 캐피털(이하 VC라고 함)에 대하여 설명해보겠다.

VC는 스타트업 투자에 특화된 투자자이다. VC가 스타트업에 투자하는 자금은 투자가들로부터 모아진 자금이다. 결국 VC는 투자를 하는 동시에 투자를 받는 입장이기도 하다. VC는 '어떻게 투자를 유치할 수 있을까'에 초점이 맞춰져 있기 때문에 출자를 받을 때에는 그 구조를 이해하고 있어야 한다. VC에도 다양한 형태와 국가별 차이가 있지만, [그림 8.3]은 가장 전형적인 VC의 구조를 도식화한 것이다.

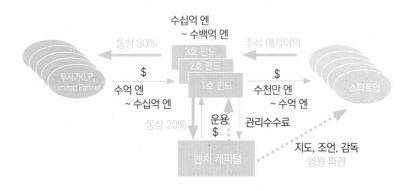

[그림 8.3] 벤처 캐피털의 기본 구조

벤처 캐피털 펀드

스타트업의 투자자금은 대개 펀드Fund를 통해 출자된다. 투자 목적으로 모인 자금을 '펀드'라고 하는데, 일반적으로 각각의 펀드 투자 대상은 결정되어 있다. 일반적으로 스타트업을 대상으로 투자되는 펀드를 벤처 캐피털 펀드 또는 벤처펀드라고 하고, 펀드를 운용하는 조직[10]을 벤처 캐피털이라고 한다. 펀드 자체는 단순히 돈의 모임이기 때문에 실제로 자금을 모으거나 투자하는 사람이 필요하며, 그 사람들로 구성된 조직이 벤처 캐피털이다.

펀드 자금 중 VC의 자기 자금 투입 비중은 전체의 극히 일부에 불과하고 대부분은 LP[11]라고 하는 출자자의 자금을 통해 구성된다. LPLimited Partner는 미국의 경우에 연금 기금, 생명보험, 대학의 기금endowment 등의 기관투자자가 중심이지만, 일본에서는 은행, 보험회사, 일반 회사 등이 대부분이다. VC 펀드의 규모는 수천억 엔에서 수억 엔 정도까지 천차만별이다. 복수의 LP로부터 수억 엔에서 수십억 엔의 자금을 확보해 펀드를 구성하는 것이 일반적이지만, 한 곳의 LP 자금만으로 성립된 펀드도 있다.

투자할 스타트업의 숫자는 펀드 규모에 의해 결정된다. 만약 수백억 엔 규모의 펀드라면 수억 엔씩 몇십 개 회사에 분산투자하는 것이 전형적인 패턴이다. 펀드 규모가 작으면 1개 회사에 출자하는 규모도 작겠지만, 미국의 대형 펀드 1개에서 100억 엔 단위의 출자

---

10) 일반적으로 벤처 캐피털은 주식회사 형태지만 꼭 그래야 할 필요는 없고 조합이나 주식회사가 아닌 다른 회사의 형태로 설립되기도 한다.

11) LP는 Limited Partner의 앞 글자로, 유한책임조합원이라고도 한다. 일반적으로 펀드는 조합(Partnership)으로 구성되어 자금을 내는데, 펀드의 운영에 관여하지 않는 출자자를 Limited Partner, 펀드를 운영하는 조합원(VC)을 General Partner(GP)라고 한다. 이에 대한 자세한 내용은 이 책의 범위를 넘어서므로 여기에서는 VC 펀드 출자자를 LP라고 한다는 정도만 알아도 충분하다.

를 하는 경우도 있다. 그러나 어떤 스타트업이 성공할지 알 수 없으므로 몇 개의 유망한 스타트업에 분산해서 투자하는 전략을 취한다. 작은 규모의 펀드라도 분산투자를 하지 않으면 VC 펀드로서의 기능을 충분히 하지 못하는 것으로 여긴다.

투자 자금의 회수는 주식의 매각을 통해 이루어진다. 주식을 매입했을 때보다 높은 가격으로 판다면 매각이익이 발생하고, 반대로 낮은 가격으로 매각한다면 매각손실이 발생한다. 만약 투자처의 파산 등으로 주식 가치가 사라지면 투자금은 전액 손실로 처리된다. 분산투자한 각각의 스타트업 중 일부에서 매각손실이 발생할 수도 있지만, 투자 회수액 총액이 LP로부터 모은 자금 총액을 상회한다면 펀드는 이익을 실현하게 된다. 펀드 운용으로 발생한 이익 중 80%는 LP에게 지급하고, 나머지 20%는 VC에게 돌아간다. VC는 전체 펀드 금액의 1% 정도를 출자하지만, 운용 이익의 20%를 분배받게 되므로 투자 이익이 클수록 더 큰 성공 보수를 받는 것과 같다.

지금까지 펀드가 하나인 경우를 예로 들었다. 하지만 실제 VC는 [그림 8.3]에서 보듯이 여러 개의 펀드를 조성한다. 펀드에는 운용 기간이 설정되어 있다. 출자자인 LP는 펀드에 자금을 맡겨 운용을 위탁하는데, 일정 기간 후에는 수익이 날 것을 기대한다. VC 펀드의 운용 기간은 일반적으로 10년이다. LP가 동의한다면 1~2년 정도 연장이 가능하지만, VC는 위탁받은 자금으로 10~12년간 투자를 하고 기간 종료 후에 투자금과 이익을 회수하여 펀드를 청산한다.

투자 후 회수까지, 다시 말해 주식을 매입해서 매각할 때까지 수년이라는 오랜 시간이 걸리므로 VC는 펀드 운용 기간이 끝나갈 무렵에는 신규 혹은 재투자를 하지 않는 것이 보통이다. 운용 기간이 10년인 펀드의 경우에 최초 3~4년간 신규로 스타트업에 투자를 하고, 다음 3~4년 동안은 기존에 투자한 곳에 추가 투자만 진행한다. 그리고 나머지 기간은 투자금의 회수에 집중하는 것이 일반적이다.

이와 같이 일반적인 펀드 운용 기간을 분석해보면 펀드 자금으로 신규 스타트업에 투자할 수 있는 것은 최초 3~4년에 불과하다. 그렇기 때문에 일반적으로 VC는 1호 펀드를 설립하고 투자한 이후 3~4년이 경과하면 새로 2호 펀드를 설정해서 또 다른 신규 스타트업에 투자를 진행한다. 그렇게 2호 펀드의 신규 투자 기간이 3~4년 정도 경과하면 이번에는 3호 펀드를 신설하여 운용한다. 업계에서 오래된 VC라면 10호 이상의 펀드를 가진 경우도 있고, 반대로 1호나 2호 펀드만으로 투자가 조기 종료되는 경우도 많다.

벤처 캐피털이 스타트업에 제공하는 가치

VC는 단순히 펀드 자금의 운용뿐 아니라 투자 대상인 스타트업의 경영에 깊게 관여해서 창업자와 함께 성장과 성공을 위해 노력하기도 한다. 투자 대상의 가치 상승에 비교적 수동적인 투자신탁사의 펀드 매니저와 달리 VC는 투자한 스타트업의 가치 상승을 위해 적극 노력한다. VC는 주주로서 스타트업 경영진에 대한 조언과 감독을 할 뿐만 아니라 직접 경영진의 일부가 되기도 한다.

이와 같이 자금의 지원뿐만 아니라 사업에 깊숙히 관여하여 스타트업을 지원하는 것을 '핸즈 온Hands-on 지원'이라고 하며, 경영진의 채용, 사업 전략의 책정, 자금 조달 지원, 고객의 소개, 인맥 구축 등 전방위적인 활동을 한다. 스타트업 입장에서 보면 VC의 출자는 자금뿐 아니라 그들의 조언이나 다양한 경험과 인맥을 확보하는 것과 같으므로 투자자를 선택할 때 자사에 어떠한 가치가 있을지 면밀히 분석해야 한다. 자금은 누구에게 받든지 그 금액은 같지만, 자금과 함께 투자자가 가져올 수 있는 가치는 저마다 다를 수 없다. VC는 자금도 지원하고 경영에 관여하는 투자자라고 할 수 있다. 자금 지원은 받고 싶지만 경영에 관여하거나 간섭하는 것이 싫다면 VC는 좋은 선택지가 아니다.

VC는 일반적으로 핸즈 온 지원을 통해 자금 이외의 가치를 제공하지만, 자금 지원에만 집중하는 VC도 있다. 일본의 경우에 과거에는 보유자금을 세분화해서 여러 회사에 소액씩 출자하는 VC가 많았지만, 최근에는 초기 단계에 있는 스타트업에게도 소액 투자를 하는 VC가 늘어나는 추세이다. 여러 산업군에 폭넓게 소액씩 투자하는 VC는 일반적으로 핸즈 온 지원까지는 하지 않기 때문에, 자금이 필요하지만 기업 경영에 참여하는 것을 원하지 않는 스타트업에게 적합한 자금원이 될 수도 있다.

벤처 캐피털리스트

VC 투자의 성패는 투자 조건의 발굴과 선별 및 투자 대상 기업의 육성을 담당하는 벤처 캐피털리스트의 역량에 달려 있다. 미국의 경우, 투자하고자 하는 업계에 대한 경험이 많거나 사업에 성공했던 창업가가 벤처 캐피털리스트로 전직한 사례가 많다. 실리콘밸리의 VC에서는 지역 특성상 다른 곳보다 기술적인 역량을 가진 사람이 많고, 하이테크 기업에서 큰 성공을 거둔 사람이 같은 업계의 차세대 창업가를 육성하기 위해 벤처 캐피털리스트로 전직하는 사례가 많다. VC가 단순히 자금 이상의 가치를 제공하기 위해서는 해당 벤처 캐피털리스트가 풍부한 사업 경험이나 업계 지식을 가지고 인적 네트워크를 활용해 핸즈 온 지원이 가능한 인물이어야 한다.

이에 반해 일본의 벤처 캐피털리스트는 일반적으로 금융권 경력을 가진 사람이 많고, 특히 모(母)금융기업의 자회사로 세운 VC에서 근무하는 경우가 대부분이다. 유명 벤처 캐피털리스트가 신입사원을 벤처 캐피털리스트로 육성하는 경우도 많다. 이는 주로 일반 회사를 운영했던 CEO나 창업 경험을 가진 창업자가 벤처 캐피털리스트로 전직하는 실리콘밸리의 VC와는 뚜렷하게 차이가 난다. 최근 들어 일본에서도 특정한 분야의 전문성을 가진 VC가 증가하고 있지만, 실리콘밸리의 VC와 같이 투자 대상인 사업 분야의 경험이 많거나 그 분야에서 큰 영향력을 발휘할 수 있는 벤처 캐피털리스트는 아직 적은 것이 현실이다.

8-5 EXIT

출자자, 즉 스타트업에 출자했던 투자자가 제3자에게 주식을 매각하는 것을 EXIT라고 한다. 주식을 매입하고 매각하는 것을 '입구'로 들어와 '출구'로 나가는 것에 비유한 용어이다. EXIT에는 두 종류가 있는데 '주식상장IPO, Initial Public Offering'과 '인수합병M&A'이 있다.

주식상장(IPO)

주식상장은 지금까지 특정한 투자자만 보유하고 있던 주식을 불특정 다수의 투자자들이 참여하는 주식시장에서 누구나 자유롭게 매매할 수 있도록 공개하는 것으로, 기업이 처음 주식을 상장하는 것을 신규 주식공개 혹은 IPOInitial Public Offering라고 한다. IPO를 할 때, 주식회사는 신규 주식(신주)을 추가 발행하여 주식시장에서 거래가 가능하게 함과 동시에 기존에 가지고 있던 주식(구주)을 주식시장에서 매각하게 된다. IPO는 회사가 주식 발행을 통해 자금을 조달하

는 방법 중 하나이다.[12]

이는 앞서 서술했던 상장 전의 자금 조달과는 다른 방식으로, 발행하는 주식을 매수하는 상대가 벤처 캐피털이나 엔젤투자자 등 '특정'한 제3자가 아니라 일반인들을 포함한 '불특정 다수'의 제3자가 된다. 다시 말해, 상장 전에는 누가 주주가 될지 선택 가능했지만, 주식시장에 상장하게 되면 그것이 더 이상 불가능하다. 또한 주식의 매각 가격도 상장 전에는 출자자와 회사가 서로 협상하여 결정하지만,[13] 상장 주식은 증권거래소에서 시장가격으로 매매되므로 이 역시 통제할 수 없게 된다. 주식시장은 증권거래소가 운영한다.

인수합병(M&A)

타기업에 의한 인수합병은 스타트업에게는 IPO 이외에 또 하나의 EXIT 방법이다. 인수합병은 일반적으로 M&A_{Merger and Acquisition}라 부르며 대기업들 사이에서도 활성화되어 있다. 스타트업의 M&A는 기본적으로 다른 회사(일반적으로 대기업)가 스타트업의 전체 주식을 매

---

12) 상장 시점에 기존 주주가 일제히 주식을 매각하면 주가가 급격하게 하락하기 때문에 일반적으로 회사와 기존 주주 사이에 상장 후 일정 기간(6개월 정도) 주식 매각을 제한하는 계약을 체결한다. 이러한 매각제한을 Lockup(로크업)이라고 한다.

13) 증권거래소 등의 시장을 통하지 않고 파는 사람과 사는 사람이 직접 가격이나 수량을 합의하여 거래하는 것을 상대거래(Negotiated Transaction)라고 한다.

입한다.[14] 주식을 현금으로 사는 경우도 있고, 모회사의 주식과 교환하거나, 현금과 주식을 조합하여 인수합병하는 경우도 있다. 주식교환을 통한 인수합병의 경우에는 피인수합병 기업인 스타트업의 기존 주주는 보유하고 있는 주식을 인수합병하는 원(元) 기업의 주식으로 교환하게 된다. 일반적으로 스타트업을 인수합병하는 기업은 상장 대기업이므로 주식 교환을 통해 받은 상장기업의 주식을 주식시장에서 매각해서 이익을 실현한다.

인수합병된 스타트업은 매수 원(元) 기업의 100% 자회사로 존속하거나 아니면 청산되어 모회사의 일부로 흡수되는 경우도 있다. 어쨌든 대기업의 일부가 된다는 사실에는 변함이 없다.

대기업이 스타트업을 인수합병하는 동기는 다양하지만, 기본적으로 기술 자원이나 활동 동력 등을 보완하기 위해서다. 보완하고 싶은 것이 업계를 변화시킬 수 있는 뛰어난 기술이거나 인재(人才)[15] 또는 특허인 경우도 있다. 스타트업이 연구개발했던 시간이나 결과물을 매수하기도 하고, 비즈니스를 성장시켜왔다면 그 사업 자체를 매수해서 신규 사업 중 하나로 편입시키는 경우도 있다. 이는 패자나 약자를 집어삼키는 행위가 아니라 오히려 마치 황금알을 품는 것

---

14) M&A에 의한 스타트업의 EXIT는 Buyout이나 Trade Sale이라는 용어로 표현하기도 한다.

15) 최근의 스타트업 인수합병에는 우수한 인재나 팀의 획득이 목적인 경우도 증가하고 있으며, 이를 Acqhire(acquire와 hire를 합친 조어)라고 한다.

과 같은 바람직한 결과라고 할 수 있다.

　그렇다면 스타트업 입장에서 대기업에게 인수합병되는 원인은 무엇일까? 운영자금 부족 현상을 탈피하기 위해서일 수도 있고, 몇 년 안에 상장이 가시화될 수 있는데 출자를 받은 VC 펀드의 운용 기간 만기가 임박하여 자금 회수 압박으로 인수합병을 통한 EXIT를 할 수밖에 없는 경우 등 다양하다. 그러나 위와 같이 어쩔 수 없는 사정이 아니라 아직 독립적으로 비즈니스를 전개할 여력이 있음에도 불구하고 대기업에 인수합병되는 것을 적극 고려하는 경우도 많다. 독립적인 작은 스타트업으로 사업을 전개하는 것보다 대기업 산하로 들어가 우수한 인프라와 자원을 활용하는 것이 앞으로 큰 성장에 도움이 된다고 판단하는 경우이다.

　스타트업의 규모와 관계없이 비즈니스를 전개하기 위해서는 회사 내부에 개발, 제조, 마케팅, 판매, 인사, 경리, 법무, 품질관리, 광고 등 다양한 기능이 필요하다. 그러나 인사, 경리, 제조, 판매, 구매, 정보시스템 등의 기능은 숙련도 측면에서 대기업이 기본적으로 비교우위에 있다. 규모가 클수록 누릴 수 있는 규모의 경제_{Economies of Scale} 효과나 경험이나 축적된 노하우가 뛰어나기 때문이다. 스타트업은 새로운 비즈니스를 시작하는 데 초점을 맞춘 조직이므로 기술 개발이나 특정 분야의 마케팅 능력에 강점을 가질 수 있지만, 회사로서 필수적으로 갖춰야 하는 인사나 품질관리와 같은 기능은 그렇지 않다고 볼 수도 있다.

이러한 스타트업이 대기업에 인수합병되면 기존에 부족했던 분야나 기능은 대기업의 도움을 받고, 자신들은 본래의 강점인 기술 개발이나 시장 개척을 위한 마케팅에 집중하는 것이 가능하다. 결국 대기업에 인수합병되면 스타트업은 그들의 다양한 인프라를 활용하거나 브랜드 파워 및 신용을 기반으로 좋은 조건에 자금을 빌려 자신들이 가진 강점에 주력함으로써, 이전보다 사업을 성장시키기가 훨씬 수월해진다. 대기업의 스타트업 인수합병에 장점이 많은 것은 [그림 8.4]와 같이 서로 자신 있는 분야를 살리는 통합이 가능하기 때문이다.

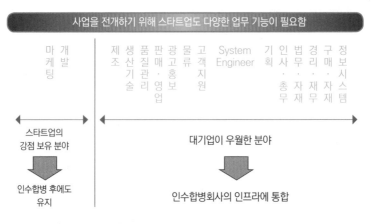

[그림 8.4] 하이테크 스타트업의 인수합병

스타트업이 인수합병 제안을 받았을 때에 그 제안의 수락 여부를 결정하기란 매우 어렵다. 경영자 입장에서는 사업을 전개하는 과정에서 대기업 산하로 들어가는 것이 앞으로의 성장에 도움이 될지 여부를 판단하는 것이 맞지만, 회사의 매각이라는 가장 중요한 결정이므로 단순히 사업성만 가지고 판단하기는 쉽지 않다. 투자자 입장에서는 매수 제안을 할 때 앞으로 충분한 매각이익을 확보할 수 있는 가격이어야 하고, 창업자나 경영자에도 매수 가격은 본인의 금전적 수익과 직결되므로 서로의 이해관계가 첨예한 문제이다.

일반적으로 인수합병 시 주식은 상장IPO할 때보다 낮은 가격에 책정되므로 가격을 얼마로 할 것인가가 경영자나 투자자나 고민일 수밖에 없다. 인수합병 제안을 거절하고 상장을 추진하는 편이 금전적으로는 더 이익이겠지만 제안을 거절한다고 해서 사업이 생각만큼 성장하리라는 보장도 없다. 제안을 거절하고 상장을 추진하다가 어려움에 처하면 그 당시 받았던 인수합병 제안보다 안 좋은 조건에 매각을 추진할 위험도 있기에 현명한 판단이 필요하다. 인수합병 제안에 대한 수용 여부는 향후 자금 수요나 조달 가능성, 상장했을 경우 예상되는 주가, 인수합병 후 회사 내 역할, 모기업과 사업의 시너지 효과 등 다양한 요소를 종합적으로 고려하여 판단해야 한다.

창업자의 EXIT

VC 등 투자자는 보유 주식의 매각이 최종 목표이기 때문에 EXIT

를 원하지만, 창업자에게 EXIT는 최종 목표가 아니다. VC는 EXIT가 되면 투자가 종료되지만 창업자나 경영자는 EXIT를 했어도 기존에 해오던 일이 완전히 끝난 것은 아니다. 본인의 꿈을 실현하기 위해 창업한 창업자에게는 주주가 교체된다고 해서 그 꿈이 끝나는 것이 아니기 때문이다.

하지만 EXIT를 통해 창업자가 얻을 금전적 수익은 그 의미가 크다. 스타트업이 IPO 방식의 EXIT를 통해 상장되면 그 회사의 가치는 수십억 엔에서 수백억 엔까지 올라간다.[16] 이럴 경우에 창업자가 상장 시에 회사 주식 10%만 보유하고 있어도 수억 엔에서 수십억 엔의 자산을 가질 수 있게 된다. 인수합병 방식으로 EXIT한 회사의 가치는 천차만별이겠지만, 스타트업 출자자(예를 들어 VC)에게도 매각 이익을 가져다줄 인수합병이라면 창업자는 수천만 엔부터 수억 엔이라는 적지 않은 매각 차익을 얻을 수 있을 것이다. 스타트업 창업자는 사회적으로 큰 영향을 줄 수 있는 비즈니스를 성공시키면 그에 걸맞는 금전적 이익을 얻을 수 있다. 그러기 위해서 창업자가 누려야 할 이익을 투자자에게서 빼앗기는 일이 없도록 해야 한다.

금전적 이익 측면에서 EXIT는 창업자에게 큰 의미를 지니지만, 사업을 영위하는 측면에서는 통과해야 할 여러 단계 중 하나에 지나

---

16) 일본의 신흥시장에 상장하는 규모는 작게는 수억 엔의 경우도 있는데, 미국에서는 유니콘(Unicorn)이라고 불리는 초대형 스타트업의 경우에 수조 엔에 달하는 규모로 상장하는 사례도 있다.

지 않는다. 주식이 공개되면 불특정 다수의 주주가 회사 오너가 되지만, 고객에게 필요한 제품이나 서비스를 판매하고 수익을 얻는 기본적인 활동에는 변화가 없기 때문이다.

상장기업으로 성장한 경우에 창업자가 선택할 수 있는 길에는 몇 가지가 있다. 하나는 상장기업의 경영자로서 지속적으로 사업의 발전을 도모하는 길이 있다. 상장으로 확보한 자금이나 신용을 활용해 더 큰 사업으로 성장시키는 것은 자연스러운 과정이다. 상장회사는 주식시장에서 자금을 조달하기 쉽고 재무적 안정성을 강화할 수 있으며, 신용 확보는 물론 인지도도 향상되므로 우수한 인재를 확보해 사업을 더욱 크게 성장시킬 수 있는 선순환 구조를 확립할 수 있다.

한편, 상장 후 기업 경영을 다른 전문가에게 맡기고 자신은 다른 일에 주력하는 창업자도 많다. 상장을 통해 큰 돈을 벌어 그것을 기반으로 다른 창업을 한다거나,[17] 다음 세대 창업자를 육성하기 위해 엔젤투자자가 되기도 하며, 개인 자산의 사회적 환원을 위해 자선활동에 몰두하기도 한다.

인수합병에 의한 EXIT의 경우에 스타트업을 인수해서 조직의 일부분으로 흡수하거나 스타트업이 개발한 기술을 다른 사업에 적용하는 등 다양한 활용 방법이 있다. 하지만 사업이나 기술의 핵심이

---

17) 여러 번 스타트업을 창업한 창업가를 Serial Entrepreneur(시리얼 앙트러프러너)라고 부른다.

되는 창업자나 기술 보유자는 당분간 인수합병한 모기업에서 근무해야 한다는 조건을 붙이는 경우가 많다. 조건에 대한 제한이 해제된 후에도 그대로 인수합병한 회사에 남아 핵심인력으로 활약하기도 하고, 퇴사 후 새로운 창업에 다시 도전하는 경우도 있다. EXIT가 가능한 창업가는 자신의 꿈을 실현하거나 리스크가 큰 사업에 또다시 도전할 수 있을 만큼 금전적인 성공을 이룰 수 있다.

8-6 벤처 캐피털 투자의 특징

VC가 스타트업에 투자하는 데는 몇 가지 일반적인 특징이 있다. 여기서는 그 핵심 내용을 서술하겠다.

벤처 캐피털이 투자 대상으로 고려하는 회사

VC는 주로 리스크가 높은 스타트업에 투자한다. 자체 분석을 통해 성공 확률이 높다고 판단한 회사에 투자하지만, 실패하는 경우가 많다. 그렇기 때문에 전체적으로 투자 이익을 내기 위해서는 성공한 투자처에서 큰 이익을 거두어 손실을 만회해야 한다.

예를 들어 VC가 10개 회사에 1억 엔씩 투자한다고 가정해보자. 그중 9개가 도산해도 마지막 1개의 주가가 20배가 되면 19억 엔의 매각이익이 발생한다. 손실액 9억을 감안하더라도 펀드 전체적으로 는 10억 엔의 이익을 실현할 수 있다.[18] 이처럼 투자액의 몇십 배가 량 매각이익을 얻을 수 있는 투자 대상이 많지는 않겠지만,[19] VC 입 장에서는 투자 결정 시 상당히 높은 가격으로 주식을 매각할 수 있 는 회사에 투자할 수밖에 없다. 결국 VC의 투자 대상은 큰 시장을 목표로 빠르게 성장할 수 있는 스타트업이지 스몰 비즈니스가 아니 다. 투자를 고려 중인 회사의 기술력을 인정하고 만족해도 주가가 오를 가능성이 없다면 투자를 하지 않을 것이다.

투자자 입장에서는 투자한 회사가 IPO를 해서 주식시장에서 주 식을 매각할 수 있어야 한다. 따라서 VC는 투자한 회사의 매출이 상장기업으로 성장할 수 있을지를 판단의 우선 기준으로 삼는다. 스 타트업은 새로운 비즈니스를 창조하기 때문에 미래의 시장이나 사 업 규모를 예측하기 어렵지만, 상장회사로 성장해 유지되려면 연간 수백억 엔의 매출이 필요하므로 VC는 그 가능성을 살펴본다. 또한 그만큼 큰 매출을 기대할 수 없더라도 인수합병을 통한 EXIT를 예 상할 수 있다면 투자 대상으로 고려한다.

VC의 투자 대상은 성장 속도 또한 중요한 요소이다. 왜냐하면 펀

---

18) 매각이익 = 매각액 - 투자액 = (20억 엔 X 1 + 0엔 X 9) - 1억 엔 X 10 = 10억 엔

19) 덧붙여서 구글이나 페이스북과 같이 크게 성공한 회사가 스타트업이던 시절, 초기에 투자한 투자가는 몇 천 배의 매각이익을 거두었다고 한다.

드에는 운용 기간이 있기 때문이다. 앞서 언급했듯이, 펀드의 운용 기간은 일반적으로 10년이며 연장해도 최대 12년이다. 펀드 설립 직후에 바로 투자하더라도 VC는 10년 이내에 매입한 주식을 매각 해야만 한다. 다시 말해, 10년 내에 EXIT(IPO 또는 인수합병)가 가능한 회사가 아니라면 투자할 수 없는 것이다. 따라서 아무리 성장 가능 성이 크다해도 EXIT가 가능한 시점이 20년 후면 VC의 투자를 기대 할 수 없다.

VC 관점에서 보면 투자 대상으로 삼는 회사의 성장 가능성이 중 요하지, 투자 결정 시점에 반드시 흑자를 내야 하는 것은 아니다. 현재 흑자를 내고 있더라도 성장성이 없다면 그들은 투자하지 않 는다. 외부에서 의뢰받은 수탁 개발로 흑자를 내고 있더라도 VC는 이를 중단하고 자사 제품이나 서비스 개발에 집중할 것을 요구할 것이다.

VC에게 이상적인 주식매각 형태는 투자한 회사가 상장해 보유 주식을 매각하는 것이다. 따라서 경영자나 창업자가 주식공개(상장) 에 대한 의사가 있는지는 VC가 투자를 결정할 때 핵심적인 요소가 된다. 창업자가 지분 100%인 회사로 시작했더라도 계속해서 외부 출자자를 영입하거나 일반 대중에게 주식을 공개할 계획이 없다면 VC는 투자하지 않는다.

또한 경영자나 창업자의 인수합병에 대한 생각도 VC의 투자 결 정에 크게 영향을 미친다. 일본에서는 아직 인수합병을 통한 EXIT

가 적지만, 실리콘밸리에서는 인수합병이 전체 EXIT의 약 90%를 차지할 만큼 활성화되어 있다. 앞으로는 일본에서도 인수합병을 통한 EXIT가 증가할 것이다. 만일 경영자나 창업자가 자신의 오너십에 집착해서 인수합병을 거부한다면 VC는 투자를 포기할 수도 있다. 스타트업은 창업자의 소유로 시작하지만 EXIT를 통해 대중이 오너십을 가져가는 존재로 변하기 마련이다. VC는 회사가 성장하면서 소유 구조도 점차 변해가는 회사에 투자한다는 사실을 기억해야 한다.

또한 VC는 단순히 자금을 제공하는 데 그치지 않고, 투자 회사의 경영에 깊게 관여하거나 임원으로 합류해 경영진의 일원이 되는 경우도 많다. VC는 타인의 조언에 귀 기울이는 경영자나 창업자에게 투자를 한다. 자금은 원하지만 경영에 관여하는 것을 원하지 않는 경영자에게는 영향력을 행사할 수 없으므로 일반적으로 이런 회사에는 투자하지 않는다.

회사의 발전 단계별 투자

VC의 투자는 특정 회사에 출자 결정 시 단 한 번에 끝나지 않고 여러 차례로 나누어 진행한다. 스타트업은 사업에 필요한 자금을 매출 수익을 통해 조달하기 전까지 외부에서 조달해야 하는데, VC는 그 자금을 한 번에 모두 제공하지 않고 회사의 발전 단계별로 조금씩 나누어 투자하는 것이 일반적이다. 대개는 미리 정해진 목표(마일스톤)를 달성하면 다음 단계로 나아갈 자금을 제공한다. 스타트업의 사업이나 개발은 계획대로 되지 않는 경우가 많기 때문에, 일정 기준의 마일스톤을 설정해서 매번 사업의 방향성을 재검토한 후에 차기 자금을 제공한다. 창업자 입장에서 보면 항상 자금 소진이라는 리스크를 떠안고 기업을 운영하기 때문에 어려움을 겪을 수도 있겠지만, 투자자는 한 번에 많은 자금을 제공하면 돈을 허비하기 쉬우므로 분할 제공을 통해 리스크를 줄인다.

회사의 발전단계를 스테이지Stage라는 용어를 사용해 얼리 스테이지Early Stage, 미들 스테이지Middle Stage, 레이트 스테이지Late Stage라고 한다. 얼리 스테이지의 이전 단계를 시드 스테이지Seed Stage, 미들 스테이지나 레이트 스테이지의 전후 단계를 익스팬션 스테이지Expansion Stage 혹은 그로스 스테이지Growth Stage라고 하는데, 어떤 단계가 얼리 스테이지이고 레이트 스테이지인지에 대한 명확한 정의가 없다. 일반적으로 각각의 투자자들이 상황에 맞게 개별적으로 정의한다.

각 횟수별 자금 조달을 라운드Round나 시리즈Series로 부르기도 한다. 미국 VC 투자의 경우에 복수의 VC가 각 라운드별로 개별적인 계약서를 작성한 후 동시에 투자하는데, 그때 자금 조달과 함께 대개는 의결권이 없는 우선주를 받게 된다. 이에 대해서는 9장에서 자세히 설명하겠다. 이 주식에 시리즈라는 단어를 넣어 단계별로 시리즈 A, 시리즈 B, 시리즈 C라고 이름을 붙인다.

복수의 VC 협력 투자(신디케이트)

앞에서 설명한 단계적인 투자는 VC에게 있어서 시간적인 리스크 분산이라고 말할 수 있다. 그에 반해 복수의 VC가 공동 투자하여 신디케이트Syndicate를 결성하는 협력 투자는 공간적인 리스크 분산이라고 할 수 있다.

미국의 일반적인 VC 투자에서는 복수의 VC가 하나의 계약서를 채택하고 함께 자금을 납입하는 공동 투자를 진행한다. 일반적으로 그들 중 하나의 VC가 전체 투자자를 대표해서 투자처에 대한 정밀 조사[20]를 하고 난 후 투자조건에 대한 협상을 맺고 계약서를 쓰는 것이 통상적이다.

이 같은 대표 투자자를 리드 인베스터Lead Investor라고 부른다. 나머지 VC들은 선정한 리드 인베스터에게 조사나 투자 조건의 협상을 위임한다. 또한 투자를 집행 후에도 리드 인베스터가 신디케이트를 대표하여 투자처에 대한 지원 및 감독을 담당한다. 이러한 공동 투자는 VC들이 가진 리스크를 분산하는 역할을 한다. 이렇게 복수의 VC가 함께 출자를 함으로써 다음 마일스톤을 달성할 때까지 사업 계획과 그것을 달성하기 위한 투자액이 명확히 결정된다.

---

20) 투자가가 투자하는 기업의 사업, 재무, 인사 등에 대해 상세하게 조사하는 것을 Due Diligence(듀 딜리전스)라고 한다.

벤처 캐피털의 스타트업 투자에 대한 판단 기준

VC에서 출자를 받으려는 스타트업은 그들이 어떤 기준을 가지고 투자하는가를 알아두는 것이 중요하다. VC는 나름의 판단 기준이 있다. 10명의 벤처 캐피털리스트에게 투자 기준을 묻는다면 저마다 달리 답할 것이다. 하지만 그들에게도 투자 판단에 대한 중요한 공통 요소가 있는데, 그것은 바로 시장의 규모와 경영자의 자질이다.

스타트업의 사명은 새로운 비즈니스를 창조하여 세상에 새로운 가치를 만들어내는 것이다. 그 성공의 척도는 얼마나 많은 사람이 그 회사의 제품이나 서비스를 구입했는가로 측정할 수 있다. 결국, 시장의 규모는 스타트업이 존재하는 가치의 척도이자 투자 판단에서 중요한 항목이 된다.

또한 VC가 투자금을 회수하기 위해서는 투자처의 매출이 크게 늘어 상장 또는 인수합병의 대상이 될 정도로 가치가 높아져야만 한다. 아무리 뛰어난 기술을 가지고 100%의 시장점유율을 가지고 있다 해도 전체 시장의 규모가 작다면 VC의 투자 대상이 될 수 없다. 시장은 그 규모뿐 아니라 시점도 중요하다. 크게 성장할 수 있는 비즈니스라도 시장에 진입하는 시점이 너무 빠르면 안 된다.

장차 큰 비즈니스가 될 가능성이 높음에도 불구하고 고객이 만족할 만한 수준까지 기술이 개발되지 않았거나 주변 환경이 아직 도입하기 이른 단계 또는 제품의 기능이 완전하지 않거나, 출시 시점이 너무 빨라 고객이 유입되지 않는 등의 이유로 성장하지 못하는 경우가 있다. 그렇다고 시장에 늦게 진입하면 경쟁사에게 뒤처질 수도 있고 대기업이 자본의 힘으로 한순간에 시장을 장악할 수도 있다.

큰 시장이 있어도 실제 비즈니스와 연계시키기란 쉽지 않다. 시장 요구에 맞는 제품이나 서비스를 적절한 시점에 개발해서 판매해도 비즈니스가 성공한다는 보장이 없다. 결국 비즈니스를 키우는 데는 경영자의 역할이 매우 크며, 회사가 성장하는 데 중요한 것은 사람이다. 그러나 회사는 경영자 한 사람의 힘으로 성장하는 것이 불가능하다. 그래서 투자자는 CEO뿐 아니라 경영진을 모두 평가한다. 처음부터 완벽한 경영진이 갖춰진 경우는 드물겠지만, 경영이나 기술의 핵심 인재가 비즈니스를 성장시킬 능력이나 가능성을 갖고 있는지는 VC의 핵심적인 투자 판단 기준이 된다.

VC에게 가장 중요한 두 가지 투자 판단 요소가 경영자와 시장이라는 점을 부인할 수 없지만, 둘 중 어느 것이 더 중요한가에 대해서는 의견이 분분할 것이다. 경영자가 더 중요하다고 생각하는 VC는 시장도 중요하지만 스타트업은 몇 년 후의 시장을 노리기 때문에 누구도 정확하게 예측할 수 없다고 본다. 창업 초기에 겨냥했던 시장이 아닌 전혀 다른 시장에서 큰 성공을 거둔 스타트업도 많다. 스타트업은 시장의 변화를 빠르게 인지하고, 필요할 경우 초기의 표적 시장에서 다른 시장으로 재빨리 방향을 전환할 수 있어야 한다. 이와 같이 임기응변을 통해 빠르게 진로를 수정하려면 뛰어난 경영자가 있어야 하고, 그런 경영자가 있으면 시장은 경영자가 충분히 만들어낼 수 있다고 주장한다.

반면에 시장이 더 중요하다는 VC들도 있다. 아무리 유능한 경영자가 뛰어난 기술을 가지고 훌륭한 제품을 만들어도 시장이 생성되지 않고 고객이 구매하지 않으면 비즈니스로 연결될 수 없다는 것이다. 시장이 충분히 크다면 중간 정도의 역량을 가진 경영자라도 성공할 가능성이 높고 경영자의 역량이 낮으면 교체하면 된다는 주장이다. 결국 경영자는 주주가 컨트롤할 수 있지만 시장, 즉 고객의 제품이나 서비스 구매 여부는 주주가 컨트롤할 수 없기 때문에 경영자보다 시장이 더 중요하다는 것이다.

이처럼 VC 간에도 견해가 나뉘므로 정답은 없다고 생각된다. 하지만 이러한 VC의 접근 방법은 깊이 생각해볼 여지가 있다.

그다음으로 중요한 투자 요소는 차별화다. 큰 시장이 있다면 반드시 경쟁이 있기 마련이다. 지금 당장은 없더라도 반드시 대기업이 진입하므로 사업을 성공시키기 위해서는 몇 가지 지속 가능한 차별화 요인Sustainable Competitive Advantage이 필요하다. 기술 기반의 스타트업은 특허로 경쟁력 있는 기술을 보호받을 수 있지만, 특허만으로 우위를 확보할 수 있는 비즈니스는 많지 않다. 따라서 사업 노하우, 비즈니스 모델, 업계 인맥 등 다양한 요소가 어우러진 차별화가 필요하다.

스타트업이 벤처 캐피털을 선택하는 기준

마지막으로 경영자는 무엇을 보고 투자자(특히 VC)를 선택해야 할까에 대해 간략하게 알아보자.

스타트업과 투자자(특히 VC)와의 관계를 종종 결혼에 비유한다. 출자가 성사되면 기본적으로 한 몸이 되므로 헤어질 수 없는 운명공동체가 된다. 가치관이 다르고 궁합이 맞지 않으면 결혼이 실패하는 것처럼, 이 둘 간의 관계는 결혼과 공통점이 많다. 실현하고 싶은 꿈이 있는 창업가에게 공감해주고 목표로 하는 가치관을 공유할 수 있는 투자자를 찾는 것은 가장 중요한 과제 중 하나이다.

그러나 단순히 얼마나 호흡이 잘 맞는지를 기준으로 투자자를 선택해야 하는 것도 아니다. VC는 자기 자금으로 어떻게 하면 더 높은 부가가치를 만들 수 있고, 출자를 통해 무엇을 얻을 수 있을지를 고민한다. 경영자 입장에서 보면 출자받는 금액은 같아도 제공받을 수 있는 부가가치는 매우 다르다. 즉, 누구에게 자금을 받는가에 따라 그 가치가 달라진다고 할 수 있다. 투자자에게 기대하는 부가가치는 다양하겠지만, 스타트업 사업 영역에 대한 전문지식을 얼마나 보유했는지 또는 파트너 회사와의 인적 네트워크를 제공할 수 있는지 등 자금 이외의 요소들도 매우 중요하다. 큰 부가가치를 제공해 줄 수 있는 투자자라면 다소 많은 지분을 주더라도 같은 배를 타는 것이 좋다. 다시 말해, 투자자가 가진 부가가치가 높을수록 회사가 제공해야 할 지분 비율은 높아지기 마련이다.

VC의 펀드에는 운용 기간과 규모의 한도가 있다. 투자자를 선택할 때는 자사의 사업 단계와 펀드 운용 기간이 얼마나 잘 맞는지, 앞으로의 자금 수요에 대응할 만한 규모가 되는지도 중요한 선택요인이다. 또한 스타트업의 자금 조달은 EXIT할 때까지 여러 번에 걸쳐 진행되므로 다음 자금 조달 시점에 다른 투자자(VC나 일반 회사)를 끌어들일 수 있는지, 다음 차수 펀드를 만들 능력이 있는지도 함께 고려해야 한다.

상대방의 생각과 가치관은 직접 만나 협상을 통해 파악할 수 있다. 투자자 선택 시 평판을 조회하거나 주위에 묻는 것도 중요하다. 신뢰할 만한 동료 창업자의 의견이 가장 좋고, 상대 VC의 기존 투자처 또는 과거에 투자를 받은 적 있는 창업자, 업계 관계자 등 다양한 채널을 통해 평판을 확인해야 한다. 또한 창업자와 투자자와 간에는 투자자 쪽이 압도적으로 많은 정보를 가지고 있기 마련이다. 한 군데 VC의 이야기만 듣고 상대방에 대해 정확히 판단을 내리기가 쉽지 않다. 중요한 협상이므로 가능한 한 복수의 투자자로부터 조언을 듣고 비교 검토하는 것이 필요하다.

창업자는 계속되는 투자자와의 미팅 때문에 제품이나 서비스 또는 고객 개발에 시간을 충분히 할애하지 못한다는 불만을 가질 수도 있다. 하지만 자금 조달은 스타트업 CEO에게는 생명 연장과도 같이 중요한 일이다. 스타트업은 기존에 없던 새로운 비즈니스를 하기 때문에 투자자를 설득하기가 매우 힘들다. 한 곳의 VC로부터 출자를 받는 데 성공한 스타트업도 이전에 수십 곳에서 거절당했을 것이다. 아무리 퇴짜를 맞더라도 투자자와 협상을 통해 얻을 것이 많으므로 좌절하거나 포기하지 말고 더 많은 투자자와 만나려는 자세를 가져야 한다. 사회적으로 의미 있고 세계를 변화시키겠다는 큰 꿈과 아이디어를 가지고 있다면 그 비전을 공유할 수 있는 투자자는 어딘가에 반드시 있을 것이다.

제8장 정리 ✏️

✓ 사업에 필요한 자금은 자체적인 매출과 이익을 통해 확보하는 것
  이 비즈니스의 기본이지만, 대부분의 스타트업은 자사 매출 외에
  외부로부터의 자금 조달을 고려해야 한다.

✓ 주요한 자금 조달 방법으로는 자금을 받는 측에서 리스크를 떠안
  는 융자(이자 지급)와 자금을 제공하는 사람이 리스크를 떠안는
  출자(지분 제공)가 있다.

✓ 스타트업이 자금을 조달할 때, 빌린 자금을 확실히 갚을 수 있다
  면 융자가 유리하고, 갚지 못할 가능성이 있다면 출자 방식을 선
  택하는 것이 좋다.

✓ 자금 조달 시, 출자받은 자금은 갚지 못해도 괜찮지만 나중에 갚고
  싶다고 해도 마음대로 갚을 수 없는 성격의 자금이기도 하다.

✓ 벤처 캐피털(VC)은 스타트업 투자에 특화된 투자자이지만, VC는
  투자자인 동시에 투자를 받는 입장이기도 하다. 보통 VC의 투자
  배경은 자신의 성과를 만들어 자금 제공자들로부터 투자를 받는
  것(펀드 구성 등)에 초점이 맞춰져 있기 때문에, 스타트업은 VC로
  부터 출자를 받고자 할 때 그들의 심리와 자금 형성 구조를 이해
  해야만 한다.

✓ 벤처 캐피털 등의 스타트업 투자자는 보유한 스타트업 주식을 제
  3자에게 매각(EXIT)하는 것을 목표로 하고, EXIT에는 상장(IPO)과
  인수합병(M&A)이 있다.

✓ 벤처 캐피털이 투자하는 대상은 향후 몇 년 이내에 빠르게 성장
  가능한 스타트업이다.

✓ 벤처 캐피털은 경영자(또는 경영진)와 시장(마켓)을 보고 투자한
  다.

9

다양한 주식과
자본 정책

Chapter 9

다양한 주식과 자본 정책

9장에서는 주식회사 설립 후 자금을 조달할 때 주식의 발행조건 과 스타트업에 특화된 주식을 통한 자금 조달 방법을 설명하겠다.

9-1 　자본 정책

자본 정책은 누구에게, 얼마짜리 주가(株價)로, 언제, 어느 정도 주식을 발행하여 자금을 얼마나 조달할지 결정하는 것이다. 스타트업의 자본 정책은 창업자의 소유로 출발한 회사가 상장회사로 성장할 때까지 어떠한 비율로 주주를 구성하고, 주식을 분산할 것인가에 대한 방침이라 할 수 있다.

자본 정책은 스타트업을 창업할 때에 수시로 고려해야 할 중요한 검토 대상이다. 시간이 지난 후 주주 구성 정책을 수정하는 것은 효과가 없다. 주주는 회사의 최종적인 지배 권한을 가지지만, 회사는 주주가 원하지 않으면 강제로 물러나게 할 수 없다. 주주에게 매각한 주식을 마음이 바뀌었다고 되살 수는 없다. 설령 주주가 보유 주식의 매각에 동의해도 매각 당시의 가격보다도 높게 매입해야 한다.

스타트업의 자본 정책에 대해 설명하기 전에 몇 가지 중요한 단어에 대하여 알아보자.

기업가치

상장기업에서는 회사의 주가와 발행한 주식의 수를 곱한 값을 시가총액Market Capitalization이라고 부른다. 뉴스에서 들은 적이 있을지 모르지만, 이는 회사 주식을 현재의 주가로 전량 매입하기 위해 필요한 액수라는 의미에서 그 회사의 가치를 나타내는 지표로 사용된다.[1]

시가총액(Market Capitalization) = 주가(시가, 時價) X 발행된 주식 수

상장기업의 주가는 주식시장에서 불특정 다수 투자자 간에 '팔고 싶은 가격'과 '사고 싶은 가격'이 매칭되는 시가가 존재하는데, 스타

---

1) 2019년 기준, 일본에서는 자동차 회사인 토요타(TOYOTA)의 시가총액이 가장 높게 20조 엔대로 평가되었다. 미국의 경우에 애플, 아마존, 마이크로소프트 등의 시가총액이 1조 달러에 육박한다.

트업의 경우에는 주식이 시장에서 거래되지 않으므로 시가가 존재하지 않아 시가총액을 계산할 수가 없다. 그러나 새롭게 주식을 발행하여 자금 조달을 한 시점이라면 투자자와 회사가 서로 합의한 주가가 존재하므로, 비상장 회사라도 회사의 가치를 계산하는 것이 가능하다. 이것을 일반적으로 밸류에이션Valuation이라고 한다.[2]

기업가치(Valuation) = 자금 조달 시의 주가 X 발행된 주식 수

주식을 신규로 발행하여 자금을 조달(증자)하는 경우에는, 조달 전과 조달 후에 발행된 주식 수에 차이가 나므로, 증자 이후의 기업가치는 조달 금액만큼 증가한다. 증자 전후의 기업가치를 영어로 각각 Pre-money Valuation, Post-money Valuation이라고 한다.

자금 조달 전의 기업가치 (Pre-money Valuation) = 주가 X 증자 전의 주식 수
자금 조달 후의 기업가치 (Post-money Valuation) = 주가 X 증자 후의 주식 수
= 자금 조달 전의 기업가치 (Pre-money Valuation) + 조달 금액
조달 금액 = 주가 X 증자를 통해 신규 발행한 주식 수

---

2) 기업가치를 계산하는 방법에는 DCF법(Discount Cash Flow, 할인 캐시플로우 법) 등 몇 종류가 있고, 상장기업이라면 매출이나 이익 등의 재무 정보를 통해 어느 정도 논리적인 계산이 가능하지만, 아직 매출과 이익이 없는 스타트업의 경우에는 근본적으로 기업가치를 계산하기 어렵다. 원래는 자금을 조달할 때 주식 가격은 그 시점의 기업가치를 통해 산출해야 하는데, 그렇게 하기 어렵기 때문에 현실적으로 회사와 투자자가 협상을 통해 합의한 금액을 기업가치로 정한다.

자본 정책의 기본적인 전제는 제품 개발이나 사업 전개가 순조로우면 회사의 가치가 상승한다는 것이다. 기업가치는 주가와 발행한 주식 수의 곱이므로, 주식 수가 증가하거나 주가가 올라가면 회사의 가치는 향상한다. 주식 수의 증가는 새로운 주식을 발행하여 자금을 조달하는 것을 의미하지만, 주가의 향상은 사업의 성장을 의미한다. [그림 9.1]은 그 내용을 도식화한 것으로, 이전 차수의 자금 조달 후부터 다음번까지의 기업가치 향상이 이 기간 동안 사업 성장에 따른 주가의 향상분과 자금 조달 후 향상된 회사 가치가 어떻게 주가에 영향을 미치는지 나타낸 것이다.

지분율의 희석화(Dilution)

자본 정책 중 희석화Dilution라는 개념은 기억해둘 필요가 있다. 자금을 조달할 때마다 새로운 주식의 증자(=자본의 증가)로 인해 가치가 희석되어 기존 주주의 지분율이 낮아지는 현상을 가리킨다. 출자에 의한 자금 조달은 새로운 주식 발행을 의미하며, 그때마다 발행 주식 수는 증가한다. 이때 주식을 가지고 있는 주주는 새로 발행된 주식을 더 매입하지 않으면 분모(발행된 주식의 총 수량)가 커지고 분자(기존 주주의 주식 보유량)는 그대이기 때문에 지분율이 낮아진다.

[그림 9.1]에서 보는 것처럼 창업자가 100% 출자하여 설립한 회사라도 자금을 조달할 때마다 지분율이 50%, 30%, 25%로 내려가는

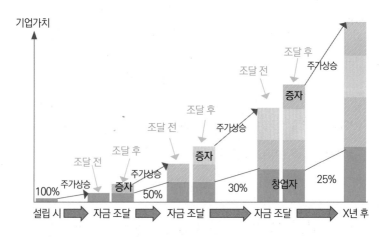

[그림 9.1] 기업가치의 상승

것을 알 수 있다. 하지만 회사 설립 단계 때와 X년 후에 창업자의 지분가치를 비교해보면 점점 더 커지고 있다는 것에 주목할 필요가 있다. 사업이나 개발이 순조롭게 진행되면 주가는 상승하므로, 비록 지분율이 낮아지더라도 지분의 가치는 크게 향상되는 것이다.

희석화 현상은 창업자는 물론 출자한 투자자에게도 적용되므로 그들의 지분율도 다음번 증자 시점에는 낮아지게 된다. 지분율을 이전과 같이 유지하거나 올리고 싶다면 증자 시 새로 발행되는 주식을 추가로 매입하면 된다. 실제로 미국의 VC는 희석화를 방지하기 위해 추가 투자를 통해 지분율을 유지한다. 창업자도 자신의 지분이 희석되지 않도록 추가로 투자할 수 있지만, 사업이 순조롭게 성장하면 회사 주가가 오르고 추가 지분 매입에 필요한 금액이 더 커지므로 개인 자금으로 주식을 매입해서 지분을 유지하기는 쉽지 않다.

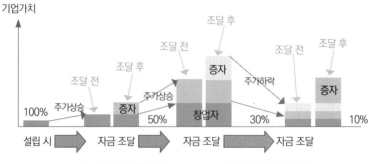

기업가치

조달 후

조달 전

조달 후

조달 전

조달 후

조달 전

100% 주가상승

증자

주가상승

증자

창업자

주가하락

증자

50%

30%

10%

설립 시 ➡️ 자금 조달 ➡️ 자금 조달 ➡️ 자금 조달

[그림 9.2] 다운 라운드(Down Round)에서의 자금 조달

　[그림 9.1]은 사업이 순조롭게 전개될 경우지만, 반대로 사업이
부진하면 투자자가 이전 조달 조건으로 출자(주식 매입)를 하지 않을
수도 있다. 최악의 경우에 이후의 자금 조달이 어려워지고 회사를
청산할 정도는 아니더라도 상황이 악화되었을 때, '현재 주가로는
투자할 수 없지만 사업 목표를 재검토해서 다시 처음부터 시작하면
출자하겠다'는 투자자가 존재할 수도 있다. 하지만 사업의 부진 때
문에 회사의 가치는 이미 크게 떨어져 있다. 이러한 상황을 잘 묘사
한 것이 [그림 9.2]이다.

　두 번째 자금 조달까지는 [그림 9.1]과 같은 상승 추세였지만, 이
후 사업이 어려워져 세 번째 자금을 조달할 때는 회사의 가치(주가)가
이전에 비해 크게 낮아져 있다. 이런 상황에서 [그림 9.1]과 같이 많
은 자금을 조달하면 기존 주주의 지분은 아주 심하게 희석된다. 이
처럼 이전 차수보다 낮은 주가로 자금을 조달해야 하는 라운드를 다
운 라운드Down round라 한다. 다운 라운드에서는 일반적으로 조금이라

도 주가 하락을 낮추려는 기존 주주와 최대한 낮은 주가로 투자해서 좀 더 많은 지분을 얻으려는 신규 투자자 간에 서로 의견을 조율하는 까다로운 협상 과정을 거쳐야 한다. 이전보다 낮은 주가로 투자하려는 투자자밖에 없는 상황이지만, 기존 주주가 자신의 지분이 크게 희석되더라도 회사가 도산해서 지금까지 출자했던 자금이 공중분해되는 것보다 낫다고 판단하면 다운 라운드를 통해 새로운 자금을 제공받게 된다.

자본정책표

누구에게 어떤 조건으로 자금을 조달했는가를 한눈에 보기 쉽게 표로 만든 것을 자본정책표Capitalization Table이라고 한다. 특별히 정해진 양식 없이 창업자나 VC가 자기 목적에 맞게 사용하는데, [표 9.1]을 참고하기 바란다. 이 표에서는 창업자가 500만 엔을 출자하여 설립한 회사가 두 명의 엔젤투자자로부터 4,000만 엔의 출자를 받은 후, VC 3사로부터 두 번의 자금 조달로 8억 엔을 출자받은 것으로 가정하였다. 2라운드[3]에서 VC1과 VC2가 투자하고, 3라운드에서 자금 조달을 하고 나니 기업가치가 25억 엔으로 커졌다. 이때 창업자는 창업 시 보유한 100%의 지분이 3라운드를 통해 40%로 줄어들었

---

3) 스타트업에서 투자를 유치할 때 횟수를 나타내는 표현으로 '라운드'라는 용어를 사용한다.

지만, 보유한 지분의 가치는 500만 엔에서 10억 엔으로 대폭 상승했다.

자본 정책이라고 하면 왠지 딱딱하고 어렵게 들릴 것이다. 하지만 [표 9.1]은 엑셀 등 업무용 소프트웨어로 간단하게 만들면 수치를 기입하거나 조정하기 쉽다. 회사가 순조롭게 성장하면 언제 어느 정도의 자금이 필요하고 여기에 맞게 투자자에게 언제 얼마나 지분을 넘길 것인가 그리고 그렇게 하기 위해 회사 가치를 얼마나 올려야 하는가와 같은 자본 정책을 창업자가 직접 시뮬레이션 해보는 것이 매우 중요하다.

[표 9.1] **자본정책표**

주주	창업 직후		자금 조달 (1 라운드) 후		자금 조달 (2 라운드) 후		자금 조달 (3 라운드) 후	
	주식 수	비율	주식 수	비율	주식 수	비율	주식 수	비율
창업자	10,000	100%	10,000	71%	10,000	50%	10,000	40%
엔젤1			2,000	14%	2,000	10%	2,000	8%
엔젤2			2,000	14%	2,000	10%	2,000	8%
VC1					4,000	20%	5,000	20%
VC2					2,000	10%	2,500	10%
VC3							3,500	14%
신규 발행 주식 수	10,000		4,000		6,000		5,000	
자금 조달액	500만 엔		4,000만 엔		3억 엔		5억 엔	
발행주식 수	10,000		14,000		20,000		25,000	
주가	500엔		1만 엔		5만 엔		10만 엔	
기업가치	500만 엔		1억 4,000만 엔		10억 엔		25억 엔	

자본금

'자본금'은 원칙적으로는 주주로부터 모은 자금 총액을 의미한다. 원칙적이라고 말한 이유는 반드시 '자본금 = 자금 조달액'이 아니기 때문이다. 주식 발행을 통해 조달한 자금을 자본 금액으로 하는 것이 원칙이지만, 출자액의 절반을 자본금에 편입하지 않고 자본 준비금으로 설정하는 것도 가능하다.

주주로부터의 출자액 = 자본금 + 자본준비금[4]

자본금의 액수는 등기부에 기록하므로 공시 정보지만, 보통은 자본준비금의 유무나 액수는 공표하지 않으므로 상장 전 스타트업이 공표하는 자본금 액수는 조달한 금액과 일치하지 않는다. 그러나 자본준비금 액수는 출자액의 절반을 상회할 수는 없으므로 자본금을 기준으로 자금 조달액의 상하한(上下限)을 지정하는 것은 가능하다.

주주로부터의 출자액 = 자본금 X (1배~2배)

---

4) 자본준비금 : 주식회사나 유한 회사가 법률에 의하여 적립하여야 할 준비금. 영업 이외의 자본 거래에서 생기는 이익을 적립하여야 한다.(출처: 표준국어대사전)

자본금은 회사 규모를 나타내는 지표로 자주 사용된다. 하지만 스타트업의 경우에는 큰 의미가 없다. 일반적으로 자본금이 큰 회사는 훌륭한 회사라는 이미지가 있다. 많은 출자를 받을 수 있는 회사는 가치가 높은 회사라는 등식이 성립한다. 하지만 실제 자본금을 감소시키지 않고 숫자로만 장부에서 감소시킬 수 있는데, 이를 '감자(減資)'라 한다. 스타트업의 경우에는 자본금이 일정액 이상 되면 대기업으로 분류되어 납세 측면에서 불리하기 때문에 감자를 통해 자본금 액수를 적게 하는 경우가 있다. 감자가 있다면 자본금 액수는 자금 조달액과 전혀 관계없는 수치가 되고, 감소액은 회사 재무 상태와는 관련 없는 수치가 되기 때문에 감자 후 자본금 액수는 의미가 없어진다. 결국 감자를 하지 않은 회사라면 자본금은 자금 조달액을 어느 정도 반영하지만, 감자를 한 회사의 자본금 액수는 대부분 실질적인 의미가 없다.

회사 설립 시의 자본 정책 사례

자본 정책과 관련해서 제3자로부터 자금을 지원받아 창업하는 간단한 사례를 들어보겠다. 학생 창업자가 재미있는 웹 서비스에 대한 아이디어를 가지고 창업한다고 가정해보자.

독자 기술 개발에 1,000만 엔 정도의 자금이 필요하지만, 창업자 본인 자금은 200만 엔밖에 없다. 이런 상황에서 외국계 투자은행에 다니는 학교 선배 A와 상담 후 800만 엔의 엔젤 투자를 받는다고 할 때, 본인이 가진 200만 엔과 A의 800만 엔으로 회사를 설립하면 A의 지분율은 80%, 본인은 20%가 된다. 학생 입장에서는 자신의 회사를 만들려고 했는데 시작 단계부터 [그림

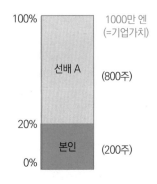

[그림 9.3] 단순한 자본 구성

9.3]처럼 남의 회사가 되고 마는 것이다. 일단 자본 구성이 이렇게 되면 나중에 변경하기가 쉽지 않다. 나중에 사업이 잘되어 여유자금으로 A에게 주식을 재매입해 경영권을 되찾아오려 해도 회사 가치(주가)가 많이 높아졌다면 많은 자금이 필요하거나 매입 자체가 아예 불가능할 수도 있다.

본인의 지분율을 낮추지 않고 출자를 받는 방법 중 하나는 그 시점을 늦추는 것이다. 앞에서 살펴본 사례를 들자면, 우선 자기 자금 200만 엔으로 창업하고, 추후 회사의 가치를 올린 후에 A로부터 출자를 받으면 A의 회사가 되는 것을 피할 수 있다.

[그림 9.4]는 그러한 상황을 보기 쉽게 정리한 것으로, 자기 자금만으로 창업하여 몇 개월간은 그 자금으로 운영하고, 사업이 성장해 회사 가치(주가)가 8배 오른 후 A로부터 800만 엔을 출자받는다면, A의 지분율은 33%에 불과하고 창업자는 67%의 지분을 가지게 된다.

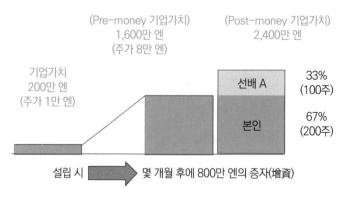

기업가치
200만 엔
(주가 1만 엔)

선배 A

33%
(100주)

본인

67%
(200주)

설립 시   몇 개월 후에 800만 엔의 증자(增資)

[그림 9.4] 출자 시점을 늦추는 경우

단기간에 기업가치를 몇 배나 올리는 것은 규모가 큰 상장회사에서는 드문 일이지만, 스타트업의 경우에는 핵심기술 개발에 성공하거나 지적재산 가치가 생기는 등 합리적인 이유가 있다면 가능하다. 창업자의 지분율을 낮추지 않고 출자를 얻는 방법은 몇 가지가 더 있으므로, 뒤에서 추가로 설명하겠다.

9-2 다양한 주식과 자금 조달 방법

지금까지 모든 주식은 같은 조건에서 발행되어 같은 권리를 가진다는 전제하에 이야기해왔다. 여기에는 주주평등의 원칙이 적용되는데, 1주당 가격, 의결권, 이익배분은 모두 동일하다.

지분율 = 의결권 비율 = 이익 분배 비율

　이러한 주식을 '보통주Common Stock'라 한다. 그러나 주식회사는 이러한 원칙을 따르지 않는 종류주식(種類株式)[5]를 발행할 수 있어, 각주당 서로 조건이 다른 다양한 형태의 주식 발행이 가능하다.

우선주

　스타트업은 우선주preferred Stock 발행을 통해 자금을 조달하는 경우가 많다. 특히 미국의 경우에 VC로부터 자금을 조달할 때는 기본적으로 모두 우선주 발행 방식을 통해 조달한다. 일본에서는 VC로부터 자금 조달 시 대개 보통주를 발행해왔지만, 최근에는 우선주를 이용한 자금 조달이 보편화되고 있다. 언뜻 보면 우선주는 다른 주식에 비해 우위에 있거나 우선적인 지위를 가진 것 같지만, 스타트업에서 발행하는 우선주는 다음과 같이 투자자에게 다양한 혜택을 제공하는 대신 보통주보다 높은 가격으로 발행하는 주식이다.[6]

---

5) 종류주식 : 의결권 제한, 이익의 배당과 같은 소정의 권리에 관하여 특수한 내용을 부여한 주식으로, 이 주식을 발행할 때는 다른 주주에게 영향을 줄 수 있기 때문에 종류주식의 수량과 내용은 정관으로 정한다.

6) 상장한 대기업에서도 우선주를 발행한다. 대기업에서 발행하는 우선주는 보통주보다 우선적으로 배당을 받지만 의결권을 제한하는 주식으로 스타트업에서 통용되는 우선주와는 그 권리 내용이 정반대에 가깝다.

- 회사를 청산할 때 잔여 재산 분배를 우선적으로 받을 수 있는 권리
- 다운 라운드를 할 때 지분율 희석(Dilution)을 방지할 수 있는 권리
- 보통주보다도 강한 의결권
- 임원을 선임할 수 있는 권리
- 중요한 경영상의 의사결정(ex: 인수합병)에 대한 거부권

　우선주를 받은 투자자는 기본적으로 회사가 부실에 빠진 상황에서는 보통주 주주보다 더 유리한 위치에 서게 된다. 회사가 순조롭게 성장해서 IPO를 하는 경우에 우선주는 보통주로 전환되기 때문에 투자 수익 차이는 없어진다. 그러나 인수합병 방식으로 EXIT를 할 때나 회사가 어려워져 도산할 때, 우선주는 보통주보다 먼저 투자 자금을 회수할 수 있다. 또한 우선주는 중요한 경영상의 의사결정에 대해 거부권이나 강력한 의결권을 가지므로 회사 지분율 이상의 강한 지배력과 권리를 확보할 수 있다.

　창업자에게는 자금을 조달할 때 우선주를 통해 주식 가격을 높일 수 있다는 장점이 있다. 바꿔 말하면, 보통주와 같은 가격으로 우선주를 발행하고 자금을 받지만 투자자에게 발행하는 주식 숫자를 줄여서 그들의 지분율을 낮출 수 있다는 장점이 있다는 뜻이다. 우선주는 보통주와 다른 성격의 주식이므로 보통주와 다른 가격으로 발행이 가능하다. 앞선 사례에 대입해보자면, 창업자가 200만 엔을 출자하고 엔젤투자자인 A가 800만 엔을 출자하는 상황에서 창업자에게는 낮은 가격으로 보통주를 발행하고 A에게는 높은 가격으로 우

선주를 발행한다면 A 몫의 주식 숫자를 줄여 창업자의 지분율 저하를 막을 수 있다.[7]

컨버터블 노트(전환사채)

스타트업은 본격적인 자금 조달을 하기 전에 사업 운영에 필요한 자금 조달 수단으로 컨버터블 노트Convertible Note라는 전환사채(轉換社債)를 발행해서 자금을 확보한다. 컨버터블 노트는 미국에서는 브리지론Bridge Loan으로 불리는데, 사채(社債)라는 이름에서 알 수 있듯이 형식적으로는 융자지만, 다음번 주식 발행할 때의 주가에 사채를 주식으로 전환할 것을 약속하고 자금을 받는 것을 말한다. 다시 말해, 다음번에 자금 조달할 때 지분을 제공하는 출자 방식으로 완전히 바뀌는 것을 의미한다.

컨버터블 노트는 자금을 받는 시점에서 미래에 주식으로 전환할 때의 가격을 미리 결정하지 않아도 된다는 장점을 가지고 있다. 주식 발행을 전제로 하는 자금 조달에는 보통주든 우선주든 주식 가격을 발행 시점에 결정해야 하지만, 스타트업 초기에는 아직 사업 아이디어밖에 없거나 투자자와 창업자 사이의 협상에 오랜 시간이 필요해서 주식 가격이 쉽게 결정되지 않을 수 있다. 그러는 동안 회사

---

7) 다만, 일본에서는 미국처럼 우선주와 보통주 사이에 큰 가격차(Gap)가 있다고 할 수 없다.

자금이 고갈될 시점에 원활하게 개발을 이어가고자 할 때, 컨버터블 노트는 시간이 걸리는 주식 가격의 결정을 뒤로 미루고 우선 긴급 자금을 조달하는 수단으로 활용되고 있다. 컨버터블 노트는 주식 가격(즉, 기업가치)이 결정되지 않은 스타트업에게 자금을 제공하는 방법의 하나로 주로 창업 초기인 시드Seed 단계의 투자에 활용되지만, 최근에는 다음에 설명하는 컨버터블 에퀴티Convertible Equity를 사용하는 사례가 증가하고 있다.

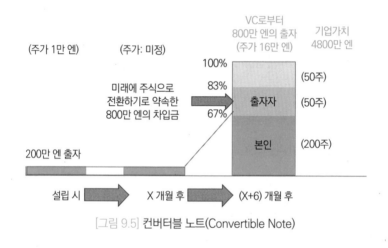

[그림 9.5] 컨버터블 노트(Convertible Note)

컨버터블 노트를 통한 자금 조달은 자금을 받는 시점에 주식 가격을 결정할 필요가 없고, 그 자금은 차입금이므로 회사의 가치나 주주 구성에 영향을 주지 않는다. 다음번 자금을 받기까지 몇 개월의 여유가 있으므로 그 사이 개발이나 사업에 진전이 있다면 주식 가격을 높일 수 있다. 그런 다음 그 가격을 반영해 과거에 자금을 받은 시점 기준으로 출자자에게 제공할 주식 숫자(지분)을 계산한다. 따라서 회사 입장에서는 출자자의 지분을 줄이는 효과가 있다.[8]

따라서 앞서 본 사례처럼, 창업자가 200만 엔, 엔젤투자자 A가 800만 엔을 출자하더라도 A에게 컨버터블 노트를 발행하면 추후 회사가 성장해서 주식으로 전환할 시점에 높아진 주식 가격을 적용하기 때문에 A의 800만 엔에 해당하는 주식 수가 적어져 창업자의 지분을 안정적으로 유지할 수 있다. 이는 창업자 지분의 희석화를 방지하기 위한 우선주와는 다소 성격이 다르다.

컨버터블 에쿼티(Convertible Equity)

컨버터블 노트는 자금을 제공하는 측(주로 VC)이 전문 투자자라는 점과 형식적으로 융자라 하더라도 실질적으로는 출자를 전제로 먼저 자금을 제공한다는 점을 차입하는 회사 측에서도 충분히 인지하고 있다. 따라서 예상 시점에 추가 자금이 조달되지 않더라도 제공자가 '융자'라고 해서 변제를 압박하지는 않는다. 하지만 컨버터블

---

8) [그림 9.5]의 예시로 볼 때, X 개월에 출자자로부터 800만 엔을 차입금이 아닌 신주 발행을 통해 지분으로 주었다면 주가 1만 엔을 기준으로 창업자 200주, 200만 엔(지분율 20%)+출자자 800주, 800만 엔(지분율 80%) = 합계 1,000주, 1,000만 엔의 자본금을 가진 회사가 되어 창업자의 회사가 아닌 출자자 소유의 회사가 된다. 하지만 800만 엔을 주식이 아닌 컨버터블 노트 발행을 통해 차입하면 X+6개월에 상장하여 주가가 16만 엔이 되고 약속대로 주식으로 전환하여 그 시점의 주가(주당 16만 엔)를 적용하면 차입금 800만 엔에 대해서는 50주(50주 X 16만 엔 = 800만 엔)를 주면 된다. 창업자는 200주, 컨버터블 노트를 받은 출자자는 50주가 되므로 여전히 창업자의 회사라고 할 수 있다.

노트가 보급되면서 스타트업의 자금 조달 방법에 대해 이해가 부족한 투자자가 이를 사용하는 경우도 있다. 그렇게 되면 스타트업은 자금을 차입하지 않는다는 원칙을 거스르게 된다. 따라서 비록 형식적이기는 하지만 컨버터블 노트는 '융자'이기 때문에 창업자에게 바람직한 방법이라고 할 수 없다.

이러한 문제점을 해결하기 위해 컨버터블 노트를 대체할 컨버터블 에쿼티Convertible Equity가 등장했다. 컨버터블 에쿼티는 컨버터블 노트와 마찬가지로 본격적인 출자를 받기 전에 일정 기간 필요한 운영 자금을 확보하기 위한 수단으로 사용된다. 컨버터블 노트처럼 주식 발행을 통해 추가 자금을 조달할 때 주식으로 전환을 약속한 증권으로, 주식 가격의 결정을 다음번 자금 조달 전까지 연기할 수 있는데 융자가 아니라는 점이 컨버터블 노트와 비교해서 장점이다.

스톡옵션

스톡옵션Stock Option은 회사 임직원에게 성공에 대한 보상 수단으로 활용되는 신주 예약권이다.[9] 신주예약권은 미리 결정된 가격(권리행사 가격)으로 일정 기간 내에 일정 수의 주식을 구입할 수 있는 권리이

---

9) 임직원의 성공 보수 이외에도 다양한 형태의 신주예약권이 존재하지만, 이 책에서 언급한 임직원에게 성공에 대한 보상을 위해 발행된 스톡옵션을 특히 ESO(Employee Stock Option)라고도 한다.

다. 대개 권리행사 가격은 스톡옵션이 발행된 시점의 가격(또는 최근의 자금 조달 시의 가격)을 기준으로 설정된다. 따라서 스타트업 초기 단계에서 스톡옵션을 받은 임원이나 직원은 회사가 성장하여 주가가 상승한 시점에 권리행사를 위해 회사 주식을 매수하여 바로 매각한다면, 스톡옵션 발행 시점에 설정된 권리행사 가격과 매각 시점의 주가의 차이를 자본 이익Capital Gain으로 얻을 수 있다

스톡옵션을 받은 임직원들은 그들의 업무성과를 향상시키고 회사의 가치를 높이기 위해 노력하게 된다. 스톡옵션은 보상(報償) 제도 중 하나지만, 보너스나 급여처럼 회사로부터 직접 받는 돈이 아니다. 초기 단계의 스타트업은 보통 자금이 부족하기 때문에 비용 지급 없이 임직원에게 보상을 할 수 있다는 점이 가장 큰 장점이고, 높은 급여를 주기 곤란한 스타트업에게는 우수한 인재를 영입하기 위한 효과적인 보상 수단이 된다.

또한 스톡옵션은 특정 가격으로 주식을 매입할 수 있는 권한이기 때문에 주가가 스톡옵션 계약에 명시된 가격보다 낮아질 경우에 권리를 행사하지 않으면 그만이다. 스톡옵션이 부여된 시점에는 주식 매입 자금을 보유할 필요가 없기 때문에 특별한 지출이나 리스크 없이 회사의 가치(주가)가 상승했을 때 성공에 대한 보상을 받을 수 있는 효과적인 시스템이다.

스타트업의 스톡옵션은 발행 시점에는 아직 주식이 발행되지 않았지만 언젠가 발행할 예정이기 때문에 현재는 존재하지 않지만 잠

재적으로 존재하는 주식인 '잠재주식(潛在株式)'이라 불린다. 이에 반해 보통주나 우선주처럼 실제로 발행되어 있는 주식은 겉으로 드러나 있다는 의미인 '현재주식(顯在株式, Outstanding Shares)'이다. 회사의 발행 주식은 일반적으로 시중에 발행된 현재주식을 지칭하지만, 기업가치를 측정할 때에는 미래 발행이 예정된 잠재주식도 포함한 주식 숫자Fully Diluted Shares [10]를 기준으로 할 경우도 있다.[11]

9-3 스타트업의 자본 정책

스타트업의 소유주가 창업자에서 일반 주주들로 바뀌는 과정과 경로는 기업별로 처한 상황에 따라 다르다. 창업자가 일반적으로 고민하는 것들은 '창업자는 지분을 얼마나 가지고 있어야 하는가?', '공동 창업의 경우 지분은?', '투자자에게 회사 지분을 몇 % 정도 주는 것이 적정한가?', '임직원에게 어느 정도의 스톡옵션을 주어야 하는가?', '우리에게 투자하는 회사가 주주가 될 경우에 장점과 단점은 무엇인가?'와 같은 것들이다.

---

10) 주식으로 전환 가능한 모든 수단이 완전 희석화된 이후의 주식 수

11) Cap Table(자본정책표)의 예로 든 [표 9.1]에서는 복잡하지 않기 위해 스톡옵션은 생략했지만, 실제로 자본 정책을 고려할 때에는 스톡옵션도 포함한 Cap Table을 이용하여 잠재주식까지 포함한 넓은 기준으로 기업가치를 계산할 필요가 있다.

실제로 창업할 경우에는 창업 선배나 다양한 사례를 알고 있는 전문가에게 문의하는 것이 좋지만, 사업의 성공을 위해 필요한 자금 규모와 시간은 업종이나 업태에 따라 각양각색이고, 누구에게 문의 하는가에 따라 조언이 다를 수 있다. 자본 정책은 항상 시대와 상황 별로 다르기 때문에 변할 수밖에 없다.

스타트업의 자본 구성은 기본적으로 심플해야 한다. 빠른 의사결 정이 필요하기 때문이다. 지분율이 낮은 주주의 의견은 신경 쓰지 않아도 된다고 여길 수 있으나, 만장일치를 통해 빠른 의사결정을 내려야 하는 스타트업에서는 그러면 안 된다. 구성원 간에 의견 합 치가 안 되어 주주총회나 이사회에서 다수결로 무언가를 결정해야 할 상황이 되면 시간적으로나 절차상으로 큰 손실이 발생한다. 스타 트업의 주요 방침에 대해서 주주의 의견은 만장일치여야 하고 구성 원들과 의견이 같은 투자자에게 출자를 받아야 한다. VC에게 출자 받는다는 것이 결혼과 같다고 말한 의미를 되새겨 보아야 한다.[12]

창업자의 지분율

스타트업 창업자가 지분율을 얼마나 유지해야 하는가에 관해서

---

12) 실제로 자금을 받기 위해 생각과 의견이 일치하지 않는 투자자로부터 어쩔 수 없이 출자를 받아야만 하는 상황도 있고, 출자받은 후에 서로 의견이 달라지는 경우도 있다.

는 다양한 의견이 있다. 일본에서는 전통적으로 창업자는 항상 50% 이상의 주식을 보유해서 회사의 지배권을 가지고 있어야 한다고 대다수가 생각한다. 회사의 지배권을 투자자가 장악하면 언제라도 창업자를 경영자에서 끌어내리는 것이 가능하기 때문이다. 새로운 사업을 하는 회사는 창업자가 세운 계획에 따라 경영해야 하고 투자자가 지배권을 가져서는 안 된다. 힘들고 어려운 일이 있어도 본인의 회사이기 때문에 참고 버티는 것이지, 언제 쫓겨날지 모른다면 창업자는 열심히 하려는 의욕이 꺾일 것이다. 창업자가 계속 과반수 이상을 가져야 하고 상장 후에도 대주주로서 안정적인 지분율을 가져야 제대로 된 경영활동을 할 수 있다는 생각은 일본의 전통적인 창업가나 투자자가 지닌 논리이다.

반면, 미국은 출자를 받은 후에 창업자의 지분율이 일본의 경우보다도 작은 것이 일반적이다. 처음 출자할 때 VC가 창업자의 지분을 최소 50% 이상 유지할 것을 요구하는 경우도 있지만, 상장 시에는 대개 창업자의 지분율이 10% 이하로 떨어진다.

그렇다면 왜 실리콘밸리의 창업자는 지분율의 과반수 유지에 연연하지 않고 쉽게 지배권을 넘기는 것일까? 여기에는 주식시장의 특성 등 다양한 요인이 있지만, 스타트업이 불특정 다수 주주들의 소유가 되는 것에 대해 창업자 스스로가 크게 개의치 않기 때문일 것이다. 창업자가 본인 소유에 집착하면 상장회사가 될 수 없거나 타 회사로 인수합병되는 것도 불가능해질 것이다. 상장이나 인수합병이 불가능하다면 VC로부터의 출자도 불가능하다. 따라서 회사가 성장함에 따라 본인의 오너십이 줄어드는 것을 당연하게 받아들인다.

또 하나의 이유는 경제적인 인센티브 측면도 있다. 지분율이 희석되어도 기업가치가 향상되면 본인이 보유한 주식 가치도 오른다. 10억 엔 가치의 회사를 100% 가진다면 자산 가치는 10억 엔이지만, 1,000억 엔 가치를 가진 회사의 10%를 가지고 있다면 100억 엔이 된다. 성공한 회사의 가치가 일본보다 훨씬 큰 실리콘밸리 스타트업들은 개인 소유에 집착하기보다 투자자로부터 큰 출자를 받아 빠른 성장을 통해 가치를 높이는 것이 이익이라는 점을 잘 알고 있다.

창업자의 지분율 보유에 대해 다양한 시각과 의견이 존재하고 일반화가 어려운 이유는, 창업자가 회사의 오너이자 경영자이기 때문이다. 스타트업 창업자는 투자 자금의 유입으로 지분이 점점 줄어 결국 오너의 위치를 내려놓겠지만, 그것이 반드시 경영자의 자리에서 물러나는 것을 의미하는 것은 아니다. 회사 창업한 후 100% 지분을 가지고 직접 경영했던 창업자가 오너십을 넘긴 후에도 계속 경영을 할 것인가에 대한 결정은 투자자가 한다. [그림 7.7]을 보면 상장 전후에 상관없이 투자자가 오너십을 가지고 있을 때에도 창업자가 계속 경영자로 남아 있다는 것은 주주들로부터 인정을 받고 있다는 의미이다. 같은 지위라도 투자자로부터 임명된 경영자와 회사의 절대적인 지배권을 가진 오너 겸 경영자는 입장이 서로 다르다.

회사의 지배권을 투자자에게 넘기고 물러나는 것에 거부감을 가지는 창업자는 과반수의 지분율을 중요하게 여긴다. 실제로 과반을 보유한 투자자가 창업자를 회사에서 쫓아낼 수 있기 때문에 그 생각이 틀렸다고 말할 수는 없다. 하지만 이러한 사고방식은 스타트업 특성과 어울리지 않는다. 기술이나 아이디어 등 무형의 지적재산이 사업의 핵심인 스타트업에서는 회사 지분율에 상관없이 기술이나 아이디어를 갖고 있는 창업자 중심으로 계속 경영을 하는 것이 필요하다. 이미 창업자의 소유가 아닌 회사의 경영을 창업자에게 맡기는 것은 그만큼 가치가 크기 때문이다. 이는 상장 전일지라도 마찬가지다. 스몰 비즈니스나 대기업의 기존 사업이라면 필요한 자금과 경영 전문가를 투입해서 운영할 수도 있지만 무형의 지적재산이 사업의 핵심인 스타트업은 기술이나 아이디어의 원천인 창업자가 곧 회사의 가치라 할 수 있다. 창업자가 바로 스타트업 가치의 핵심이기 때문에 투자자가 그 가치에 투자하는 한, 창업자는 오너십에 지나치게 연연할 필요가 없다.

현실과 이상은 물론 다를 수 있다. 투자자가 무형의 지적재산을 제대로 이해하지 못할 수도 있고, 창업자의 아이디어나 기술을 가로채 창업자를 쫓아내는 악랄한 투자자도 있을 수 있다. 하지만 그런 투자자는 자연도태되어 업계에 발붙일 수 없게 된다. 투자자가 무형의 지적재산 가치에 대해 이해하지 못하는 상황을 전제로 과반의 지분 확보를 고집하는 경우라면 이 책에서 말하는 스타트업과는 다른 회사일 것이다.

창업자의 보유 지분은 상장 전 자금 조달 시점부터 자연스럽게 절반 이하로 희석화된다고 언급했다. 그렇다면 어떻게 지분을 희석해야 할까? 이것 역시 상황에 따라 다르다. 스타트업이 외부 자금에 의지하지 않고 매출만으로 운영이 가능할 때까지 필요한 자금 규모는 업종이나 업태에 따라 크게 차이가 난다. 많은 자금이 필요한 사업에서 계획대로 사업이 전개되지 않고 자금 조달 규모가 커진다면, 창업자의 지분 감소폭이 클 수밖에 없으므로 희석되는 정도도 커지게 된다. 매출만으로 회사 운영이 가능해질 때까지 '외부에서 자금 조달을 언제 얼마만큼 몇 번 할 계획인가', '각각의 자금 조달 시 기업가치는 얼마로 설정하고 증자를 할 것인가', 'EXIT할 경우에 어느 정도 기업가치를 예상하는가', '스톡옵션을 통해 임직원에게 충분한 인센티브를 제공할 수 있는가' 등 다양한 요소를 고려한 자본 정책을 펼쳐가는 과정 중에 창업자의 지분율은 스스로 결정해야 한다. 이런 상황에서는 정형화된 해법이 없기 때문에 창업 선배나 스타트업의 자본 정책 전문가에게 자문을 구해야 한다.

공동 창업자의 지분율

지금까지 창업자는 한 사람이라는 전제로 말해왔지만, 대부분의 스타트업은 여럿이 함께 팀을 결성해 창업한다. 사업에 대한 모색이 중요한 스타트업에서는 일반적으로 복수의 창업자가 1인 창업자보다 성공 확률이 높다. 또한 대부분의 VC도 혼자보다는 팀 형태의 창업을 선호한다.

그러나 스타트업의 실패 원인 중 공동 창업자들 간의 불화가 큰 비중을 차지하는 것도 엄연한 사실이다. 지분율은 각 창업자가 보유한 주식의 매매차익을 통해 벌 수 있는 자본 이익Capital Gain과 직결된다. 불화의 원인은 다양하겠지만 창업자들 사이에 분쟁은 주로 지분율 문제에서 비롯된다. 창업 전에 세웠던 목표 달성을 위해 함께 노력하는 공동 창업자 간에 주식 분배를 둘러싸고 트러블이 생기면 회사가 제대로 운영될 수 없다. 창업자 간의 주식 분배도 자본 정책의 중요한 과제 중 하나이다.

그럼, 창업자 간의 지분율 배분은 어떻게 해야 할까? 이것 역시 정답은 없다. 각자의 공헌 정도(자금, 현물, 시간, 지식, 아이디어, 기술 등)나 향후 사업에 대한 역할 등 여러 요인들을 잘 협의하여 모두가 납득할 수 있는 해법을 찾아야 한다. 회사에 기여하는 공헌도를 객관적으로 수치화해서 평가하면 좋겠지만 이는 불가능에 가깝다. 기술자와 경영자가 공동 창업한 경우, 기술자는 기술이 없으면 제품이나 서비스는 존재할 수 없으므로 자신의 공헌도가 크다고 생각할 것이다. 반면, 경영자는 본인이 없으면 제품이나 서비스를 만드는 자금을 조달할 수 없고, 시장을 개척하여 매출을 올릴 수도 없으므로 자신의 공헌도가 더 크다고 생각할 것이다. 또한 회사 설립 시점부터 특정 시점까지의 공헌도와 그 이후의 공헌도를 반영할 때 납득할 수 없는 불공평한 분배 문제가 생길 수도 있다.

창업자 간에 공헌도의 수치화가 어려운 경우에는 예를 들어 세 명의 창업자가 1/3씩 주식을 나눠 가짐으로써 균등하게 분배하는 방법도 있다. 서로의 공헌도를 수치화할 수 없을 때, 성공한 후에 창업자 간에 성과를 균등하게 분배하자고 약속하는 것은 어느 정도 합리적이라고 할 수 있다. 그러나 이러한 형태의 평등은 피해야 한다는 의견도 있다. 정답이 없는 문제에 대해 의사결정할 때 지분이 균등하면 결정이 힘들기 때문이다.

일리가 있지만, 그렇다고 균등한 분배는 안 된다는 것도 지나치다고 할 수 있다. 공동 창업한 스타트업에서는 서로 의견이 나뉠 때 최종 의사결정을 누가 할 것인지 확실히 해두는 것이 필요하지만, 그렇다고 최종 의사결정권자가 반드시 최대 주주일 필요는 없다. 최종 의사결정권자가 누구인지 지분율로 표시하기 위한 상징적인 의미로, 예를 들어 지분율을 34 : 33 : 33으로 하는 것도 합리적이지만, 지분은 각각의 공헌도에 따라 모두가 납득할 수 있게 분배하는 것이 중요하다.

또한 창업자 간의 주식에 관한 문제는 공동 창업자 중 한 사람이 회사에서 빠질 때 자주 일어난다. 불화가 원인인 경우도 있지만, 건강상의 이유나 가정사 등의 이유로 어쩔 수 없이 빠지는 경우에도 문제가 발생한다. 최근에는 이러한 사태에 대비하기 위해 회사 설립 시 창업자 간에 일종의 계약을 맺는 것이 일반화되고 있다. 창업자는 일정 기간 회사를 그만두지 않기로 하고, 그만둘 경우에는 일정한 룰에 따라 주식의 일부 또는 전체를 내놓기로 약속하는 계약이다. 공동 창업자로서 함께 일을 하는 상황에 회사를 그만둘 때를 대비해 약정을 하는 것은 마치 결혼할 때에 이혼을 어떻게 할 것인지 약정을 하는 것과 같다. 무엇보다 말하기 어려운 것도 서로 자유롭게 의견을 주고받을 수 있는 관계를 구축하는 것이 중요하다.

직원의 지분율

직원에게 발행하는 스톡옵션의 설계 역시 스타트업 자본 정책에서 중요한 요소이다. 회사 성장에 맞는 충원 계획을 세워 어느 정도의 스톡옵션을 부여할 것인지를 미리 계획해두어야 한다. 스톡옵션은 잠재주식이지만 회사가 성공했을 때 실제로 시장에 유통되어 기업가치(= 주가 X 발행 주식수)에 직접적인 영향을 미치기 때문에 투자자에게도 관심 대상이 된다.

회사가 발행할 예정인 스톡옵션의 총합을 '옵션 풀Option Pool'이라고 한다. 미국의 경우 일반적으로 총 주식 발행량의 20%를 할당하지만, 일본에서는 10%가 넘어가면 난색을 표하는 투자자가 많다. 옵션 풀의 규모는 스타트업이 성공했을 때 창업자, 투자자, 직원 간에 어떻게 보상 및 분배를 할 것인가에 따라 결정된다. 일본의 투자자는 본인 몫을 높게 보는 경향이 있는데, 일반적인 옵션 풀이 미국의 절반 정도에 불과한 것을 감안한다면 스타트업 직원들의 성공에 대한 공헌도를 낮게 평가한다는 의미를 담고 있다. 실제로 직원의 공헌도가 낮아 성공에 대한 성과 배분이 크게 필요하지 않을 수도 있겠지만, 우수한 기술자 확보가 핵심인 연구개발형 스타트업에서는 주인의식을 가질 수 있도록 직원의 공헌에 대한 정당한 평가와 보상이 필요할 것이다.

옵션 풀로 배당한 스톡옵션에 대한 배분도 자본 정책의 중요한 요소이다. 20%의 옵션 풀을 가지고 상장할 때까지 20여 명의 직원을 고용할 계획이라면 단순 비율로만 계산해도 1인당 1% 수준이다. 일반적으로 입사 시기가 빠르고 상위 직급일수록 스톡옵션을 많이 부여하는데, 구체적인 부여 숫자는 개인의 능력이나 공헌도에 따라 결정해야 한다. 초기 입사 직원과 나중에 입사한 직원들 간에 스톡옵션 부여 숫자가 크게 차이 나면 불공평하다는 소리가 나올 것이고 회사 발전에 필요한 우수인재 영입에 차질을 빚을 수도 있다. 따라서 스톡옵션의 구체적인 배분은 향후 채용계획과 연결해서 고려해야 한다.

스톡옵션은 직원뿐 아니라 외부 협력자나 사업 파트너에게도 발행할 수 있다. 자문이나 고문으로서 스타트업의 성장을 도와주는 개인, 변호사, 인큐베이터 등에게 서비스 제공의 대가로 스톡옵션을 발행하는 경우이다. 스톡옵션을 설계할 때에는 이처럼 비직원 대상에 대해서도 고려해야겠지만, 그때에는 자사 직원과의 균형을 고려해야 한다.

창업자, 투자자, 직원 간 지분율의 균형 유지

일반적으로 자본 구성은 자금 조달 시점에 크게 변한다. 투자자에게 새로운 주식(신주)을 발행한다면 투자자의 지분율이 증가한다. 상장 전 회사의 주식 가격을 객관적으로 산출하는 것이 어렵기 때문에 자금을 조달할 때 투자자에게 제공할 주식 가격은 투자자와 경영자의 협상에 의해 결정된다. 대개 조달금액은 사업 계획을 통해 수립된 자금 수요 계획에서 결정되는데, 주식 가격의 협상은 출자자에게 몇 %의 주식을 지급할 것인가를 협상한다는 의미이다.

출자자의 지분율 = (출자액 / 주가) / 증자 후의 주식 수

스타트업의 주주 구성 정책은 창업자, 투자자, 직원이라는 3자의 이해를 잘 반영해서 결정해야 한다. 달리 말해, 회사의 가치를 높여주는 사람에게 그에 상응하는 지분을 분배해야 한다. [그림 9.6]은 실리콘밸리 스타트업의 전형적인 주주 구성 변화를 도식화한 것이다.[13]

---

13) 일본의 전형적인 주주 구성 변화 추이와는 어느 정도 차이가 있다.

일반적으로 스타트업은 창업자의 자기 자금으로 시작하므로 창업 시에는 '주주=창업자'가 성립하지만, 외부에서 자금을 조달해가면서 벤처 캐피털의 지분율이 올라간다. 또한 직원을 고용하면 스톡옵션을 활용해 주식의 일정 비율을 제공한다. 이처럼 처음에 '주주=창업자'였던 스타트업은 VC의 자금이 들어온 시점에서는 '주주=창업자+투자가+직원'이 된다. 더욱이 회사가 발전하면 제휴 또는 파트너 회사들이 투자자로 합류하게 되고, 상장하면 일반 투자자들도 주주로 참여해서 '주주=불특정 다수의 일반 투자자'로 바뀐다.

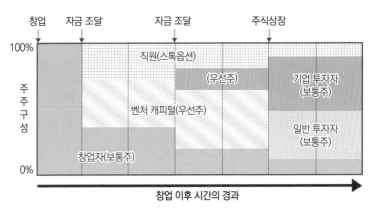

[그림 9.6] 스타트업의 주주 구성의 변화 추이(예)

[그림 9.6]에 나타난 주주 구성의 변화 추이가 어떤 룰에 따라 결정되는 것은 아니다. 회사의 발전 단계에 따라 그때마다 가장 필요한 부가가치를 제공하는 사람에게 지분을 제공하면서 자연스럽게

[그림 9.6]과 같은 추이로 흘러간다. 창업 단계에서는 창업자가 가진 신기술이나 아이디어가 가장 중요하고 회사는 창업자의 소유지만, 그것만으로는 큰 성장을 이루기 어렵다. 그래서 창업자는 VC를 통해 전문적인 경영지원과 자금을 제공받고, 그 대가로 회사 소유권의 일부(지분)를 제공한다. 직원에 대한 스톡옵션도 같은 발상이다. 회사의 발전 단계에 따라 필요한 능력을 제공하는 인재에게 그 대가로 회사 소유권의 일부를 부여하는 것이다.

이 같은 스타트업의 주주 구성은 '주주=창업자'로 시작하여 상장 기업으로서 '주주=일반 투자자'가 되는 것은, 달리 말해 '주주=창업자+투자자+직원'으로 바뀌는 것을 의미하며, 창업자, 투자자, 직원 모두가 각자의 부가가치에 따라 주주로서 회사의 일부를 소유하고, 회사가 성공하는 그날 모두가 보상을 받는 조직으로 발전해간다.

이 3자의 지분율 구성은 오랜 경험과 시행착오를 통해 나온 결과이다. 예를 들어, 투자자가 욕심을 부려 창업자의 지분이 작아지면 둘 사이 관계가 악화되어 회사 운영에 문제가 생긴다. 반대로, 창업자가 회사 지배권에 너무 집착해 지분 양보를 하지 않아 투자자를 구하기가 어려워지면 자금이나 전문적인 경영지원을 받지 못해 성공 확률이 낮아진다. 또한 스톡옵션의 옵션 풀을 작게 해서 직원에게 충분한 인센티브를 줄 수 없다면 좋은 인재를 구하기 어렵다. 실리콘밸리에서는 그동안 수많은 스타트업이 성공과 실패를 통해 가장 성공 확률이 높은 주주 구성 구조로 진화해왔다.

자본 정책을 수립할 때 유의할 점

이번에는 자본 정책을 수립할 때 염두에 두어야 할 유의점을 알아보자. 자금 조달을 할 때는 지금 현재뿐 아니라 미래까지도 고려한 자본 정책이 필요하다. 증자에 따른 자금 조달에는 반드시 창업자를 포함한 기존 주주의 지분율이 희석된다. 따라서 기존 주주나 창업자가 눈앞의 이익만을 생각한다면 자금 조달의 시기의 주가는 높은 편이 좋다. 높은 주가로 투자받는 쪽이 신규 발행하는 주식 수가 적어져 창업자나 기존 주주의 지분율 희석을 방지할 수 있기 때문이다.

그러나 너무 높은 주가로 출자를 받으면 다음번 자금 조달에 지장을 주는 경우가 있다. 그 사이에 사업의 진전이 있다면 일반적으로는 이전보다 높은 주가로 자금을 조달받겠지만, 이전에 자금 조달 시 주가가 너무 높았다면 그보다 높은 가격으로 출자할 사람이 없을수도 있다. 반대로, 회사가 초기에 너무 싸게 주식을 대량으로 발행해버리면 다음번 자금을 조달할 때 주가의 상승폭에 제한을 받게 되어 창업자 몫으로 돌아갈 인센티브가 적어질 수도 있다.

스타트업이 매출만으로 운영되려면 얼마나 자금이 필요할지 정확히 예측하는 것은 어렵다. 하지만 업종이나 업태, 개발 상황 등으로 어느 정도 예상할 수는 있다. 또한 신규 상장하는 유사업종의 스타트업을 통해 어느 정도의 기업가치로 EXIT할 수 있을지도 대략 예측 가능하다. 따라서 현재의 기업가치부터 EXIT할 때까지 예상되는 기업가치의 여정을 그려볼 수 있다.

불특정 다수의 주주로 구성된 상장회사와 달리 스타트업에서는 회사의 중요한 정책에 대해서 모든 주주의 의견이 일치해야 한다. 따라서 어쩔 수 없이 다수결로 의사결정이 필요한 상황을 가정해 어떤 주주들의 조합이 지분율 50%를 넘는지 파악해놓아야 한다. 창업주 여럿이서 공동 창업한 경우에는 그 지분의 합이 얼마나 되는지, 창업자와 뜻을 같이하는 초기 투자자의 지분은 얼마나 되는지, 상장 후에도 주식을 계속 보유할 주주의 지분까지 합하면 몇 %나 되는가도 미래에 자금 조달을 고려해 지분율이 어떻게 변하는지 시뮬레이션해야 한다. 또한 어떤 중요한 결정사항에 대하여 의결 시 지분의 과반수가 아니라 2/3 이상의 동의가 필요한 경우도 있다. 즉, 1/3의 주식을 가지고 있으면 실질적인 거부권을 쥐게 되므로, 과반수뿐만 아니라 33.3%의 지분 보유에 대한 구성도 함께 고려해야 한다.

스타트업의 경우에 상장 후의 주주 구성도 염두에 두고 자본 정책을 수립해야 한다. 신흥시장(신규 기업을 위한 주식시장)에서는 주식을 매매할 수 있는 사람이 제한되어 있고 거래량도 많지 않기 때문에, 상장 후에 회사에 우호적이면서 장기간 주식을 보유한 주주가 일정 비율 이상이 되지 않으면 주주 구성이 불안정해지기 쉽다. 주식시장의 원리로 보자면 조금은 일반적이지 않지만, 증권회사처럼 상장을 추진하는 측에서 창업자나 사업 파트너 등이 안정주주로서 일정 비율 이상의 주식을 보유할 것을 요구하는 것은 흔한 일이다.

9-4 구글의 실험

자본 정책에 대한 마지막 부분은 스타트업의 기초 지식에서 한
단계 더 들어가보고자 구글의 자본 구성 사례를 다뤄보겠다.

구글은 이제 연 매출 1,000억 달러가 넘는 초거대기업이 되었다.
하지만 1998년 스탠퍼드대학의 대학원생 2명이 공동 창업 후 대형
VC의 출자를 통해 급성장하여 2004년에 나스닥NASDAQ에 상장한 대
표적인 실리콘밸리의 스타트업이다. 창업 후 상장까지 5년 정도밖
에 걸리지 않았음에도 불구하고 상장 당시 연 매출은 10억 달러에
육박하고, 직원도 2,000여 명을 보유한 회사였다.

그러나 구글의 상장은 단순히 실리콘밸리의 성공 스토리 이상의
큰 의미를 지니고 있다. 그 이유는 구글이 IPO를 추진할 때, 여러
가지 측면에서 일반적인 상장회사와는 다른 시도를 했기 때문이다.
S-1이라고 불리는 IPO 신청 서류[14]는 미국 증권거래위원회SEC: U.S
Securities and Exchange commission에 제출된 100페이지가 넘는 딱딱한 법률문서

---

14) https://www.sec.gov/archives/edgar/data/1288776/000119312504073639/ds1.
htm(2019/2/26기준)

로, 서두에는 〈Owner's Manual〉이라는 제목으로 창업자 자신의 생각을 담은 편지가 첨부되어 있었다. 이러한 편지 자체는 매우 이례적인데, 거기에 적힌 내용이 스타트업의 본질 및 현대 사회의 주식회사가 가지고 있는 통념을 뛰어넘는 큰 의미를 담고 있기에 여기에 소개한다.

듀얼 클래스 스톡

스타트업은 상장 전에 VC로부터 투자를 받을 때 종류주식의 하나인 우선주를 발행할 수 있다. 종류주식은 상장회사가 되어도 발행이 가능하다.

구글은 상장 후에도 창업자나 경영자가 지배권을 유지하기 위해 듀얼 클래스 스톡Dual Class Stock이라는, 실제 보유한 주식보다 더 많은 의결권을 가질 수 있는 차등 의결권(差等議決權) 제도를 도입했다. 이는 '두 가지 클래스의 주식'이라는 명칭에서도 알 수 있듯이, 클래스 A와 B라는 두 종류의 주식을 발행하는 구조이다. 두 주식은 금전적 가치는 동일하지만, 의결권에 차이를 두어 지분율이 작은 주주가 회사의 지배권을 가질 수도 있다.

구글의 경우에는 클래스 A와 B의 의결권에 1:10의 비율 차이를 두고 있다. 결국 나스닥에서 거래되어 일반 주주가 매입할 수 있는 클래스 A는 1주에 1의 의결권을 가지고, 창업자나 경영진이 가진 비상장 클래스 B는 1주에 10의 의결권을 가진다. 예를 들어, 클래스 A가 90주, 클래스 B가 10주씩 각각 발행되었다면 일반적으로는 클래스 A의 주주가 주식의 90%를, 클래스 B의 주주가 주식의 10%를 가진다. 하지만 의결권으로 보면 상황은 달라진다. 클래스 B는 1주당 10의 의결권을 가지므로 클래스 B가 클래스 A보다 의결권이 많아진다.

이처럼 지분율과 의결권의 비율을 분리함으로써 주식시장을 통한 자금 조달이라는 상장회사의 장점과 창업자나 경영자의 경영권 유지라는 비상장 회사가 가질 수 있는 장점을 모두 누릴 수 있다. 다시 말해, 상장회사와 비상장회사의 좋은 점을 모두 취할 수 있는 제도인 것이다. 구글은 듀얼 클래스 스톡을 도입하여 수많은 주주가 소유하는 상장회사가 된 후에도 경영권은 창업자가 계속 유지할 수 있도록 하였다.

듀얼 클래스 스톡은 구글이 처음 도입한 것이 아니다. 미국에서는 이미 많은 회사가 도입하고 있다. 일반적으로 창업자가 상장회사의 지배권을 유지하는 경우 등에 많이 이용하는데, 시사 주간지 〈타임〉이나 〈워싱턴포스트〉와 같은 대형 언론사, 에코스타나 컴캐스트 같은 전문 미디어 기업에서는 이전부터 채택하고 있다. 언론사나 미디어 전문 기업은 공공적인 성격이 강하다. 그래서 주주의 단기적이고 금전적 이해관계로 인해 회사의 경영이 좌우되지 않도록 하고 취지에 부합하지 않는 인수합병에도 대처할 수 있도록 하기 위해 이

제도를 도입하고 있다. 실리콘밸리의 스타트업 중 이 제도를 도입한 사례는 구글이 처음이지만, 링크트인LinkedIn, 그루폰Groupon, 징가Zynga, 페이스북과 같은 큰 기업들이 앞다퉈 도입함에 따라 하이테크 스타트업의 상장 후 자본 구성 방법의 하나로 자리 잡게 되었다.

제도의 도입 배경

구글을 비롯하여 실리콘밸리 스타트업이 듀얼 클래스 스톡 제도를 도입하는 이유는 현대 회사 가치의 원천이 돈이 아니라 인재, 노하우, 브랜드, 정보 등 돈으로 쉽게 살 수 없는 것에 있다고 보기 때문이다. 그러므로 단순히 돈의 제공자인 주주의 기업 지배권 소유에 의문을 갖게 된 것이 듀얼 클래스 스톡의 기본적인 출발점이다.

주주가 회사의 최종적인 지배권을 가지는 것은 돈을 제공한 사람이기 때문이다. 또한 돈을 제공하는 사람이 회사의 지배권을 가지는 것은 그 돈이 이익을 창출하는 원천이기 때문이다. 19세기부터 20세기 전반에 산업 분야에서는 공장이나 설비를 가지고 제품을 대량 생산하는 것이 이익 창출의 원천이었다. 그러나 공장이나 설비도 돈만 있으면 살 수 있게 되었다. 다시 말해, 대량생산 시대에는 돈이 최종적으로 이익을 만들어내는 원천이었다. 그렇기 때문에 돈의 공급자인 출자자가 회사를 지배하는 것이 당연하고 합리적인 인식이었다.

하지만 20세기 후반에는 단순히 공장이나 설비만으로 이익을 실현하기 어려워졌고, 이를 타개하기 위해 경쟁 기업과 다른 차별화 요인이 필요하게 되었다. 기업이 자신의 비즈니스를 타사와 차별화하는 포인트는 다양하다. 공장의 생산성을 올리거나 특허 제품을 만드는 경우도 있을 것이다. 브랜드를 구축하거나 독자적인 경영 기법이나 조직문화를 형성하는 것도 방법이다.

20세기 후반에 일어난 산업 구조의 커다란 변화로 '지적 가치 사회', '고도 정보화사회', '지식사회', '포스트 산업자본주의', '제3의 물결'이라 불리는 시대가 도래했다. 대량생산 시대에는 이익의 원천인 공장이나 설비를 돈으로 살 수 있었지만, 현대 회사의 이익의 원천인 인재나 지혜, 브랜드, 노하우, 정보는 돈이 있다고 살 수 있는 것이 아니다. 즉, 대량생산 시대보다 현대 산업에서 돈의 중요도는 상대적으로 낮아졌다.

스타트업이 처음에는 '주주=창업자'에서 시작했더라도, 벤처 캐피털 자금이 들어오면 '주주=창업자+투자가+직원'이 된다고 앞에서 말했다. 창업자나 직원은 사업을 전개하는 데 있어 주요한 자금 제공자가 아니다. 이들을 회사의 소유자로 대우하게 된 것은 부가가치 창출의 원천이 돈보다는 사람이라는 스타트업의 특징을 지분관계에 반영한 결과라 할 수 있다. 스타트업에 자금을 제공하는 VC도 단순한 자금 제공자가 아니다. 임원의 영입, 사업 전략 수립, 제휴 회사 소개, 자금 조달 지원 등 다양한 부가가치를 제공한다.

구글은 돈이 중심이 되는 대량생산 시대의 사고방식에서 벗어나 돈이 기업을 지배할 수 없다는 것을 보여주고자 하였다.

상장회사는 누구의 것인가?

2004년 IPO 당시 구글의 〈Owner's Manual〉에는 아래와 같은 글이 쓰여 있었다.

- 회사가 장기적인 성장과 창조적인 역량을 가지기 위해서는 안정성과 독립성이 필요하고, 일반 주주보다도 사업이나 기술을 숙지하고 있는 창업자나 경영자가 상장 후에도 회사의 지배권을 유지하는 것이 좋다.
- 따라서, 상장 후에도 보통의 상장회사처럼 일반 주주에게 넘기지 않도록 듀얼 클래스 스톡 제도를 도입한다.
- 구글의 경영은 상장 후에도 장기적인 창조성, 성장성을 중시한다.
- 단기 투자를 목적으로 하는 주주에게 경영권을 넘기지 않고, 분기별 사업 계획 대비 성과를 가장 중요하게 여기는 증권사 애널리스트의 마음에 들게 하기 위한 단기적인 관점의 경영을 하지 않는다.
- 경영자가 지배권을 갖고 지배권을 갖게 한다. 경영자는 타사로부터의 적대적 매수 등을 걱정하지 않고, 장기적인 가치 창조에 전념한다.
- 구글은 이미 이익을 실현하고 있기 때문에 자금 조달을 목적으로 상장하지 않는다. 비상장기업일지라도 일정한 규모 이상이 되면 법률로 상장기업과 같이 회사 정보를 공개해야 하므로 비상장의 장점이 사라졌기 때문에 상장한다.
- 직원을 소중하게 대우한다. 단기적인 이익 확보를 위해 직원의 복

리후생을 삭감하지 않는다. IPO를 하는 이유 중 하나도 스톡옵션을 보유한 직원에게 유동성을 주기 위한 것이다.

이러한 사고방식의 공통점은 '회사는 돈을 제공한 주주의 것'이라는 인식 및 회사를 주식이라는 금융상품으로 보는 것에 반대한다는 것이다. 그 중심에 있는 것은 '회사는 새로운 가치를 만들어 사회에 공헌하기 위한 그릇'이라는 사상이다. 새로운 기술이나 비즈니스로 세상을 바꾸려는 비전과 강한 의지를 가진 사람들이 모여 무언가 이루어내고자 하는 것이 스타트업이다. 그것은 분기별 경영 성과나 결산과 직결되는 것이 아니며, 리스크를 동반하는 장기 투자도 필요하다. 이와 같은 시각을 가지고 있는, 상장회사로 성장한 스타트업이 자본으로 구성된 주식시장에 있어야 하는 것에 대해 다음과 같이 몇 개의 의문이 들 것이다.

- 새로운 가치를 창조하는 활동이 매 분기 결산 때마다 반드시 흑자를 기록해야만 하는 것인가?
- 왜 새로운 가치를 만들어내는 지혜를 제공하는 직원보다 자금만 제공하는 주주의 파워가 더 강한가?
- 왜 상장하면 지금까지 새로운 가치를 만들어온 사람들이 단기적인 이익에 좌우되는 사람들(주주들)에게 회사의 지배권을 넘겨줘야 하는가?
- 주식시장의 주가에 따라 오늘은 주주가 되고 내일은 주주가 아닌 사람들이 회사의 새로운 가치 창출에 진정으로 흥미를 느끼는가?

주식시장은 회사를 주식이라는 연금술의 도구로 사용하는 사람들을 위한 구조에 불과해서 새로운 가치를 만들어내는 구조로서 부적합한가?

구글의 창업자나 경영자는 이러한 의문에 대한 답으로, 금융상품 성격을 가진 주식과 회사를 지배할 수 있는 주식으로 양분한 듀얼 클래스 스톡을 사용하였다. 이와 같은 방식을 통해 주식의 유동성을 부여해 주식시장을 만족시킴과 동시에 상장 이후에도 새로운 가치를 창출하는 스타트업의 활동을 지속할 수 있게 되었다. 결국 상장 회사와 비상장회사의 장점을 모두 취한 묘수였던 것이다.

이러한 사고방식은 이른바 기업의 소유(지배)와 경영구조인 '코퍼레이트 거버넌스Corporate Governance'를 중시하는 투자자들의 입장과 반대된다. 주주에 의한 코퍼레이트 거버넌스가 있어야만 상장회사의 건실한 경영과 성장이 가능하다는 투자자들의 사고방식과 맞지 않아 상장 전부터 구글은 의문이나 반발의 목소리가 끊이지 않았다.

하지만 스타트업에게도 이는 주식시장의 논리에 도전하는 것이기 때문에 일종의 누워서 침 뱉기가 될 수 있다. 스타트업의 자본 공급에 중추적 역할을 담당하는 VC는 상장이나 인수합병으로 투자 자금의 유동성을 확보하기 때문에 주식시장이 없으면 존재할 수가 없다. 창업자의 지분뿐 아니라 실리콘밸리 활력의 원동력 중 하나인 직원의 스톡옵션도 주식시장이 없어 매각이 불가능하다면 휴지조각이 되고 만다. 결국 리스크를 부담하고 자금이나 전문지식을 투자한 사람들이 새로운 부가가치 창출에 성공한 대가로 보상을 받을 수 있는 것은 주식시장 덕분이기 때문이다.

구글이 주식시장에 나온 후 벌써 10년 이상이 지났지만, 상장 후에도 순조롭게 성장하고 있으며 주가도 상승하고 있다. 주식시장이 경영진에 대한 코퍼레이트 거버넌스의 부족에 대해 걱정하면서도 계속 성장하여 높은 주가를 유지하는 한, 듀얼 클래스 스톡 구조에 비판을 가하기는 어려울 것이다. 그러나 같은 방식을 도입한 페이스북에게는 최근 주가가 하락했을 때 창업경영자에게의 지배권 집중, 즉 코퍼레이트 거버넌스의 부족에 대한 대책을 요구하면서 비판이 일었다.

구글은 상장회사의 지배권에 대해 새로운 사고방식을 도입하는 선구자일까? 그렇지 않으면 주식시장이라는 거대한 풍차에 돌진하는 돈키호테일까? 구글의 실험은 아직 현재진행형이다.

제9장 정리 ✏️

- ✓ 누구에게, 어떤 가격으로, 언제, 어느 정도의 주식을 발행하여 얼마나 자금을 조달할 것인가에 대한 방침을 자본 정책이라고 한다.

- ✓ 바꿔 말하면, 창업자의 소유로 시작한 회사가 최종적으로 불특정 다수의 주주가 소유하는 상장회사가 되기까지, 어떠한 비율로 주주를 구성할 것인가를 정하는 방침이라고 할 수 있다.

- ✓ 자본 정책은 창업 초기부터 중요하다. 주주 구성은 나중에 수정하더라도 효과가 없기 때문이다.

- ✓ 자금 조달을 할 때마다 창업자나 기존 주주의 지분율은 희석(Dilution)되지만, 창업자의 지분 희석을 막을 수 있는 방법은 몇 가지가 있다.

- ✓ 스타트업의 자본 구성은 기본적으로는 심플한 것이 바람직하다.

- ✓ 창업자, 투자자, 직원 모두가 각각의 공헌도나 부가가치에 따라 회사의 일부를 소유한다.

- ✓ 자금을 조달할 때에는, 다음번의 자금 조달까지 고려한 자본 정책이 필요하다.

10

회사 경영을 위한
기초 지식

Chapter 10

회사 경영을 위한
기초 지식

　마지막 10장에서는 실제로 회사의 창업 및 경영에 필요한 것들에 대해 설명할 것이다. 회사의 경영방식은 업종이나 업태마다 달라 넓고 자세히 살펴야 하므로 창업을 염두에 둔 사람들(특히 대학 소속 연구원이나 학생 또는 직장인)이 직면할 여러 가지 해결 과제를 담을 것이다. 특히, 도쿄대 앙트러프러너 센터에서 창업지원 활동을 하면서 평소 자주 보고 듣던 주제나 상담 내용을 이 책에서 다룰 것이다.

10-1　회사 설립 절차

　주식회사 설립은 간단하다. 회사 조직운영의 기본 원칙을 정한 '정관'을 작성해 공증사무소에서 공증을 받은 후에 출자금을 은행에 납입한다. 그 뒤 필요한 서류를 갖춰서 법원에 등기신청을 하면 보

통 1주일 후에 등기가 완료되며 정식으로 회사가 설립된다.[1]

정관에는 상호(회사 명칭), 회사 주소, 사업 목적 등이 들어가고, 발행 가능한 주식 수, 주주총회의 수속, 임원의 숫자나 임기 기간, 대표이사의 유무 등 회사의 기본적인 기관 구성과 설립 시의 출자금, 발기인 2명, 각 발기인의 출자액, 발행 주식수 등을 밝혀야 한다. 회사의 명칭이나 주소를 바꾸면 등기를 다시 해야 하고, 설립 시의 주주 구성은 추후 변경이 어려우므로 정관으로 결정해야 할 내용은 회사 설립 전에 충분히 검토해야 한다. 정관 작성이나 등기 수속이 처음인 사람은 변호사나 법무사에게 요청하는 것이 안전하겠지만, 최근에는 창업 상담창구를 운영하는 자치단체나 서적, 인터넷 정보 등을 통해 직접 진행하는 사람도 늘고 있다.

회사 설립 시에는 등기 수속 외에도 세무서에 신고가 필요하다. 법인설립 신고서나 소비세[2]와 관련된 신고서를 제출해야 하는데, 설립 직후 서류를 제출하면 다양한 우대조치를 받을 수 있으므로 꼼꼼히 챙겨야 한다. 또한 인력을 고용하면 세무서에 원천소득세 신고서를 제출해야 하고, 국민연금공단이나 근로복지공단 등에 4대 보험 신고도 해야 한다.

등기사항을 변경하려면 그때마다 등기가 필요하다. 자본금이나

---

1) 등기신청을 한 날이 회사의 설립일이다.

2) 소비세 : 일본의 소비세는 한국의 부가가치세에 해당한다.

발행 주식 수는 등기사항이므로 주식을 발행하여 자금을 조달할 때마다 등기가 필요하다. 임원이나 감사의 변경(신임, 사임, 중임), 대표이사 변경(주소 변경도 포함), 본사 주소 변경, 스톡옵션 발행, 사업내용 변경 등도 등기사항의 변경이므로, 변경할 때마다 비용이 발생한다. 또한 정관 내용을 변경하기 위해서는 주주총회의 의결이 필요하므로, 이 과정에도 신경을 써야 한다. 스타트업에서는 금전적 비용보다는 수속에 소요되는 시간이 더 중요하므로 법률적 수속이 필요한 사항은 반드시 최소화할 것을 권한다.

발기(發起)인은 회사의 설립 수속을 하는 사람이지만, 설립 시 최소 1주 이상의 출자가 필요하므로 발기인은 최초의 주주가 된다. 회사 설립 즉시 필요한 것은 회사의 은행 계좌이다. 실재하지 않는 회사가 특수 사기 등의 범죄행위를 위장하는 경우가 많아 여전히 은행이 새로 창업한 회사와 거래를 시작하는 것에 대해서는 신중하지만, 적용 규정의 엄격함은 어느 정도 약해진 듯하다.

10-2 사업에 필요한 법률 지식

회사 설립 후 경영활동을 전개할 때에는 항상 법적인 문제가 발생할 가능성에 대해 주의해야 한다. 법률에 따른 다양한 규제는 '몰랐다'고 해서 끝나지 않기 때문이다. 법령에 위반하는 사업을 해서는 절대 안 된다. '나만 그런 게 아니고 타사도 법을 어기면서 사업하고 있지 않나'라고 항변할 수 있겠지만, 그러한 경우라도 법을 위반해서는 안 된다. 그러한 상태로는 상장회사로 성장할 수 없고, VC로부터 자금 조달도 어렵기 때문이다. 기업공개를 지향하는 스타트업은 스몰 비즈니스보다 훨씬 더 투명한 회사여야 한다.

법률적 주의사항

다양한 업종의 사업에 대한 법률적 주의사항을 이 책에서 모두 다룰 수는 없지만, 개인이 작게 시작하려는 온라인 서비스 비즈니스라도 법적 규제 사항이 많다는 것을 알아야 한다. 예를 들어, 메일 매거진이나 온라인 게임이라도 유료 서비스라면 특정 상거래법의 통신판매에 해당하고, 취업 소개나 취업 알선에 해당하는 서비스는 무료일지라도 직업안정법의 규제를 받는다. 판매하는 상품에 무상 증정을 제공하려면 경품 표시법의 규제를 받고, 유상으로 포인트를 발행하면 자금결제법이 적용된다. 또한 SNS의 메시지 기능이나 게시판을 운영하면 전기통신사업법의 규제를 받는다. 따라서 새로운 사업을 시작할 때는 항상 사업내용이 어떠한 법의 규제를 받는지 확인할 필요가 있다.

전개하고 있는 사업 자체가 법이나 규제를 위반하지 않더라도 유저가 위법을 할 수 있는 서비스라면 주의가 필요하다. 유저가 위법행위를 해도 서비스 제공자에게 법적인 책임을 묻는 경우가 있기 때문이다. 특히 유저의 콘텐츠를 기반으로 한 인터넷 서비스는 위법한 콘텐츠의 업로드에 따른 저작권 침해가 발생하거나 유저의 댓글이 명예훼손이나 업무방해에 해당될 수 있기 때문이다.

또한 인터넷 서비스 유저가 훔친 물건이나 마약 등을 취급하거나, 범죄행위의 공범자를 모집하거나, 매춘 행위나 사기 거래를 할 가능성도 있다. 자사 서비스가 위법행위에 이용되어 손해배상 문제에 휘말릴 수도 있고, 최악의 경우에는 서비스 제공자가 공범으로 형사처분을 받을지도 모른다. 법적인 책임을 피할 수 있더라도 서비스에 대한 신뢰성이나 안정성을 잃으면 정상적인 유저는 떠나고 비정상적인 유저만 남는 서비스 제공자가 될 수도 있다.

유저가 주체적으로 활동하는 유저 참여형 서비스에서 위법행위를 완전히 배제하기는 쉽지 않겠지만, 예방이나 방어할 방법은 얼마든지 있다. 서비스상에서 위법행위가 있는 경우에 시스템적으로 감지할 수 있도록 세팅하거나, 위법행위를 인지하면 즉시 통지 후 삭제할 수 있는 시스템을 만들어 두는 것도 하나의 방어책이다. 만약 유저가 위법행위를 할 경우에 대비해 서비스 운영자가 이용계약 등을 통해 대응 방안에 대해 동의를 받아두는 것도 주요 대책 중 하나이다.

또한 사업이나 서비스의 내용이 위법이 아니더라도 분쟁 발생 가능성에 대해서도 주의할 필요가 있다. 예를 들어, 제품이나 서비스의 순위를 매기는 경우에 소비자들로부터 낮은 점수를 받은 곳에서 업무방해 등의 이유로 고소나 고발을 당할 수도 있고, 온라인 유저들끼리 현실 공간에서 만나는 서비스라면 만남 이후에 생길 수 있는 분쟁에 서비스 제공자가 휘말릴 수도 있다.

나아가 익명성이 높은 서비스는 위법행위나 명예훼손 문제가 발생하기 쉽다. 이러한 문제는 유저 참여형 서비스에서도 발생할 수 있기 때문에 이용계약 안에 금지행위나 면책규정을 명시하여 유저가 올린 콘텐츠를 삭제 또는 유저 등록 말소를 할 수 있도록 대처 방안을 마련해야 한다.

다양한 계약의 체결

사업에는 다양한 형태의 계약이 존재한다. 계약서에 직접 도장을 날인하는 것은 물론 쌍방이 합리적인 방법을 통해 구두로 합의한 것도 계약이라고 할 수 있다. 또한 고객에게 제품이나 서비스를 제공하고 대가를 받는 것도 계약이므로 비즈니스 활동은 수많은 계약으로 얽혀 있다고 해도 과언이 아니다.

제품 제조 업체나 소매업에서 고객과의 계약은 비교적 간단하지만, 인터넷 비즈니스나 서비스 비즈니스에서는 그 구성이 복잡한 경우가 있다. 즉, 누가 계약의 당사자이고 그들 간에 어떤 계약이 맺어지는가를 쉽게 알 수 없는 경우도 있다. 특히 인터넷상의 비즈니스에서는 자사가 고객에게 직접 서비스를 제공하고 있는가(판매형 서비스인가), 다른 사람이 제공하는 서비스를 중개하는 서비스인가(중개형 서비스인가)가 명확하지 않은 경우도 많다. 자사 서비스가 어떤 형태인가에 따라 적용되는 법률이나 필요한 인허가가 크게 다르므로 주의해야 한다. 일반적으로 중개형 사업이 판매형 사업에 비해 필요한 인허가가 적다고 할 수 있는데, 예를 들어 금전 대차(貸借) 중개를 한다면 대금업법(貸金業法)의 대상이 되고, 취업을 알선한다면 직업안정법이 적용된다.

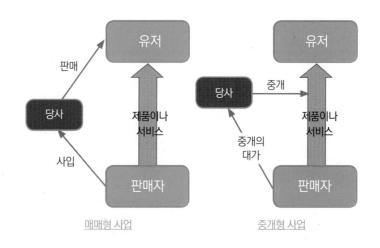

[그림 10.1] 매매형 사업과 중개형 사업

회사를 경영하다 보면 고객에게 제품이나 서비스를 제공하는 것 외에도 다양한 계약을 맺게 된다. 이제 갓 창업한 회사라도 제휴 기업과 비밀보유 계약[3]을 맺을 수도 있고, 제품이나 서비스를 개발하는 과정에서 업무수탁 계약을 맺을 수도 있다. 자금 조달을 한다면 투자자와 투자 계약서를 체결하게 되고, 대학의 연구 성과를 활용하는 스타트업이라면 특허 라이선스 계약이나 공동연구 계약을 맺게 된다.

또한 인터넷 비즈니스는 이용 규약이나 개인정보 취급에 관한 프라이버시 정책을 정비해야 하는데, 인터넷 판매나 통신판매업의 경우에는 특정 상거래법에 근거하여 표시해야 한다. 인터넷 비즈니스에 대한 이용 규약에는 회원이 작성한 글을 서비스 운영자가 삭제하거나 회원 등록의 말소 및 문제 발생 시 면책 기준 등이 포함되어야 한다. 최근 들어 스타트업 전용 법률상품을 개발해 지원하는 법률회사도 증가하고 있기 때문에 스타트업을 창업하려면 초기부터 법률 상담이 가능한 변호사를 선임하는 것도 필요하다.

10-3 지적재산권

스타트업이 비즈니스를 다른 기업들과 차별화할 수 있는 요인들은 다양하다. 그중에서도 특허를 통해 권리로 인정받은 기술이 가장

---

3) 비밀보유 계약은 NDA 또는 CDA라고 한다. NDA는 Non-Disclosure Agreement의 약칭이지만, 생명 과학 분야에서는 보통 CDA(Confidential Disclosure Agreement)라고도 한다.

대표적이라고 할 수 있다. 특허만 가지고는 비즈니스를 할 수 있는 분야가 많지 않지만, 기술 기반의 스타트업에게는 특허가 비즈니스에 매우 중요한 요소이다. 특히 대학의 연구 성과를 이용하여 창업을 하려 할 때는 기술을 특허로 등록하는 것이 필수인 경우도 있다.

특허를 포함하여 지적인 창조활동에 의해 만들어진 것을 창작한 사람의 재산으로 보호하는 권리를 지적재산권[4]이라고 한다. 지적재산권에는 특허, 실용신안, 의장(意匠), 상표, 저작권 등이 있다. 여기서는 특허를 중심으로 지적재산권에 대해 간단하게 설명하겠다.

특허

특허는 특정 기술을 일정 기간 동안 독점하여 타인이 사용할 수 없게 하는 권리이다. 애써 새로운 기술을 연구개발하더라도 완성된 기술을 누군가가 베껴서 같은 물건을 만들어버리면, 처음에 기술을 개발한 사람은 오랜 시간과 비용을 들여 연구개발한 만큼 손해를 보게 된다. 특허제도는 발명자에게 독점적 권리를 부여함으로써 완성한 기술의 연구개발에 대한 인센티브를 주는 제도이다. 또한 어떠한 보호도 없으면 발명자는 자신의 발명을 타인에게 도둑맞지 않도록

---

4) '지적재산'을 생략하여 '지재(知財)'라고 부르기도 한다. 영어로는 '지적재산권'이 Intellectual Property rights이므로 IP 또는 IPR이라고도 한다.

기술 내용을 비밀로 해야 하지만, 그렇게 되면 발명자 자신도 발명한 것을 현실화시킬 수 없고, 나아가 다른 사람들이 그 발명을 개량하여 기술을 더욱 발전시킬 수도 없다. 특허제도는 발명자에게 권리를 부여하는 대신 발명을 대중에게 공개함으로써 기술의 진보 및 산업을 진흥시키기 위한 제도이기도 하다.[5]

특허는 기술을 일정 기간 독점할 수 있는 권리이므로 사업의 차별화를 꾀할 수 있는 무기지만, 기술 분야에 따라 특허의 역할은 크게 다르다. 예를 들어, 신약개발 분야에서 약의 효능을 좌우하는 화학물질과 관련된 특허를 가지고 있다면 다른 회사는 그 물질을 사용할 수 없으므로 비즈니스를 독점할 수 있다. 하지만 IT나 소프트웨어 분야에서 그러기란 쉽지 않다. 예를 들어, 스마트폰을 비롯한 최첨단 IT 기기나 디바이스는 보통 몇천 가지의 특허가 조합되어 만들어지므로 신약처럼 한 가지 특허로 사업을 독점할 수 없다. 이러한 산업분야에서는 일반적으로 제품에 필요한 특허를 하나의 회사가 모두 가지고 있지 않으므로, 관련된 특허를 가진 회사가 서로 자사 특허를 타사가 사용할 수 있도록 하는 계약(이를 크로스 라이선스라고 한다)을 맺는 것이 일반적이다.

발명이 특허로서 성립하기 위해서는 신규성, 진보성, 산업적 이

---

5) 특허와 닮은 제도로 '실용신안(實用新案)'이라는 제도도 있다. 실용신안은 보호 대상이 '물품의 형상, 구조 또는 조합에 관련된 고안'에 한정된다는 점에서 특허 보호 대상의 범위보다 좁지만, 그 목적은 특허와 동일하다.

용 가능성이라는 세 가지 요소를 만족할 필요가 있다. 신규성은 기존에 없던 새로운 기술을 발명한 것을 의미한다. 이미 존재하는 기술이 특허가 되지 못하는 것은 당연하다. 두 번째 요소인 진보성은 그 분야의 종사자들이 쉽게 생각할 수 없는 참신하고 독창적인 기술을 뜻한다. 해당 분야 기술자들이 쉽게 생각해 낼 수 있는 기술은 기존에 없는 기술이더라도 특허로 인정받지 못한다. 세 번째 요소는 산업적 이용 가능성이다. 아무리 훌륭한 신기술이라도 순수한 학문적 연구 성과에 그쳐 실제 산업에 적용할 수 없다면 특허가 될 수 없다.

여러 사람이 동일한 발명을 한 경우에는 먼저 특허를 출원한 사람에게 권리를 부여하는 것이 원칙이다. 따라서 경쟁이 심한 기술 분야의 경우에는 먼저 등록하기 위해 앞다투어 특허 출원을 하는 경우도 있지만, 충분한 데이터가 없는 상태에서 특허를 출원하면 신규성이나 진보성을 검증할 수 없어 특허로 인정되지 않거나 권리로 인정받는 기술 범위가 좁아질 수도 있다. 최초로 특허를 출원하는 사람은 변리사 등의 전문가로부터 조언을 받아야만 한다.

특허를 받으면 그 기술을 독점할 수 있다. 그러나 특허를 출원하면 그 기술이 특허 상세서에 공개되므로[6] 기술 내용은 널리 알려지

---

6) 특허 출원서류는 출원부터 18개월 뒤에 공개된다. 바꿔 말하면, 출원 이후 1년 반 동안은 공개되지 않으므로 속도가 빠른 기술 분야의 경우에 지난 18개월 동안 어떠한 발명이 있었는지 알 수 없다.

게 된다. 특허가 된 기술 자체는 타인이 마음대로 사용할 수 없지만, 그 기술에 포함된 다양한 기술정보는 경쟁 상대에게도 노출된다. 예를 들어, 특정 기술 과제를 해결하는 신규 기술을 특허로 등록한다면 경쟁 상대는 특허받은 해결책을 마음대로 사용할 수 없지만, 특허 상세서를 통해 특허에 저촉되지 않는 다른 해결책을 떠올릴 수도 있다. 경쟁 상대는 풀어야 할 기술적 과제가 무엇인지조차 알지 못했을 수도 있고, 발명자가 보유한 기술을 확보하지 못해 곤란한 상황에 처해 있었을 수도 있다.

이는 특허 상세서를 통해 경쟁 상대에게 기술정보를 제공하는 셈이므로 차라리 특허로 하지 않는 편이 유리할 수도 있다. 예를 들어, 제조업에서는 제품의 구조나 구성을 특허로 하고 제조 방법은 사내 노하우로 몰래 숨기는 전략을 취하기도 한다. 제품 구조나 구성에 특허 침해의 여부는 타사 제품을 분석하여 확인이 가능하지만, 제품 제조 방법은 제품을 분석하는 것만으로는 알 수 없고 특허를 침해해도 위법을 증명하기 어렵기 때문이다.

특허제도는 국가 단위의 제도이므로 글로벌 사업을 하는 경우라면 각 국가별로 특허를 취득해야 한다. 특허는 하루라도 빨리 출원하는 것이 중요하지만, 모든 나라에 같은 날, 각각의 언어로 다른 출원 서류를 제출하는 것은 비현실적이다. 그래서 자국에서 서류를 제출하면 조약에 가입한 모든 나라에 동시 출원하는 효과를 지닌 'PCT 국제출원'[7]이라는 제도가 있다. 다만 PCT 국제출원은 어디까지나 출원 수속이고 해당 발명이 각 나라에서 특허로 인정받을지 여부는 각국 특허청의 심사를 거쳐야 한다. 각 나라의 특허를 얻기 위해서는 각국이 인정하는 언어로 출원 서류를 각각 제출하여 수수료를 지불한 후에 심사 수속을 받아야 한다.

발명은 출원하는 것만으로 특허가 되지 않는다. 일본의 경우, 출원 시점으로부터 심사청구 기간(3년 이내) 동안 특허청 심사관이 특허 등록 가능 여부를 심사한다. 심사에서 특허 거절을 받는 경우에도 반론 의견서를 제출하거나 출원 내용을 수정할 수 있으며, 최종적으로 특허로 인정받으면 특허료를 납부하고 특허가 성립한다. 다만 특허의 존속기간은 출원일로부터 20년이다. 그 이후에는 누구나 그 특허 기술을 사용할 수 있다.

특허의 출원, 심사 청구, 등록, 유지에는 각각 비용이 든다. 특허 1건당 각 단계별로 수만 엔에서 수십만 엔 정도의 비용이 들고, 특허 명세서나 각종 서류를 전문가(변리사)에게 맡기면 그 비용으로 건당 수십만 엔이 든다. 따라서 특허 1건에는 100만 엔 정도의 비용이 든다고 생각해야 한다. 그러나 이것은 일본에서 특허를 얻기 위한 비용이다. 국제 출원을 통해 각국에서 특허를 받으려면, 각국마다 수수료나 번역 비용이 발행하므로 특허 1건당 1,000만 엔의 비용이 발생할 수도 있다. 기술 기반 스타트업의 경우에 특허 비용은 매우

---

7) PCT는 특허협력조약(Patent Cooperation Treaty)의 약칭이다.

중요한 요소이고, 어느 나라에 특허를 신청할 것인가를 전체 경영전략 중 하나로 고려해야만 한다.

소프트웨어의 특허와 저작권

특허제도는 원래는 기계 산업을 중심으로 하였기에 컴퓨터 소프트웨어 산업과는 어울리지 않았다. 그러나 모든 산업에 IT 기술이 도입됨에 따라 소프트웨어 기반의 알고리즘이나 기술적인 신규 아이디어가 특허로 인정받게 되었다. 예를 들어 '특정 입력이 있었을 때 특정한 연산을 하여 특정 출력을 한다'는 아이디어에 충분한 신규성과 진보성만 있다면 특허로 등록될 수 있다.

그러나 특정 아이디어를 실현하는 소프트웨어에는 여러 가지가 있다. 프로그램을 작성하는 사람이 다르면 다른 코드로 같은 기능을 구현할 수 있으므로 개개의 코드를 특허로 등록하는 것은 안 된다. 코드를 지적재산으로 보호하려면 저작권을 통해서만 가능하다. 저작권은 원래 문학, 그림, 음악, 건축물 등 작품의 권리를 보호하기 위한 것이지만, 소프트웨어를 구성하는 소스코드도 저작물에 해당하므로 저작권에 의해 보호받을 수 있다. 소프트웨어의 코드를 비교하면 무단 카피 여부는 비교적 쉽게 확인할 수 있으므로 저작권을 보호하기가 쉽다. 다만 저작권은 코드를 보호하는 것이지 그 근본이 되는 기술적 아이디어는 보호하지 않으므로, 기술적으로 새로운 아이디어라면 특허 취득을 검토하는 것이 좋다.

상표

자사의 제품이나 서비스를 타사의 것과 구별하기 위해 사용하는 마크나 네이밍을 '상표'라고 한다. 상표에는 문자, 도형, 기호나 이들의 조합 등 다양한 타입이 있는데, 회사 마크나 제품 및 서비스의 네이밍은 회사의 제품이자 서비스의 얼굴이기 때문에 타사가 마음대로 사용할 수 없도록 지적재산권의 하나로 보호할 수 있다. 상표를 등록하기 위해서는 등록하려는 상표와 그 상표를 사용하는 제품이나 서비스의 카테고리를 지정하여 특허청에 출원해야 한다. 일본에서는 동일 또는 유사한 상표의 출원이 있는 경우에 그 상표의 선(先)사용 여부와 관계없이 먼저 출원한 자의 등록을 인정한다. 그렇기 때문에 신규 비즈니스를 시작하는 경우에는 제품이나 서비스의 명칭을 이미 타사가 상표권으로 선점하고 있는지 미리 조사해둘 필요가 있다.[8]

---

8) 요즘 같은 인터넷 시대에는 신규 사업을 시작할 때에 회사명이나 서비스명을 인터넷의 도메인명으로 취득할 수 있는가가 중요하다. 하지만 이미 등록된 도메인명이 포화상태이기 때문에 남아 있는 취득 가능한 도메인명으로 회사나 서비스 이름을 정하는 것이 현실적일 수도 있다.

회사의 지적재산권

발명의 권리는 원칙적으로 발명자에게 귀속된다. 즉, 회사의 종업원이 업무 중에 발명한 것에 대해 별도로 맺은 규정이 없다면 그것은 발명자 개인의 소유가 된다. 회사 업무 중 만들어진 발명, 즉 직무발명(職務發明)을 회사 소유로 하기 위해서는 그것이 회사에 귀속된다는 사내 규정이나 고용 계약을 미리 만들어 두어야 한다.[9]

스타트업에서도 종업원의 직무발명을 회사에 귀속시키기 위해서는 대기업과 같은 규정이 필요하다. 하지만 회사 설립 전의 지적재산을 회사에 귀속시켜 놓는 것도 중요하다. 회사를 설립하기 전에 개인이 발명한 기술이 특허로 등록 가능한 기술이거나, 개인이나 팀으로 소프트웨어를 발명한 경우에는 그러한 기술이 사업에서 없어서는 안 될 기술이라면 확실하게 회사에 귀속시켜 놓아야 한다.

자금 조달이나 EXIT 시, 투자자는 사업의 핵심기술이 회사의 지적재산으로 등록되어 있지 않다면 그 회사에 투자하지 않는다. 이는 투자자뿐 아니라 사업 제휴처에게도 동일하다. 핵심기술이 그 회사 소유이기 때문에 거래를 하는 것이다. 회사 설립 이전에 보유한 기

---

9) 일본에서는 종업원의 직무발명을 회사에 귀속시키는 경우에 회사는 종업원에게 보상 인센티브를 제공할 의무가 있다.

술이나 소프트웨어를 회사에 귀속시키지 않고 차일피일 미루기 십상인데, 창업자가 어쩔 수 없이 회사를 떠나는 상황이 오면 분쟁의 요인이 될 수도 있기 때문에 미리 대비해두어야 한다.

대학의 연구에서 발생한 지적재산권

대학 교원이나 연구자의 발명도 회사처럼 직무발명의 원칙이 적용된다. 즉, 대학 내 연구자가 학교에서 연구활동을 통해 발명한 것은 직무와 연관된 발명으로 인식한다. 대학 연구자의 직무범위는 기업체 직원과 비교할 때 명확하게 규정되어 있지 않거나 폭이 넓기 때문에, 교내 연구활동에서 비롯된 것인지 명확하게 판정하기 어려울 수 있다. 만약 근무시간이 아닌 주말을 이용해 만든 발명이라도 교내 설비나 예산을 사용했다면 직무 관련 발명일 가능성이 높다.

그러나 영리를 추구하는 기업과 달리 대학의 연구 성과를 특허로 권리화하는 것에 대해서는 논란의 여지가 있다. 대학은 기업과 달리 이익을 추구하거나 비즈니스적으로 접근하는 조직이 아니다. 대학의 학술연구 성과는 학회 발표나 논문을 통해 그 분야의 기술 진보나 발전으로 이어진다. 따라서 연구를 통해 특허를 취득할 만한 기술이 만들어지더라도 특정인에게 독점적 권리를 부여하는 특허가 아니라, 학회 발표나 논문을 통해 누구나 보편적으로 사용할 수 있게 해야 한다는 인식이 있다. 기술 분야에 따라 창조된 기술을 공개하는 것이 더 좋을 수도 있다.

그렇다면 왜 대학이 적극적으로 특허를 취득하려고 할까? 그것은 학술연구의 성과를 실제 비즈니스로 사업화하기까지는 많은 비용과 시간이 요구되기 때문이다. 일반적으로 학술논문 수준의 기술을 현실화하는 데에 있어 신뢰도나 양산 가능성이 있는 수준까지 이르려면, 더욱 심층적인 연구개발이 필요하고 이를 구현하더라도 제품이나 서비스를 판매하기 위해서는 많은 비용이 소요된다. 대학은 비즈니스 조직이 아니기 때문에 대개 비용은 사업을 전개하는 기업이 부담한다. 만약 핵심기술의 권리를 누릴 수 없고 누구나 사용 가능한 기술로 공개되어 버린다면 기업은 기술 개발을 위한 투자를 할 동기가 생기지 않는다. 결국 대학의 연구 성과를 기업이 사업화하려면 핵심기술은 특허를 통해 기업이 독점적으로 사용할 수 있도록 해야 한다.

최근 대학 내 연구 성과의 사업화를 대기업이 아닌 스타트업이 담당하고 있다. 교원이나 연구자의 발명을 기반으로 스타트업을 창업하는 경우에 일반적으로 다양한 학내 규정이 있다. 대학의 연구를 통해 만들어진 특허는 대학이 관리 및 운영하고 적극적으로 사회에 환원하여 활용해야 한다는 것이 대학 소유의 특허에 대한 기본적인 인식이다. 도쿄대학의 경우에 대학에 고용된 교원이나 연구자가 업무(연구)와 관련된 발명을 하였다면 대학에 발명 서류를 제출하여, 대학의 지적재산부가 ㈜도쿄대학 TLO[10]의 협조 아래 직무 관련 발명 여부를 판단한다. 직무 관련 발명이라고 판정된 발명은 대학이 발명 자로부터 이어받아 권리화 여부를 결정한다.[11] 권리화하기로 결정한 발명은 대학이 특허 비용을 부담하여 출원이나 권리화를 위한 수속 을 진행한다. 특허가 인정되어 그에 따라 대학이 수입을 얻은 경우 에는 일정 비율을 발명자에게 배분한다.

교원이나 연구자가 스타트업을 창업하는 경우에도 발명 이외에 다양한 학내 규정이 있는데, 겸업 규정도 그중 하나이다. 대학의 연 구 성과를 사업화하기 위해서 창업하는 경우, 발명자인 연구자가 회 사의 소속되는 경우도 있다. 이는 기술 개발자가 사업에 참여하는 것이 성공 확률이 높기 때문인데, 대학의 교원이나 연구자가 회사 소속으로 겸직하는 경우에는 본업에 지장이 생기지 않도록 겸업 규 정이 적용된다.

또한 교원이나 연구자의 창업에 적용되는 상호 이익의 상충에 대 한 관리 규정도 중요하다. 대학의 기술을 기반으로 한 스타트업은 대학과 다양한 거래를 하는 경우가 있다. 대학과 스타트업 간의 특

---

10) TLO는 Technology Licensing Organization(기술이전기관)의 약칭으로 ㈜도쿄대학 TLO은 도쿄대학 의 100% 자회사이다. ㈜도쿄대학 TLO은 도쿄대학이 가진 특허를 기업에게 라이선스하는 것을 주요한 업무로 한다.

11) 대학 측에서 수용하지 않는다고 판단한 발명에 관해서는 교원이나 연구자가 개인적으로 또는 기업과 연 계하여 특허를 출원할 수 있다.

허 라이선스 계약이나 공동연구 계약이 대표적인데, 이럴 경우 교원이나 연구자는 대학과 스타트업 양쪽에 소속된다. 이렇게 한 사람이 서로 상반되는 입장을 갖는 것을 '이익의 상충 구조'라 한다. 이익의 상충 자체가 나쁜 것은 아니지만 한 사람이 한쪽 조직의 입장에서 의사결정을 하는 것이 다른 한쪽의 조직에게는 불이익을 가져올 수도 있으므로 적절한 관리가 필요하다. 대학 교원이 자신의 연구 성과를 사업화하는 스타트업을 창업할 경우에는 대학 연구실 활동과 스타트업 업무를 철저히 구분하는 것이 필요하고, 양쪽에 속하는 당사자가 둘 사이의 거래와 관련된 의사결정에 참여할 수 없게 해야 한다.

학생의 지적재산권

학생의 지적재산권(특허나 저작권)은 교직원의 경우와는 매우 다르다. 교원이나 연구자는 대학과 고용관계에 있지만 학생은 대학에 고용되어 있지 않기 때문이다. 일본에서 학생의 발명은 원칙적으로 학생 개인의 것이 된다.[12] 하지만 학생이더라도 예를 들어 RA(Research Assistant) 등의 형태로 대학과 고용관계에 있으면, 교직원과 같은 룰을 적용받는 경우도 있다. 또한 교원과 학생이 공동으로 발명한 경우에도

---

12) 학생이 희망한다면 교직원의 발명처럼 대학이 이어받아 대학에서 특허를 출원하는 경우도 있다.

주의가 필요하다. 교원은 규정에 따라 대학에 발명 서류를 제출해야 하는데, 그중에 공동 발명자로서 학생이 들어가기 때문이다.

학생의 경우에 한정하지만, 대학에서 연구 성과의 특허 취득을 추진하는 경우에는 발명의 신규성 상실에 주의해야 한다. 앞서 말한 대로 발명이 특허로 인정받기 위해서는 신규성, 즉 존재가 알려지지 않은 기술이어야 한다. 불특정 다수에게 노출된 기술은 누구나 다 아는 기술로 간주되어 신규성이 사라지게 된다. 앞서 누구나 아는 기술은 특허로 인정받지 못한다고 했는데, 발명자 자신이 발표할 때도 역시 주의해야 한다.

발명자가 특허를 출원하기 전에 기술 내용을 공표해 버리면 그 기술은 대중에게 공개되어 공공의 기술이 된다. 따라서 특허를 취득하려면 출원 전에 그 기술 내용이 공개되지 않도록 관리해야 한다. 연구실 내부 미팅에서의 발표라 하더라도 발명의 신규성이 소멸이 될 수 있으며, 외부에서의 학회 발표나 논문 발표는 대표적인 소멸 케이스이다. 다만 학회 발표 등은 대학 연구활동의 근간이므로 신규성 소멸의 예외 규정이 적용될 수 있고, 발표 후 일정 기간 내에 특허 출원을 한다면 역시 예외 규정으로 구제받을 수 있다. 하지만 국가별로 제도가 다르기 때문에 특허가 될 수 있는 기술을 학회에서 발표하는 경우에는 지적재산 부분에 대해 미리 자문을 구하는 것이 좋다.

지적재산의 라이선스

다른 사람이 권리를 가지고 있는 지적재산을 사용하기 위해서는 양도 또는 사용권에 대한 라이선스License를 받아야 한다. 대학의 연구성과를 사업화하는 스타트업의 경우, 대학에서 보유하고 있는 특허를 양도받거나 라이선스를 받는 경우가 많다. 기술 기반의 스타트업이라면 사업의 핵심기술을 독점하지 않으면 경쟁사와 차별화할 수 없기 때문에 반드시 권한을 양도받거나 독점 라이선스 계약을 체결해야 한다.

많은 대학이나 TLO에서는 스타트업 사업에 독점 라이선스가 필요하다는 인식이 주를 이루는데, 일본에서는 공공기관이 특허를 가지고 있는 경우에 독점 라이선스를 인정하지 않으므로 주의가 필요하다. 대학의 연구개발 성과라도 연구의 자금 제공자가 공공기관이라면 특허가 대학이 아닌 공공기관에 귀속되기도 한다. 공공기관에서는 세금을 재원으로 자금을 제공해 만들어진 성과는 공공재로서 누구라도 사용할 수 있어야 하고 특정 기업이 독점해서는 안 된다는 인식이 자리 잡고 있어 독점 라이선스를 인정하지 않는 경우가 있다. 하지만 반대로 스타트업의 경우에 독점 라이선스가 없으면 생존이 어렵다는 이유를 들어 진흥정책의 하나로 이를 인정하는 경우도 있다. 이러한 모순된 정책이 아직 존재하는 것을 보면 일본에서는 아직 스타트업의 본질이 제대로 인식되지 못했다고 보아야 한다.

일반적으로 다른 사람이 보유한 특허의 사용 허락을 받을 때에는 대가를 지불해야 한다. 대학에서 연구자가 직무상 발명하여 특허로 등록한 기술을 기반으로 스타트업을 창업하는 경우, 발명자가 창업자가 되더라도 회사는 특허 라이선스를 받기 위해 대학에 대가를 지불해야 한다. 연구자 중에는 자신이 발명한 특허를 자신의 회사가 사용하는데 왜 대가를 지불해야 하는지 의문을 가질 수도 있지만, 이는 잘못된 생각이다. 비록 자신의 발명이라도 대학의 자금 지원이나 시설을 사용한 연구 결과물이기 때문에 직무를 통해 생겨난 발명으로 보아야 한다. 이런 경우 특허의 권리는 대학에 귀속되는 것이 맞다.

라이선스의 대가는 일시금(一時金)과 러닝 로열티Running Royalty를 혼용하는 경우가 많다. 러닝 로열티는 라이선스한 기술이 적용된 제품의 매출액 중 일정 비율을 라이선스 비용Fee으로 지불하는 것이다. 그러나 대가가 러닝 로열티뿐이라면 제품이 팔리지 않을 경우에 대가가 매우 적어지므로 매출액에 상관없이 일정액의 라이선스 피를 일시금으로 지불하기도 한다. 대학에 속한 스타트업의 경우에 제품이나 매출이 없는 단계에서 특허 라이선스를 받아 비즈니스를 전개하는 경우가 많기 때문에 스타트업이 대학에 스톡옵션을 발행하는 경우도 있다. 라이선스의 대가로 스톡옵션을 제공함으로써 스타트업은 자금(현금) 유출을 막을 수 있고, 스타트업이 크게 성공할 경우에 기술의 제공자인 대학은 성공에 대한 보상을 받을 수 있기 때문이다.

10-4 회사의 재무 및 회계

실제로 회사 설립 및 운영에 필요한 법적, 지식재산 측면의 기초 지식에 대해 알아보았으니 이제 자금을 다루는 업무에 대해 간략히 살펴보자.

재무, 회계, 경리

회사에서 자금을 취급하는 업무는 재무, 회계, 경리라고 할 수 있다. 얼핏 같은 말로 들릴 수 있지만, '재무Finance'는 융자나 출자를 통해 자금을 조달하거나 조달한 자금을 어떻게 운용할 것인가에 관련된 업무이며, '회계Accounting'는 회사 자금의 입출금을 기록하여 사내외의 관계자에게 보고하는 것이 주된 업무이다. '회계'와 '경리'는 명확하게 구분되어 있지 않지만, 일반적으로 경리는 회계의 일부인 일상적인 업무상 자금의 처리(청구, 지불, 장부 작성, 세무 신고 등)를 의미한다. 대부분의 회사에서는 경리과가 회계 업무를 맡는다. 청구, 지불, 장부 작성, 세무 신고 등과 같은 경리상 업무는 회사가 설립되면 그 즉시 발생하는 일상적인 업무이고, 내용이 틀려서는 안 된다.

창업 초기에는 대개 이 업무의 담당자가 없기 때문에 창업자가 수작업으로 처리할 수도 있겠지만, 비록 규모가 작은 스타트업이라도 초기에 경리 담당자의 채용을 검토하는 것이 좋다. 물론 스타트업의 초기에는 경리를 전담할 사람을 채용할 정도로 업무량이 많지 않아 회사에서 누가 겸임을 하거나 외주를 줄 수도 있지만 아무튼 누군가가 이 기능을 담당하고 있어야 한다. 한편, 재무 업무는 경리나 회계와는 달리 투자자 및 은행과 협상하거나 자금 또는 자산을 다루는 일이므로, 회사의 경영 전반에 대한 높은 이해도가 있어야한다. 스타트업 초기에는 CEO가 재무 업무를 담당하는 것이 일반적이지만, 여러 차례 자금을 조달하며 EXIT를 검토하는 단계가 되면 재무 업무를 총괄하는 CFOChief Finance Officer를 두게 된다.

두 종류의 회계

회계에는 '관리회계'와 '재무회계'가 있다. 재무회계는 서로 다른 업무인 '회계'와 '재무'가 함께 결합되어 혼동하기 쉽지만, 예전부터 널리 사용되어 왔다. 관리회계는 회사 내부의 회계, 재무회계는 회사 외부용 회계라고 할 수 있다. 경영자는 여기에 나타난 수치들을 기반으로 의사결정을 하고 경영계획을 수립한다. 관리회계는 회사 내부용이므로 따로 정해진 포맷이나 방법이 있지 않고, 자사 업무에 맞추어 경영자에게 필요한 정보를 알기 쉬운 형태로 정리해서 보고한다. 반면, 재무회계는 자사의 경영실적을 회사 외부의 다양한 이해관계자(주주, 은행, 채권자, 세무서 등)에게 보고하는 것이 목적이기 때문에, 법령에 따라 정해진 규정에 맞춰 서류를 작성해야 한다.

[표 10.1] 두 종류의 회계

	재무회계(외부지향)	관리회계(내부지향)
대상자	- 주주, 은행, 채권자 등 (기업 외부의 이해관계자)	- 경영자, 종업원 등 (기업 내부의 이해관계자)
목적	- 경영 성과나 재무 상황을 알리고 투자나 융자의 의사결정에 도움을 주기 위함(보고)	- 경영 성과나 재무 상황을 신속하게 파악하고 자금과 자산을 배분하는 의사결정에 도움을 주기 위함(전략)
형식	- 법령에 의해 규정 (상법, 세법, 증권취급법) - 재무제표 등	- 회사마다 자유롭게 작성
개시	- 상장기업은 분기별로 공개 의무 - 비상장기업은 의무 없음	- 공개 의무 없음 - 회사의 사업 전략과 관련되어 있기 때문에 일반적으로 비공개

재무제표

재무제표Financial Statements는 회사의 경영 성과나 재무 상황 등 자금의 흐름에 대한 정보를 규정에 맞춰 체계적으로 정리한 서류로 결산서, 결산보고서 또는 계산서류라고 불린다.

비즈니스는 고객에게 제품이나 서비스를 제공하고, 그 대가로 수입을 취하는 활동이다. 수입에서 지출한 금액을 제하고 남은 자

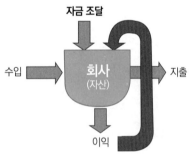

[그림 10.2] 회사 자금의 흐름

금이 사업의 이익이 된다. 새로운 영역에 도전하는 스타트업은 초기에 매출이 부진하므로 제3자로부터 출자 등을 통해 자금을 조달하는 것이 일반적이다. 재무제표는 이러한 활동을 합쳐서 정리한 것이다. 다시 말해, 제품이나 서비스를 만들기 위해 어떻게 자금을 지출하고 매출 및 이익을 거두었는지, 융자나 출자를 통해 외부에서 조달한 자금이나 사업을 통해 거둔 매출과 이익을 어떻게 사용하고 투자했는지 나타낸다.

경리부서와 재무부서가 모두 있는 큰 규모의 회사도 재무제표는 일반적으로 경리부서에서 작성한다. 재무제표의 형식은 법령으로 규정되어 있으며, 각 나라별로 회계 규정이 있다. 그에 관해서는 자세한 내용을 다루지 않겠지만, 스타트업을 창업할 때 알아두어야 할 가장 기본적인 단어나 개념은 여기서 정리해서 설명할 것이다. 재무제표는 대차대조표B/S, Balance sheet, 손익계산서P/L, Profit and Loss Statement, 현금흐름표C/F, Cash Flow Statement 등 다양한 종류가 있는데, 여기서는 대차대조표와 손익계산서만을 다루기로 한다.

대차대조표

대차대조표는 특정 시점(예를 들어 월말이나 연말)에 회사의 자금이나 재산의 상태를 정리한 표이다. 이는 [그림 10.3]처럼 특정 시점에 투입된 자금이나 실현한 이익, 회사가 가진 자산을 하나의 표에 정리한 것이다. [그림 10.4]는 대차대조표의 기본 구조이다. 대차대조표는 일반적으로 좌우로 나뉘는데 좌측에는 자산, 우측에는 부채와 순자산을 기재한다. '자산'란에는 현금이나 미래에 현금으로 전환

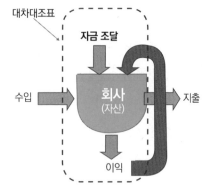

[그림 10.3] 대차대조표에 나타나는 항목

할 수 있는 항목을 열거한다. '부채'란에는 융자를 비롯하여 미래에 갚아야 할 자금의 항목을 기재하고, '순자산'란에는 출자금 등 과거에 들어왔던 자금 중에서 갚을 필요가 없는 자금을 적는다.

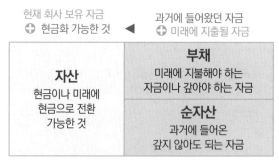

[그림 10.4] 대차대조표의 기본 구조

우측은 이전에 들어왔던 자금과 미래에 지출되어야 할 자금의 합

계이며, 좌측에는 그 자금이 현재 어떠한 상태로 회사에 존재하고 있는지, 예를 들어 자금을 회사가 그대로 보유한다거나 무언가를 매입해서 회사에 보유하거나 어딘가에 투자를 한 것인가 등이 들어간다.[13] 대차대조표에서는 좌측의 합(자산)과 우측의 합(부채+순자산)이 항상 일치해야 한다.[14]

자산은 유동자산과 고정자산으로 나눌 수 있다. 유동자산은 1년 내에 현금화할 수 있는 자산으로, 현금이나 예금과 저금, 외상 매출금, 아직 판매되지 않은 제품, 완성 전에 생산 공정상에 있는 재공품(在工品), 제품을 만드는 데 사용할 원재료 등이 포함된다. 고정자산은 1년 이상 계속 보유할 예정의 자산으로, 유형고정자산과 무형고정자산이 있다. 유형고정자산은 문자 그대로 형태가 있는 자산으로, 토지, 건물, 기계, 설비 등이 있다. 무형고정자산은 형태는 없지만 경제적 가치를 가진 자산으로, 구체적으로는 특허권, 상표권, 저작권, 소프트웨어, 토지 임차권 등이 있다. 고정자산에는 장기로 보유하는 타사의 주식이나 사채(社債), 장기 대여금 등도 포함되며, 이러한 자산은 유형도 무형도 아닌 그 밖의 고정자산이라는 형태로 분

---

13) 채무초과는 부채 〉 자산(즉 순자산 〈 0)이 되어 자산을 모두 매각해도 부채를 변제할 수 없는 상태를 말한다. 일반 기업이 채무초과가 되면 은행은 기본적으로 돈을 빌려주지 않으므로 파산의 원인이 된다. 그러나 스타트업의 경우에 원래 은행이 돈을 잘 빌려주지 않으므로 채무초과가 반드시 도산을 의미하는 것은 아니다.

14) 대차대조표를 영어로 Balance Sheet라고 하는 것은 좌우가 항상 일치(밸런스)하고 있기 때문이다.

류된다.

　더구나 토지 이외의 유형고정자산(건물, 기계, 설비 등)은 시간이 경과
하면 경제적 가치가 감소하므로 감가상각 처리를 해야 한다. 감가
상각은 기계나 설비를 취득하기 위해 투입된 비용을 그 자산의 이
용 기간 동안 배분하는 절차를 의미한다. 감가상각을 동반하는 고정
자산의 가치는 '감가상각비'만큼 매년 감소해서 이용 기간이 끝난 시
점에 자산 가치가 없어진다고 본다. 고액의 설비를 구입한 경우, 실
제로 자금이 지출되는 것은 구입 시점이지만 이 비용을 구입 시에
일괄적으로 반영하지 않고 설비를 이용하는 기간 동안 조금씩 비용
을 반영하는 것이 합리적이기 때문에 이러한 감가상각 방법을 적용
한다.

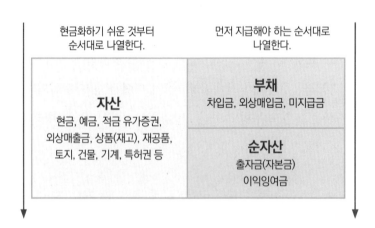

[그림 10.5] 대차대조표의 핵심 항목

손익계산서

손익계산서는 특정 기간, 예를 들어 3개월이나 1년간 사업의 수입과 비용을 정리한 표이다. [그림 10.6]에서 보듯이, 자금 흐름 측면에서 특정 기간의 수입과 지출 내역을 하나의 표에 정리한 것이다.

그러나 특정 기간의 수입과 지출을 파악하는 것은 의외로 쉽지 않다. 왜냐하면 비즈니스 세계에서는 자금이 이동하는 시기, 즉 수입과 지출이 생기는 시기가 다르기 때문

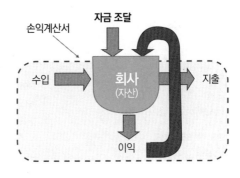

[그림 10.6] 손익계산서에 나타나는 내용

이다. 개인의 경우에는 물건을 구매할 때 돈을 지불하지만 회사의 지불 시스템은 그렇게 단순하지 않다. 물건을 구매하더라도 실제로 돈을 지불하는 것은 월말일 수 있다. 제품이나 서비스가 판매되어도 실제로 돈이 입금되는 것은 다음 달일 수도 있고 어떤 경우에는 연말일 수도 있다.[15] 일반적으로 현금을 받는 시점을 회계 기준으로

---

15) 제품이나 서비스의 인도(납품)를 먼저하고 대금 지불은 나중에 하는 거래를 '외상거래'라고 한다. 외상거래의 결과로 생긴 대금을 수령하는 권리(채권)을 '외상매출금(Account Receivable)'이라 하고, 대금을 지불하는 의무(채무)를 '외상매입금(Account Payable)'이라 한다.

하는 방식을 '현금주의'라고 하고, 매매의 성립이라는 경제적 행위 발생을 회계 기준으로 적용하는 방식을 '발생주의'라고 한다. 기업의 회계는 일반적으로 발생주의를 기준으로 하며, 손익계산서도 그 기준을 적용한다.

매출액	사업을 통해 얻는 수입
매출원가 (직접비)	사업에 투입된 직접비용 (원재료비, 공장노동자 인건비, 사입 등)
매출총이익	= 매출액 – 매출원가
판매비, 일반관리비 (간접비) (판관비라고도 한다)	사업에 투입된 간접비용 (광고비, 판매수수료, 인건비, 임차료 ,복리후생비, 감가상각비, 접대비 등)
영업이익(또는 영업손실)	= 매출총이익 – 판관비

[그림 10.7] 손익계산서의 기본구조

손익계산서의 표 맨 위에는 해당 기간에 발생한 매출액을 기재한다. 그리고 아래로 내려가면서 지출 항목을 넣어서 마지막에 해당 기간 동안 어느 정도 이익이 발생했는지를 알 수 있게 한다.

매출액에서 가장 먼저 반영하는 지출 항목은 매출원가이다. 매출원가는 제품이나 서비스를 만드는 데 직접 투입되는 비용으로 직접비라고도 하는데, 업종에 따라 다양하다. 물건을 만드는 제조업이라면 제품을 제조하기 위해 구입한 원재료비나 공장이나 제조설비의 운전비용 등이 매출원가가 된다. 공장 제조라인에서 일하는 사람들의 인건비도 거기에 포함된다. 반면 도·소매업과 같이 물건을 사입해서 판매하는 업종에서는 사입 총액이 매출원가(직접비)가 된다. 매출액에서 매출원가를 뺀 금액을 매출총이익이라고 한다. 경영활동에 있어 이익의 개념은 여러 가지가 있는데, 그중에서 매출총이익이 가장 기본적이면서 이해하기 쉬운 이익이라고 할 수 있다.

그다음에 나오는 지출 항목은 '판매비 및 일반관리비(줄여서 판관비)'이다. 이는 기업의 본업 활동에 필요한 비용 중 매출원가에는 포함되지 않은 비용, 즉, 제품이나 서비스를 만드는 데 직접 투입되지는 않더라도 회사가 사업을 하는 데 필요한 비용이다. 구체적으로 광고선전비, 판매수수료, 간접 부문(인사나 경리나 경영자 등)의 인건비나 임대료, 복리후생비, 감가상각비, 접대비, 교통비, 조세공과(租稅公課)비, 연구개발비 등의 다양한 내용이 포함된다. 매출원가를 직접비라고 하는 데 반해 판관비는 간접비라고 한다. 일반적으로는 매출액에 상관없이 고정적으로 발생하는 비용이 대부분이다.

매출총이익에서 판관비를 제하고 남은 금액을 영업이익(마이너스일 경우라면 영업손실)이라고 하며, 이는 기업의 본업 활동을 통해 얼마나 이익을 올렸는가를 나타나는 지표이다.

실제의 손익계산서는 [그림 10.7]보다 복잡하여 [그림 10.8]처럼 된다. 위에서부터 '영업이익'란까지는 [그림 10.7]과 같지만, 그 밑으로 영업외손익(營業外損益)을 기재한다. 영업외손익은 본업 이외의 활동을 통해 경상적(經常的)으로 발행하는 이익이나 손실로서 이자의 수취나 지불, 배당금, 유가증권 매각이익이나 매각손실, 부동산 임대수입 등이 포함된다. 영업이익에 영업외수익을 더한 후에 영업외손실을 뺀 값을 경상이익 또는 경상손실이라고 한다. 경상이익은 본업 이외의 경영능력도 포함하여 회사가 경상적으로 이익을 올리는 능력을 나타내는 지표로서 금융비용 및 소득, 환차손익, 유가증권매매손익 등이 있다.

경상이익 아래에는 특별손익을 기재한다. 특별손익은 본업 이외의 활동을 통해 당기(當期) 중 발생한 단발성(單發性) 이익이나 손실을 뜻한다. 장기보유의 고정자산을 매각하여 이익을 내거나 자연재해로 공장설비가 파손되어 수리비용이 지출된 경우 등이 특별손익에 해당한다. 경상이익에 특별이익을 더하여 특별손실을 공제한 것을 당기순이익이라고 하며, 회사의 모든 활동에서 발생한 이익이라는 의미에서 최종이익이라고 부르기도 한다. [그림 10.8]에서 가리키듯이, 순이익을 기초로 하여 법인세 등을 납부하므로 세금[16]을 지불하기 전의 순이익과 세금을 지불한 후의 순이익, 이 두 가지의 순이익이 기재된다.

---

16) 회사가 납부해야 하는 세금은 법인세, 소비세, 원천소득세 등 다양하다. 그 중에서 사업 본연의 영업활동 중에 발생한 경비는 판관비 중 '조세공과' 항목에 계상(計上)되며, 법인세는 순이익에 대해 부과된다. 소비세는 매출액이 일정 기준 이하이거나 자본금이 일정액 이하의 회사에게는 면제되지만, 종업원의 급여에서 소득세를 회사가 미리 징수해서 납부하는 원천징수세처럼 규모가 작거나 신설 회사라 하더라도 반드시 납부해야 하는 세금도 있다.

매출액	본업을 통한 수입
매출원가(직접비)	직접비
매출총이익	= 매출액 - 매출원가
판매비, 일반관리비	(간접비)
영업이익(또는 영업손실)	= 매출총이익 - 판관비
영업외수익 영업외손실	본업 이외의 활동을 통해 발생하는 수익, 비용 (유가증권 매각이익, 지급이자 등)
경상이익	= 영업이익 + 영업외이익 - 영업외손실
특별이익 특별손실	경상손익 외에 본업 이외의 활동으로 인해 당기 중에 발생하는 단발성 수익, 비용 (고정자산 매각이익, 재해손실 등)
당기순이익(세금공제 전)	= 경상이익 + 특별이익 - 특별손실
법인세 등	
당기순이익(세금공제 후)	= 회사의 모든 활동을 통해 발생한 이익(세금공제 후)

[그림 10.8] 실제 손익계산서의 구조

스타트업의 재무제표

대차대조표나 손익계산서는 회사의 규모에 상관없이 작성해야
하는 중요한 서류이므로, 창업자도 그 내용을 숙지해야 한다. 하지
만 당분간 매출이 없는 상태로 연구개발을 계속해야 하는 기술 기반
신생 스타트업의 대차대조표나 손익계산서는 대기업의 그것과 전혀
다르다.

[그림 10.9]는 VC로부터 6억 엔의 자금을 조달한 의료기기 개발
스타트업의 재무제표이다. 먼저 손익계산서를 보자. 신설 스타트업

대차대조표 (B/S)				손익계산서(P/L)				판매비 및 일반관리비 명세	

자산		부채	
유동자산	74,000	유동부채	30,000
현금 및 예금	64,000	단기차입금	0
외상매출금	0	외상매입대금	0
상품 또는 제품	0	미지급금	30,000
재공품, 원재료	0	고정부채	25,000
선지급금	10,000	장기차입금	25,000
고정자산	226,000	부채의 합계	55,000
(유형고정자산)		순자산	
기계 및 장치	150,000	주주자본	245,000
공구비품	20,000	자본금	300,000
(무형고정자산)		자본준비금	300,000
소프트웨어	42,000	(이익잉여금)	
특허권	10,000	이월이익잉여금	△235,000
상표권	0	당기순이익	△119,000
(기타)	4,000	순자산 합계	245,000
자산합계	300,000	부채 및 순자산합계	300,000

손익계산서(P/L)			
매출액 합계			0
매출액	0		
위탁업무 매출	0		
매출원가			0
매출총이익			0
판매비및 일반관리비			197,900
영업이익			△197,900
영업외이익			80,000
수취이자		0	
조성금, 보조금		80,000	
잡수익		0	
영업외비용			1,500
지불이자		1,500	
기타		0	
경상이익			△119,400
특별이익			0
특별손실			0
세전 당기순이익			△119,400
법인세등			100
당기순이익			△119,500

판매비 및 일반관리비 명세	
임원보수	30,000
급여수당	70,000
복리후생비	10,000
연구개발비	35,000
사업수탁비, 외주비	5,000
광고선전비	0
접대교류비	200
판매촉진비	0
감가상각비	30,000
운임비	100
토지건물 사용료	5,000
임차료, 리스료	600
조세공과	500
여비교통비	5,000
통신비	500
소모품비	3,500
도서연구비	500
보험료	1,000
잡비, 기타	1,000
합계	197,900

[그림 10.9] 스타트업의 재무제표(의료기기를 개발하는 회사의 예)

은 제품이 없으므로 매출과 매출원가는 0이다. 따라서 손익계산서 기재 순서대로 보면, 매출액부터 매출총이익까지 금액은 0이다. 그러나 제품이나 매출이 없더라도 판매관리비(판관비)는 지출되고 있다. 이 회사의 경우에 해당년도에는 약 2억 엔 정도의 판관비가 있고, 그 금액이 고스란히 영업손실로 반영되고 있다. 판관비의 내역을 보면 인건비가 1억 엔, 연구개발비가 3,500만 엔, 감가상각비가 3,000만 엔 등으로 되어 있다. 이 스타트업은 고가의 설비를 구입하여 연구개발을 진행하고 있으므로 감가상각비가 큰 것을 알 수 있다. 이처럼 기술 기반 스타트업의 초기 손익계산서는 연구개발비 등 판관비가 모두 영업손실로 반영되는 것이 일반적이다. 영업외수익으로 8,000만 엔의 수입이 있는데, 그것은 국가에서 연구개발보조금[17]을 받은 것이다. 원래 영업손실은 2억 엔이었지만 보조금이 반영되어 순손실이 약 1억 2,000만 엔 정도로 줄어들었다.

다음으로, 이 회사의 대차대조표를 보자. 대차대조표 좌측의 자산 부분을 보면 제품이 아직 없으므로 재고, 재공품, 외상매출금은 모두 0이다. 우측의 부채를 보면 장기차입금 2,500만 엔이 있지만, 일반적으로 스타트업에는 돈을 잘 빌려주지 않기 때문에 대개 큰 부채는 없다. 순자산 부분에는 VC 출자금인 6억 엔이 자본금과 자본준비금으로 각각 3억 엔씩 나뉘어 있다. 아직 제품이 출시되지 않았기 때문에 과거 이익의 누적은 없고, 과거 몇 년간의 누적된 연구개발비가 이월이익잉여금으로 마이너스 2억 3,500만 엔이 반영되어 있다.

여기에 위의 손익계산서에서 나온 당해년도 손실(마이너스 당기순이익) 1억 2,000만 엔이 더해진다. 결국, 순자산의 합계는 출자를 통해 조달한 자금에서 과거와 해당년도의 손실(연구개발비용)을 뺀 금액이 된다. 이렇게 연구개발형 스타트업의 초기 대차대조표 우측은 주식을 매각하여 출자자로부터 조달한 자금(이 사례의 경우에는 6억 엔)과 연구개발에 사용된 누적비용(이 사례에서는 누적 3억 5,500만 엔의 손실)이 있는 경우가 대부분이다.

---

17) 이 사례에서는 보조금이나 조성금을 영업외이익으로 반영하고 있지만, 매출로 반영하는 경우도 있다. 또한 여기서는 보조금이나 조성금을 사용한 지출을 간접비(판관비)로 반영하지만 직접비나 영업외손실로 반영하는 경우도 있다.

대차대조표

자산		부채	
유동자산	1,200	유동부채	0
현금 및 예금	1,200	단기차입금	0
외상매출금	0	외상매입대금	0
상품 또는 제품	0	미지급금	0
재공품, 원재료	0	고정부채	0
선지급금	0	장기차입금	0
고정자산	200	부채합계	0
(유형고정자산)		순자산	
기계 및 장치	200	주주자본	1,400
공구비품	0	자본금	1,000
(무형고정자산)		자본준비금	0
소프트웨어	0	(이익잉여금)	
특허권	0	이월이익여금	0
상표권	0	당기이익	400
(기타)	0	순자산 합계	1,400
자산 합계	1,400	부채 및 순자산합계	1,000

손익계산서

매출액 합계		2,000
매출액	0	
위탁업무 매출	2,000	
매출원가		300
매출 총이익		1,700
판매비및일반관리비		1,200
영업이익		500
영업외이익		0
수취이자	0	
조성금, 보조금	0	
잡수익	0	
영업외비용		0
지불이자	0	
기타	0	
경상이익		500
특별이익		0
특별손실		0
세전당기순이익		500
법인세등		100
당기순이익		400

판매비 및 일반관리비 명세

임원보수	0
급여수당	0
복리후생비	0
연구개발비	0
사업수탁비, 외주비	500
광고선전비	0
접대교류비	0
판매촉진비	0
감가상각비	0
운임비	0
토지건물 사용료	0
임차료, 리스료	0
조세공과	100
여비교통비	200
통신비	200
소모품비	100
도서연구비	0
보험료	0
잡비, 기타	100
합계	1,200

[그림 10.10] 스타트업의 재무제표(학생벤처의 예)

[그림 10.10]은 또다른 재무제표의 사례이다. 자기 자금 100만 엔을 들여 창업한 학생벤처 기업이 다른 기업으로부터 200만 엔 규모의 위탁개발 건을 수주한 사례를 들어본다. 손익계산서를 보면, 개발 항목으로 매출이 이미 반영되어 있는데, 그 외에 재무제표에 기재되어야 할 것은 거의 없다. 대차대조표에 현재 사용 중인 컴퓨터와 같은 고정자산이 있고 그 이외에 현금을 빼면 자산도 부채도 없다. 손익계산서에는 위탁받은 개발 매출이 200만 엔 반영되어 매출원가가 30만 엔, 판매관리비가 120만 엔으로 기재되어 있는데, 판매관리비의 세부 내용을 보면 외주비 50만 엔, 여비교통비 20만 엔, 통신비 20만 엔 등이 지출된 것으로 적혀 있다. 따로 인원을 채용하지 않았고 창업자인 학생 본인의 급여도 없으므로 인건비는 0이다.

[그림 10.9]와 [그림 10.10]처럼 서로 다른 두 회사의 재무제표를 살펴보았는데, 이들은 대기업의 재무제표와는 전혀 다르다. 대기업은 이미 사업을 하고 있기 때문에 손익계산서에 매출과 매출원가가 있고, 대차대조표에는 재고나 생산공정에 들어 있는 재공품 그리고 원재료가 있다. 오랫동안 사업을 하면서 다양한 자산과 차입금을 가지고 있으며, 누적된 이익이 있을 수도 있다.

그러나 스타트업의 손익계산서나 대차대조표는 그러한 것들이 없이 매우 단순하다. 일반적으로 기업에서 중요하게 여기는 재무제표[18]도 스타트업에서는 큰 의미가 없다. 일반적인 재무제표는 매출이나 이익이 있는 것을 전제로 하지만, 초기 스타트업은 매출이나 이익이 없기 때문이다.

스타트업의 재무계획

스타트업의 재무제표에는 기본적으로 인건비를 포함한 연구개발비의 비중이 점차 커지게 된다. 그렇기 때문에 스타트업의 재무관리는 대기업과 같이 대차대조표나 손익계산서를 통해서 복잡하게 분석할 필요가 없다. 스타트업의 재무관리에서 가장 신경 써야 할 부

---

18) 예를 들어, 영업이익률=영업이익/매출액, 총자본이익률(ROA)=당기순이익/자산, 자기자본이익률(ROE)=당기순이익/자기자본, 총자본회전률= 매출액/자산 등이 있다.

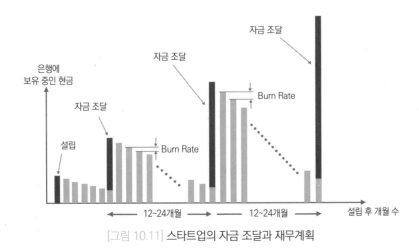

[그림 10.11] 스타트업의 자금 조달과 재무계획

분은 현재 현금이 얼마나 있고, 매월 얼마나 지출되는가이다. 매월 지출되는 자금을 영어로는 Burn Rate라고 한다. 지출은 매월 변동하겠지만 Burn Rate의 평균값을 알 수 있다면, 언제 보유한 현금이 소진될지 비교적 쉽게 추정할 수 있다. 스타트업은 보유한 현금이 소진되기 전에 다음번 자금을 조달할지, 아니면 제품이나 서비스를 출시해서 매출을 올려 자금을 확보할지를 결정해야만 한다.

[그림 10.11]은 그 모습을 도식화한 것이다. 일반적으로 스타트업에서는 자금을 조달할 때 12~24개월분을 확보하고, 자금이 소진되기 전에 다음번 자금을 조달한다. 스타트업의 재무계획은 매출이 발생하기 전에 얼마나 자금이 필요할지를 계산하여, 그 자금을 어떤 형태로 언제 조달할 것인가를 계획하는 것이다.

스타트업도 [그림 10.12]와 같이 자체 매출만으로 지출을 감당할

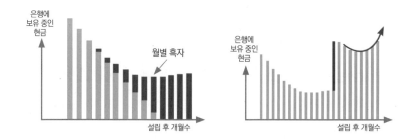

[그림 10.12] 매출이 오르기 시작한 스타트업   [그림 10.13] 더욱 큰 성장을 지향하는 자금 조달

만큼 성장하게 되면 새로운 자금을 조달하지 않아도 된다. 그림에서 보듯이 매월 수입이 지출을 상회하여 흑자를 달성하면, 자금 조달은 크게 우려하지 않아도 될 것이다. [그림 10.13]과 같이 더 많은 자금을 조달해서 더 큰 성장을 도모하는 경우도 있다. 큰 성장을 목표로 하는 스타트업이 경쟁에서 이기기 위해서는 매출 수준의 투자로는 성장에 한계가 있기 때문이다.

외부 자금 조달을 통해 성장을 가속화하는 것도 결코 드문 사례는 아니다. 이 경우에 기업공개IPO를 통해 주식시장에서 조달하기도 하는데, 일반적으로 상장기업이 되면 리스크 높은 투자는 하기 어려워진다. 상장기업이 되면 큰 자금을 동원해 빠른 속도로 사업을 확대시키는 투자를 하기 어렵기 때문에, 실리콘밸리의 스타트업체들은 상장 전에 VC로부터 미리 큰 규모의 자금 조달을 하는 경우가 많다. 그러나 일본에서는 이러한 흐름에 맞춰 큰 규모로 자금을 제공하는 투자자가 적기 때문에 대형 스타트업이 탄생하기 쉽지 않다.

스타트업의 현금흐름 관리

이번에는 현금흐름표에 대해 알아보자. 현금흐름표는 특정 기간 동안 현금의 증감과 특정 시점에 보유한 현금을 정리한 표이다. 앞서 설명했듯이, 회사의 손익은 현금의 수입/지출과 반드시 일치하지 않는다. 따라서 회사의 현금 창출 능력이나 지불 능력은 대차대조표나 손익계산서만으로는 명확하게 파악하기가 쉽지 않다. 현금흐름표는 이러한 점을 보완할 수 있기 때문에 일반 기업에서는 핵심 재무제표 중 하나지만, 스타트업에서는 대차대조표나 손익계산서보다 중요도가 떨어진다. 스타트업에서는 일반 기업의 현금흐름표에 표시되어 있는 자금 대여, 차입, 타사에 대한 투자가 없고, 대부분 업력이 짧아 보유한 고정자산이 많지 않은 것이 일반적이다.

그러나 현금흐름표의 중요도가 떨어진다고 해서 현금흐름 관리가 중요하지 않은 것은 결코 아니다. 스타트업이야말로 현금흐름 관리가 가장 중요한 것 중 하나라고 할 수 있다. 기업 간의 거래에서는 외상거래가 보편화되어 있고, 현금의 입출금은 거래가 체결되는 시점이 아니라 대부분 그다음 달에 진행된다. 예를 들어, 제작 후에 납품이 완료되어 장부상 매출에 반영되어 있지만 아직 현금이 입금되지 않았을 때, 제작을 위해 매입했던 원재료에 대한 비용을 먼저 지불해야 한다면 현금이 부족해서 지불이 어려워질 수 있고 최악의 경우에 회사가 도산할 가능성도 있다.[19] 현금흐름 관리는 외상매출금과 외상매입금의 현황을 정확하게 파악하고 위의 예와 같은 상황이 벌어지지 않도록 현금의 입금과 지출의 시기와 흐름에 대해 회사 설립 초기부터 밀착 관리해야만 한다.

회사의 경리업무

회사에서 매일 일반적으로 발생하는 자금의 입출금(청구, 지불, 장부작성, 세무신고 등)을 관리하는 것이 경리 업무이다. 재무제표는 이사회나 주주총회 등의 승인이 필요하고, 주주에게 보고하거나 세무서에 신고할 때도 필요한 중요 서류이므로 이를 작성하는 데 전문성이 요구된다. 예를 들어, 인건비라고 해도 제조업의 공장 노동자나 운수업의 운전자 인건비라면 제조원가(직접비)가 되고, 연구개발R&D의 인건비는 판매관리비(간접비)로 반영되어야 한다. 하지만 소프트웨어 개발 등의 경우에는 직접비와 간접비의 구분이 쉽지 않을 수도 있다.

업무상 물건을 구입하는 경우라면 좀 더 복잡해져서 생산에 투입되는 원재료비는 제조원가(직접비), 사무소에서 사용하는 각종 비품 구입비는 판매관리비(간접비)로 반영된다. 또한 구입한 토지나 기계는 자산이 되는데, 보유한 자산 중에서도 건물이나 기계처럼 사용

---

19) 손익계산서상 흑자임에도 불구하고 현금흐름 관리에 실패하여 지불이 불가능한 상황이 되어 도산하는 것을 '흑자도산'이라고 한다.

시간이 경과하면서 가치가 하락하는 경우에는 감가상각비를 비용으로 반영해야 한다. 재무제표의 작성은 법률로 규정된 서류에 작성해야 하고, 세부적인 회계 기준에 따라야 한다. 기재 방식은 약간 탄력적이어서 회사별로 조금씩 내용이 다를 수 있기 때문에 전문성을 보유한 담당자가 지속적으로 경리 업무를 맡아야 한다.

청구서 발행과 일상적인 업무를 통한 자금의 입출금과 같은 경리 업무는 그 분량이 많지 않다면 엑셀과 같은 사무용 소프트웨어를 통해 관리할 수 있겠지만, 대개 규모가 작은 스타트업일지라도 시중의 회계 전문 소프트웨어로 관리하는 경우가 많다. 최근에는 그러한 소프트웨어를 구입하지 않고 클라우드Cloud 방식으로 필요한 만큼 빌려서 회계 서비스를 이용하는 경우가 증가하고 있다. 회계처리는 회사 특성에 맞게 일정 부분 탄력적으로 적용이 가능하기 때문에 스몰 비즈니스에서는 이런 솔루션을 사용해도 큰 문제가 없을 수도 있다. 하지만 상장기업을 지향하는 스타트업이라면 초기 단계부터 전문적이고 체계적으로 관리, 즉 세무사나 회계사 등을 통한 경리 처리나 재무제표 관리를 하는 것이 좋다.

10-5 회사의 다양한 기능

회사가 성장하면 의사결정 기능은 마케팅과 기획부서, 제작은 개발이나 제조부서, 판매는 영업부서에서 전담하고, 인사, 경리, 재무, 법무 부서가 그 세 가지 핵심 기능을 지원한다. 이번에는 지금까지 언급하지 않았던 지원부서 업무 중 스타트업에게도 중요한 것들에 대해 설명할 것이다.

인원의 고용

사람을 고용하는 것은 큰 사회적 책임을 동반한다. 일반적으로 회사에 고용되는 개인(피고용인)과 기업(고용인) 간의 역학관계에서는 개인이 절대적으로 약한 쪽이기 때문에, 약자인 노동자를 보호할 목적의 다양한 법령이나 규제가 존재한다. 새로 창업한 스타트업은 규모가 크든 작든 고용인인 회사이므로 대기업과 같이 법의 규제를 따라야 한다.

인원을 고용하면 세무서에 원천소득세와 관련된 신고서를 제출하고, 각종 사회보험(건강보험, 연금보험, 간호보험)과 노동보험(산재보험, 고용보험)에 가입해야 한다. 피고용인과의 관계에서는 근로조건계약서, 고용계약서, 서약서와 같은 서식을 주고받을 필요가 있고, 10인 이상을 고용하는 회사라면 취업규칙을 준비해야 한다.

인원 고용에 있어 위와 같은 절차 이상으로 중요한 것은, 일단 인원을 고용하면 쉽게 해고나 급여감액을 할 수 없다는 점이다. 평생고용으로 잘 알려진 일본의 고용시스템은 많은 도전과 실패를 감당해야 하는 스타트업의 생태계Eco-System와는 잘 어울리지 않는다고 할 수 있다. 스타트업이 사회적으로 혁신의 아이콘이 되려면 우수한 인재가 실패 가능성이 높은 스타트업에 자유롭게 도전해 보고, 실패할 경우에 바로 다음 도전을 할 수 있는 고용의 유동성이 필요한데, 아직 일본은 그런 유동성이 부족한 사회이다.

그러므로 스타트업 초기에 직원을 고용할 때는 스타트업의 특성을 확실히 이해하고 있는 인력을 고용하는 것이 좋다. 이 시기에 인원을 채용할 때는 기본적으로 창업자의 지인이나 주변에 신뢰할 만한 사람으로부터 소개받는 것이 가장 좋다. 스타트업의 성장과 함께 필요 인원이 늘어나면 구인광고나 인력소개 회사를 통해 인재를 모집하는데, 창업자나 직원이 소개하는 지인은 훌륭한 후보군이 될 수 있다. 또한 투자자 등을 포함한 업무 관계자의 인적 네트워크를 활용한 구인활동은 스타트업이 성장한 후에도 매우 중요한 부분이다.

스타트업은 적은 인원으로 구성되기 때문에 성과 도출을 위해 팀 내 친밀한 상호관계가 필요하다. 따라서 인원 채용 시 전문능력뿐 아니라 창업자나 기존 직원과 얼마나 조화롭게 업무를 할 수 있는지를 반드시 평가해야 한다. 이는 면접만으로는 알기 어렵기 때문에 특정 프로젝트를 함께 해보거나 파트타임으로 함께 일을 해보면서 채용 후보자를 결정하는 것이 이상적이다. 대학에서 연구개발한 기술을 사업화하는 스타트업이라면 학생을 인턴으로 고용해서 함께 일해보는 것도 유력한 인재 확보의 수단이 될 수 있다.

스타트업이 대기업과 같은 복리후생이나 인사제도를 갖추기는 쉽지 않고 급여 수준도 일반적으로 낮기 때문에 우수한 인재를 끌어모으려면 업무가 매력적이어야 한다. 해당 분야에 뛰어난 능력을 가진 사람이라면 전문성을 충분히 살릴 수 있는 환경이라는 점을 어필해야 한다. 인원이 적은 스타트업은 대기업과 비교할 때 일반적으로 개인에게 부여된 업무의 권한이 크고 넓다. 자신의 업무가 직접 제품이나 서비스의 기획이나 개발에 반영되고 있다는 것을 느끼게 해 준다면 스타트업에 근무하는 데 커다란 동기부여가 될 것이다.

제9장에서 대기업 수준의 급여를 줄 수 없는 스타트업에게 스톡옵션은 인재 확보를 위한 유력한 수단이라고 말했다. 스톡옵션은 미래에 얻을 수 있는 성공 보수인 것은 맞지만 실현 가능성이 확실하지는 않기 때문에 그것으로 좋은 인재를 확보할 수 있다고 장담할 수는 없다. 하지만 인재 확보를 위한 강력한 수단이기 때문에 효과적으로 활용할 필요가 있다.

인원을 고용한다는 것은 큰 사회적 책임을 동반하기 때문에 업무 수탁이나 외주 등을 최대한 활용하는 것도 하나의 방법이다. 스타트업에게 있어 자금 조달 전까지는 정규 풀타임 근무 인원이 창업자 혼자인 경우도 드물지 않다.

백오피스 기능

백오피스Back Office는 비즈니스의 본업을 운영하는 부문(제품이나 서비스의 개발, 제조, 판매)을 지원하는 간접 부문 전체를 칭한다. 구체적으로 법무, 지식재산, 경리, 재무, 인사 등이 백오피스 기능에 해당한다. 업종이나 업태에 따라 다르겠지만 그 밖에 광고홍보, 정보관리 등이 스타트업 초기부터 필요한 백오피스 기능이라고 할 수 있다.[20]

스타트업의 강점은 기술 개발과 마케팅에 있고 백오피스 기능은 정상적인 회사로 성장하기 위해 필요한 기능이라고 할 수 있다. 백오피스 업무 중에는 법 규제로 인해 전문지식이 필요한 경우도 있고, 그중에는 국가 자격을 가진 전문가만 할 수 있는 업무도 있다. 대기업이라면 그러한 자격을 가진 전문가를 직원으로 고용할 수도 있다. 하지만 신규 스타트업의 경우, 각각의 전문가를 고용하는 것은 불가능에 가깝기 때문에 외부 전문가에게 지원을 요청하는 것이 일반적이다. 이러한 전문가는 변호사처럼 호칭 끝에 '사(士)'가 붙은 직업이 많으며, 스타트업의 백오피스 기능과 관련된 '사(士)'는 변호사(계약이나 법률의 상담, 조언), 법무사(재판소나 공증인 사무소에 제출하는 서류의 작성), 세무사(세무 서류의 작성, 신고, 세무 상담), 변리사(특허 등의 서류 작성, 수

---

20) 세 가지 비즈니스 본업 중에서도 고객과의 전화 응대나 사무 처리 등 사무실 내에서 처리하는 영업기능을 백오피스로 분류하는 경우도 있다.

속), 노무사(인사, 노무, 사회보험 등의 수속), 공인회계사(회계 감사, 재무제표의 감사) 등이 있다.

물론 모든 백오피스 업무를 국가 자격을 가진 전문가들만 할 수 있는 것은 아니다. 일반적으로는 회사 내에서 백오피스 업무를 진행하고, 필요에 따라 사외 전문가의 지원을 받는 것이 좋다. 최근에는 스타트업을 대상으로 근태 관리, 급여 계산, 경비 산정, 교통비 정산, 청구서 발행, 견적서나 납품서의 작성, 결제 대행 등 다양한 백오피스용 서비스를 제공하는 회사도 나타나고 있다. 스타트업은 이러한 전문 서비스를 외주 형태로 활용함으로써 회사가 가진 한정된 자원을 자신들의 강점에 최대한 집중시키는 것이 효율적이다.

조직운영과 리더십

기업은 결국 사람의 집단이다. 사업을 이끌어간다는 것은 인간 집단을 움직이는 것과 같은 의미이며, 이는 스타트업이라고 해서 다르지 않다. 스타트업이 처음에 세웠던 계획을 실현하기 위해서는 구성원들로부터 공감을 얻고 모두 함께 같은 방향으로 나아가야 한다.

스타트업도 성장단계에 접어들면 정상적인 기업과 같은 조직관리가 필요하다. 업종이나 업태에 따라 다르겠지만, 대개 그 단계라면 직원 숫자가 20~30명 정도 될 것이다. 그 정도 인원이 되면 CEO가 모든 직원들과 직접 커뮤니케이션 하기가 힘들어진다. 따라서 조직을 통해 업무나 의사결정 계층구조를 만들고, 각 부문의 책임자에게 권한을 위임하여 업무를 진행하는 것이 효율적이다.

계층구조를 가진 조직을 만들 때는 업무의 지시체계와 상하관계를 명확하게 해야 한다. 하지만 그렇다고 해서 초기에 조직을 너무 복잡한 구조로 만들어서도 안 된다. 아직은 작은 조직이므로 한 사람이 여러 포지션을 소화할 필요가 있거나, 반대로 한 가지 업무를 여러 사람이 담당하여 명확하게 분업할 수 없는 경우도 있기 때문이다. 빠르게 돌아가는 스타트업의 업무는 수시로 변하기 때문에 이에 따라 조직도 항상 유연하게 대응할 수 있어야 한다.

부하에게 업무를 지시하는 위치에 있는 사람을 일반적으로 관리자라고 한다. 관리자는 부하의 지도와 업무역량을 키우는 것뿐 아니라 조직의 목표가 무엇인지 명확히 전달하고, 부하에게서 일에 대한 의욕을 이끌어내어 동기를 부여하고, 업무의 진척을 확인하여 적절한 피드백을 하는 것도 중요하다.

또한 회사의 최고경영자는 이러한 관리 능력뿐 아니라 구성원들에게 회사의 비전을 보여주고 목표를 설정하여 그 목표를 향해 움직이게 만드는 리더십이 요구된다. 리더에게는 책임감과 추진력과 결단력이 필요하며, 인간적인 측면에서도 모두에게 신뢰를 받아 믿고 함께 갈 사람이라는 존재로 인식되어야 한다. 본인만의 확고한 신념을 바탕으로 구성원들과 커뮤니케이션하며 동기부여할 수 있는 능력도 리더십의 중요한 요소가 된다.

조직 구축과 그것을 관리하는 방식 및 인재의 평가나 육성 그리고 리더십 등은 경영학의 한 분야로 스타트업 고유의 것이라고 할 수는 없다. 스타트업 경영자는 사업 아이템을 찾아내는 능력과 함께 빠르게 성장시켜 나갈 능력도 필요하다. 이 점은 일반적인 기업경영과 유사하다. 사업 아이템을 찾는 능력은 뛰어나지만 성장시키는 능력은 부족한 창업가도 있다. 일상적인 경영활동은 조직관리에 강점을 가진 사람에게 일임하는 것도 검토할 수 있지만, 회사가 성장하면서 창업자도 이러한 경영관리 능력을 키워가는 것이 가장 이상적이다.

제10장 정리 ✏️

- ✓ 사업을 전개하는 데 있어 항상 법률적 측면에서 다각도로 주의를 기울여야 한다.
- ✓ 기술 기반의 스타트업, 특히 대학의 연구 성과를 이용한 스타트업에서 지적재산권은 매우 중요한 요소이다.
- ✓ 지식재산의 보호 방법으로는 특허를 통한 기술 공개, 노하우의 사내 기밀화(機密化), 저작권으로 보호하는 방법이 있다.
- ✓ 대학에서 연구 성과를 특허로 등록할 경우에 발명의 신규성 상실에 주의해야 한다.
- ✓ 재무제표, 특히 대차대조표와 손익계산서는 회사의 업적이나 재무상태 등 자금의 흐름을 체계적으로 정리한 중요 서류이다.
- ✓ 스타트업 재무관리는 현재의 현금잔고와 매월 평균 자금소요 규모인 번 레이트(Burn Rate)가 중요하다. 스타트업은 현금이 소진되기 전에 다음번 자금을 조달하거나 제품이나 서비스를 출시하여 매출을 올리는 방법으로 대처해야 한다.
- ✓ 기업 간의 거래는 상호 신용을 바탕으로 한 외상거래가 일반적이다. 그렇기 때문에 외상매출금과 외상매입금의 변동을 면밀하게 파악하여 자금의 수입과 지출 같은 이동 시점을 고려하여 계획적으로 현금흐름을 관리해야 한다.
- ✓ 인원을 고용하는 것은 사회적으로 큰 책임을 동반하기 때문에 신중해야 하고, 우수한 인재를 구하기 위해서는 일이 매력적이어야 한다.
- ✓ 기업은 결국 사람들이 모인 집단이고, 경영자에게는 이러한 집단을 움직이는 매니지먼트 능력이나 리더십이 요구된다.

STARTUPS 101

Appendix

일본 최고의 대학은 어떻게 스타트업을 만들어내는가

Appendix

일본 최고의 대학은 어떻게
스타트업을 만들어내는가

 01 도쿄대 앙트러프러너십 스쿨에 대하여

설립 목적

2004년 4월 발족 이후 도쿄대 산학협력추진본부Division of University Corporate Relations는 여러 번의 조직 개편을 거쳤다. 본부 홈페이지에서는 아래와 같이 도쿄대 총장의 인사말로 조직의 이념을 나타내고 있다.

"오늘날 인류가 직면한 다양한 문제를 해결하기 위해서는 많은 사람들이 지혜를 모아 활용하고, 협력함으로써 행동을 유도해야 합니다. 이러한 상황에서 특히 산업과 학교가 서로 연계하여 지식 탐구를 통해 그 성과를 사회에 환원해야 합니다. 도쿄대는 최고 수준의 교육 연구를 기반으로 매년 500개 이상의 발명과 1,600건 이상의 공동 연구를 실시하고, 약 200개 이상의 기업 창업을 통해 스타트업 생태계를 발전시키고 있습니다. 또한 지적재산 관리 및 운영 구조의 고도화와 개혁을 진행하고 있습니다. 이와 같은 노력을 계속하면서 동시에 교원, 학생, 직장인이 세대를 초월하여 함께 협동하는 '지식 협력의 거점'으로서 사회가 당면한 과제를 해결해 나가고 있습니다."

도쿄대에서는 이러한 이념을 실천하기 위해 앙트러프러너십 스쿨 과정을 개설하고 학생 시절부터 창업가정신에 대해 교육을 해나가고 있다. 또한 그와 함께 기업의 요구를 명확히 반영하고 성과를 창출하기 위한 공동 연구를 도모하기 위해, 각종 프로젝트를 만들어 실리콘밸리에서 운영되고 있는 스타트업 생태계처럼 프로그램을 진행해나가고 있다. 특히 주목할 만한 것은 대학의 독창적인 연구 성과를 토대로 해서 사업화를 진행해나가고 있으며, 기술 개발과 이전을 통해 연결될 수 있는 특허를 집중 육성 관리하고 있다는 것이다. 이를 위해 각 참여자들은 참신한 아이디어를 개발하는 것은 물론 결실을 맺을 수 있는 혁신을 이루기 위해 여러 방면에서 물심양면으로 지원을 아끼지 않고 있다.

조직 구성

다음은 창업을 지원하기 위한 도쿄대의 조직 구성도이다.

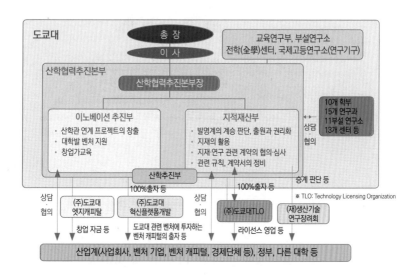

---

02 **각종 프로그램 소개**

창업활동과 관련된 도쿄대 프로그램 구성은 다음의 피라미드 그림과 같이 구성되어 있다. 체계적인 창업가정신 교육을 시작으로, 창업 후에 빠르게 성장할 수 있는 스타트업을 지원하고 있다. 그 중에 주요 프로그램을 소개한다.

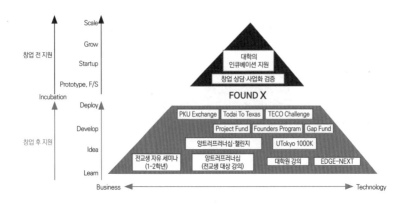

1) 창업 전 지원 : 창업가정신 교육 / 프로젝트 지원

산학협력추진본부에서는 학생 및 박사 후 과정 연구자를 대상으로 기업과 스타트업에 대한 강좌를 제공하고 있다. 또한 학생 대상의 개발 프로젝트에 대한 지원 및 졸업생을 대상으로 한 초기 기업 지원도 실시하고 있다.

① 도쿄대 앙트러프러너십 스쿨

도쿄대 앙트러프러너십 스쿨은 기업과 스타트업에 대하여 초기 단계부터 체계적으로 배울 수 있는 프로그램이다. 공학부 공통 과목인 '창업가정신 I (S1), II (S2), III (A1)'과 '창업가정신 챌린지(사업 계획 경연 대회)'로 구성되어 있으며, 각 과목의 구체적인 내용은 다음과 같다.

- 앙트러프러너십 I S1): 주로 기업가를 초청해 기업가 정신 마인드셋과 스타트업의 아이디어에 대해 학습한다.(매년 4~5월)
- 앙트러프러너십 II S2): 향후 창업 시 알아야 할 기초 지식과 개념을 학습한다.(매년 6~7월)
- 앙트러프러너십 III A1): 창업 아이디어를 논의하면서 기업 현장 업무에 대해 워크숍 형태로 학습한다.(매년 9~11월)
- 앙트러프러너십 도전: 팀 단위의 사업 계획 콘테스트로서 다양한 사회적 문제에 대한 독특한 시각과 기존에 존재하지 않던 해결방법, 사회적으로 영향력 있는 사업 아이디어인지를 평가한다. 독창성에 대하여 높게 평가하며 선발 후 약 3개월 동안 멘토의 조언을 받으며 완성도를 높여간다.(매년 5 ~ 8월)

② 도쿄대 EDGE NEXT 프로그램

EDGE NEXT 프로그램은 글로벌 기업가로 성장할 인재를 육성하고, 국내외 관계기관과의 협력을 통한 생태계Eco-system 구축을 목표로 한다. 도쿄대, 쓰쿠바대, 시즈오카대, 오차노미즈여대 등 각 대학의 학부생, 대학원생, 박사, 연구원, 사업 프로듀서 및 기업 연구개발자를 대상으로 해서 다양한 경험을 가진 멤버로 팀을 만들고,

도출한 연구 성과를 바탕으로 사업을 구상하는 프로그램이다.

이 프로그램은 '기초', '발전', '실천' 단계로 구성된다 '기초' 단계에서는 학부생은 물론 창업에 관심을 가진 인재를 확보하여 다양한 팀을 구성한다. 이후 '발전' 단계에서는 팀 연습 등을 통하여 기초역량 향상을 도모하고, 비즈니스 전문가로부터 멘토링을 받아 사업을 구상한다. 또한 구상한 사업을 국내외 투자자 앞에서 발표하고, 조언을 받아 다음 단계로 발전시켜 간다. '실천' 단계는 본격적으로 창업을 준비하는 팀에 대한 시장 검증을 통해 창업계획을 투자 유치가 가능한 수준까지 올리는 것을 목표로 한다.

③ 혼고 테크 개러지

산학협력추진본부는 하부 조직으로 혼고 테크 개러지Hongo Tech Garage를 운영하고 있다. 이곳은 도쿄대생들이 기술적 측면의 도움을 받을 수 있는 비밀 기지로서 프로그래밍 및 시제품 제작을 위한 공간을 제공하고 있다. 현재까지 혼고 테크 개러지에서는 다음과 같은 프로젝트를 지원했다.

- 복싱 트레이너 로봇
- 천으로 된 착용가능한 필기 입력장치
- 동물의 행동전략에서 영감을 얻은 로봇 제어 알고리즘
- AR/VR 환경에서 손가락 조작 시 진동으로 촉감을 제공하는

장치
- 초고령화 사회에서 개인의 이동성 향상을 위한 자동 운전 기술
- 입력한 음성을 모든 사람의 목소리로 변환할 수 있는 소프트웨어 개발

④ 스프링/서머 파운더스 프로그램

봄과 여름 방학기간 동안 운영하는 이 프로그램의 구조는 인턴 제도와 비슷하다. 이 프로그램에 채택된 팀은 다음과 같은 일을 하게 된다.

- 프로그램 기간 동안 회사에서 자신이 좋아하는 사람들과 일할 수 있으며, 배움을 통해 많은 경험과 동료를 얻을 수 있음.
- 프로그램 기간 동안 근무하는 회사가 만든 과제를 해결하는 것이 아니라, 프로그램 참여자가 직접 선택한 현실적인 과제를 해결하기 위해 직접 제품을 만들 수 있음.
- 노동력과 시간을 기업에 제공하고 아르바이트 비용을 받는 것이 아니라, 상환 의무가 없는 활동자금을 받아 자유롭게 개발할 수 있음.
- 단순히 기술적 도전이 아닌 실제로 사회에 적용 가능한 프로그램임.

작업 공간은 혼고 테크 개러지이며, 지원 내용은 정기적인 디너 Dinner 상담회와 작업에 활용 가능한 클라우드 환경 및 활동자금(프로그램 기간 동안, 약 3~30만 엔 정도, 상담 후 결정) 등이다. 만약 개발 프로젝트가 성공하면 단순 아르바이트 비용보다 높은 수익 창출이 가능하며, 프로그램 마지막에는 엔젤투자자 앞에서 발표하여 그 이후 프로젝트의 지속 여부를 결정한다.

SFP 행사 포스터

⑤ Todai To Texas

Todai To Texas는 세계 최고의 혁신 컨퍼런스인 SXSW South by Southwest 박람회 참여를 통하여 글로벌 시장에 도전하기 위한 프로젝트이다. 학내에 운영되고 있는 스타트업뿐만 아니라 아니라 재학생이 만든 법인화 이전의 프로젝트팀 및 졸업생으로 구성된 프로젝트 팀도 응모가 가능하다.

2) 인큐베이션

① Found X

도쿄대 졸업생, 재학생, 연구자를 위한 사전 인큐베이션 프로그램을 제공하는 Found X는 인큐베이션 단계에 포함되어, 시드 인셉션 프로그램Seed inception program이라고도 한다. 이름이 의미하듯이, 앞으로 태어날 기업에 대하여 '집'의 역할을 수행하며, 각종 지원을 제공하고, 창업가 교육과 창업 시 필요한 실질적인 지원을 제공하는 연결고리가 된다.

② 인큐베이션 시설 지원

도쿄대는 학교에서 이룬 연구 성과를 사업화하여 사회에 환원하는 것을 중요한 사명으로 여기고 있다. 이에 창업지원 환경정비의 일환으로 대학 내 연구 및 교육 성과의 사회 환원을 목표로 하는 스타트업을 대상으로 창업보육 시설을 지원하고 있다. 각 캠퍼스 내외에 위치한 시설(현재 6곳)은 연중무휴 사용이 가능하며, 창업 준비단계에서 회계, 세무, 법무 등의 각종 전문 서비스 및 다양한 네트워킹 기회를 제공하고, 투자자와 기업 소개 등을 통해 창업을 위한 다양한 지원을 하고 있다.

3) 기타 창업관련 지원 시스템

① 주식회사 도쿄대 엣지캐피탈(UTEC)

2004년 설립된 시드Seed 및 초기 단계에서 실습형 벤처투자를 하는 벤처펀드 운영회사이다. UTECThe University of Tokyo Edge Capital Co., Ltd는 도쿄대를 비롯한 일본 각 기관의 과학 기술력을 바탕으로, 연구 인력 투입 및 연구 성과에서 비롯된 수익을 사회에 환원하는 목적의 벤처 캐피털 투자에 집중한다.

② 주식회사 도쿄대 혁신플랫폼개발주식회사(UTokyo IPC)

UTokyo IPCUTokyo Innovation Platform Co., Ltd는 산업경쟁력강화법의 '특정연구성과활용 지원사업'의 실시를 위해 2016년에 설립된 회사이다. UTokyo IPC는 도쿄대 및 민간 벤처 캐피털 펀드 출자기관 등과 연계 및 협력을 통하여 교육과 연구 성과를 기반으로 혁신이 구현되는 환경 조성을 목표로 하며, 현황은 다음 표의 내용과 같다.

도쿄대 관련 스타트업 수	총 시가총액	도쿄대 IPC 투자, 지원
310개 사 이상	1.5조 엔 이상	20개 사 이상
	2018년 11월 기준	

03 Todai To Texas를 통해 소개된 스타트업 아이디어(사례)

- 회사명: bionic M (http://www.bionicm.com/)
- 제품: 로봇 의족 'Suknee'
- 제품 사진: 회사 홈페이지

- 비고: 2017년 3월 미국 텍사스 오스틴에서 개최된 SXSWSouth by

  Southwest에 출전하여 Student Innovation Award 수상

도쿄 대학의 공식 사이트 톱 페이지 (당시)을 장식 한 수상 뉴스

도쿄대의 홍보 사진

이 회사가 Todai To Texas에 참가하여 얻은 특징을 요약하면, 의족에 불편을 느껴 스스로 만들던 중 Todai To Texas에 참가 하여 제품 개발에 속도를 낼 수 있었고, 자신들의 출발점이 된 SXSW에서 일본 참가자 중 첫 번째로 Interactive Innovation Awards를 수상했다는 점이다.

인터뷰 중 일부

Q: Bionic M 주식회사가 어떤 사업을 하고 있는지 쉽게 알려주 세요.

A: 장애인의 이동성을 확장하는 로봇 의족을 만들고 있습니 다. 저도 의족 사용자이지만, 지금까지의 의족은 기본적으 로 제품에 강화기능이 없고 기능이 한정되어 있어서 생활 에 불편함이 많았습니다. 그래서 로봇의 기술을 사용하여

의족 사용자의 이동성을 확대할 수 있는 기술을 개발하고 있습니다. 우선 목표로 2020년 장애인올림픽 개최 시점 이전에 판매를 목표로 개발하고 있습니다.

Q: Todai To Texas에 응모한 계기를 말씀해 주세요

A: 저는 예전에 소니SONY에서 일했습니다. 하지만 미래에 언젠가 창업 후 의족을 개발하고 싶다는 생각을 하고 있었습니다. 회사를 그만두고 난 후에 대학 후배 가타야마로부터 SXSW에 참여하고 있다는 얘기를 듣고 Todai To Texas에 대하여 알게 되었습니다. 당시 계획하고 있던 것을 출시하려면 SXSW와 같은 세계적인 무대에서 발표하는 것이 좋겠다고 생각해서 Todai To Texas에 출품하기로 했습니다.

Q: 참가는 어떤 기회였다고 생각하나요?

A: SXSW는 세계에 데뷔할 수 있는 장소라고 생각합니다. 우리는 SXSW에서 Bionic M의 의족에 대하여 어필할 수 있었습니다. 시작이 좋았다고 해도 정작 데뷔를 잘못할 수도 있습니다. 제품을 발표해도 아무도 주목하지 않았다면 무척 어려웠을 텐데, 우리는 운이 좋았습니다. SXSW 참여를 통해 많은 사람들에게 Bionic M의 비전을 홍보하였고 많이 공감해 주셨습니다.

04 《스타트업 101》 저자인 하세가와 교수님 인터뷰

*참고로 여기서 A는 인터뷰어인 Aalkemist 멤버를, H는 인터뷰이인 하세가와 교수님을 나타냅니다.

A: 교수님 안녕하세요. 저희는 이번에 교수님의 번역서를 한국에서 출간하는 'Aalkemist(알케미스트)' 프로젝트 멤버 차용욱, 윤석주입니다. 만나 뵙게 되어 반갑습니다.

H: 이렇게 도쿄대 앙트러프러너 스쿨을 방문해 주셔서 감사합니다.

A: 교수님께서는 학교에서 무엇을 가르치고 계신가요?

H: 앙트러프러너십, 스타트업, 디자인 씽킹Design Thinking입니다.

A: 이 책에 대해 간단히 설명 좀 해주시겠습니까?

H: 일반적으로 사람들은 스타트업을 이해하지 못합니다. 스타트업은 대기업의 작은 버전이 아닙니다. 회사를 만드는 것은 나라마다 조금씩 다르겠지만, 그 플로우는 같을 것입니다. 원서 제목《StartUps 101》에서 101은 스타트, 즉 기초introduction를 의미합니다. 저는 스타트업과 인연을 맺은 후에 항상 제가 지켜본 창업가정신을 소개하고 싶었습니다. 이때 좋은 아이디어

를 가진 학생들을 어떻게 독려할 것인가가 고민이었습니다. 왜냐하면 스타트업을 만들고 발전시키는 데에는 창업가정신을 불러일으키고 유지하는 것이 더 중요하기 때문입니다. 책은 책일 뿐입니다. 하지만 창업가정신을 갖는다는 것은 전혀 다른 이야기입니다. 저는 도쿄대 앙트러프러너십 스쿨에서 2017년까지 학생들을 가르쳤습니다. 제가 가진 그 동안의 경험을 책으로 남기고 싶었습니다.

A: 일본의 스타트업 환경은 어떤가요?

H: 제가 실리콘밸리에서 귀국한 15년 전과 비교해서 변한 게 없다고 생각합니다. 그 부분을 책에서도 언급했는데 (창업자와 투자자 간의) 기본 구조Basic Structure, 린 스타트업Lean Startup 등의 기본적인 것들이 바뀌지 않았기 때문이라고 생각합니다. 기술은 바뀌었지만요. 15년 동안 스타트업에 대한 학생들의 생각과 선호도는 바뀌었다고 생각합니다. 가장 큰 변화로 적어도 10년 전까지는 학교 성적이 좋았던 학생은 모두 똑같이 대기업이나 정부에 취업했고, 5년 전까지는 투자은행이나 맥킨지 같은 글로벌 컨설팅 회사에 갔습니다. 요즘은 컨설턴트나 회사에서도 일하기 싫어서 본인이 하고 싶은 일을 하기 위해 창업해야겠다고 생각하는 학생이 많아졌습니다.

A: 그 학생들은 스타트업을 어떻게 시작하나요?

H: 학생들은 똑같은 것 같습니다. 학교에 가거나 친구와 시작하거나 등등이요. (웃음)

A: 한국의 대학에서도 스타트업에 많이 투자하고 있는데, 도쿄대의 경우는 어떠한가요?

H: 많은 회사들이 도쿄대에 기부하고 있습니다. 도쿄대의 경우에는 피라미드 그림에 나온 프로그램들이 강점이 아닐까 합니다. 다만 우리가 가진 보유 역량과 자원이 크지는 않고 아직 초기 시작단계라고 생각합니다.

A: 마지막으로 도쿄대 프로그램을 한국에 소개할 계획은 있으신가요?

H: 바쁘지만 기회가 되면 해보고 싶습니다. (웃음)

-끝-

〈Aalkemist team과 하세가와 교수(가운데) - 도쿄대 앙트러프러너 스쿨에서〉

| 후기 |

1990년 10월, 필자는 스타트업을 처음 접했다. 당시 필자는 파나소닉의 전신인 마쓰시타전기산업(松下電器産業)의 반도체 기술자였고 스탠퍼드대학의 유학생 신분이었다. 지도교수인 마크 호로위츠Mark Horowitz는 6개월 전에 공동 창업한 램버스Rambus 때문에 안식년 중이었다. 필자에게는 그것이 스타트업과의 첫 만남이었다.

그 후로 약 15년 동안, 필자는 다양한 실리콘밸리의 스타트업체를 만났다. 2년의 유학기간 동안 MIPS 컴퓨터MIPS Computer를 창업했던 존 헤네시(John Hennessy, 후에 스탠퍼드대학 학장)의 강의를 청강하고, 당시 급성장 중이던 선마이크로시스템SUN Microsystems의 빌 조이Bill Joy가 주도한 컨소시엄에 파나소닉의 기술자로서 참가하였으며, 유학을 마치고 귀국한 뒤 트립 호킨스Trip Hawkins가 이끄는 3DO와의 공동 개발에 참여하기도 했다.

그러나 필자가 본격적으로 실리콘밸리의 스타트업과 일을 하게 된 것은 1995년에 다시 실리콘밸리에 거주하게 되면서부터였다. 특히 1998년에 마쓰시타전기가 실리콘밸리에 설립한 CVCCorporate Venture Capital 조직인 파나소닉 벤처스Panasonic Ventures에 창설 멤버의 일원으로 참여하고부터는, 연간 수백 건의 스타트업 비즈니스 플랜을 분석하고 수많은 창업자들과 미팅을 하게 되었다. 당시만 해도 아주 작은 규모였던 NVIDIA의 젠센 황Jensen Huang이나, 온라인 결제 페이팔Paypal의 전신인 엘론 머스크Elon Musk의 엑스닷컴X.com과 합작하여 데인저Danger를 이끌던 앤디 루빈Andy Rubin에 대해 투자 심사를 하기도 했다. 파나소닉 벤처스는 최초에 투자한 에피그램Epigram을 반 년도 되기 전에 브로드컴Broadcom에 매각하는 성과를 거두었다. 두 번째 투자였던 리플레이TVReplay TV는 마쓰시타 사업부문과의 사업 제휴로 연결되었다. 반면에 승승장구하던 투자처가 2000년 넷 버블Net Bubble 붕괴와 함께 눈 깜짝할 사이에 사라져 버리는 일도 있었다.

새로운 기술이 새로운 비즈니스를 창조하고, 사회를 발전시켜 가는 것이 스타트업이며, 자신들이 꿈꾸는 것을 실현하면서 세상을 바꿔간다고 믿는 사람들이 창업자들이다. 일본에서도 스타트업 창업이 없는 것은 아니다. 그 핵심이 되는 것은 최첨단 기술과 우수한 인재가 모여 있는 대학이다. 필자는 2009년 도쿄대 내에서 창업하는 스타트업의 지원과 학생에 대한 앙트러프러십 교육을 담당하는 교수로 첫 발을 내디뎠다.

일본에도 벤처와 창업에 대한 열풍이 불었지만 필자가 그동안 경험한 것들과 조금 달랐다. 대기업도 오픈 이노베이션을 해야 한다고 말한다. 대학발 벤처 기업을 장려하는 국가 정책이 시작된 것은 이미 오래전이다. 하지만 어딘지 모르게 좀 달랐다.

돌이켜 생각해보면, 필자는 주로 일본에서 대기업 기술자로 근무하면서 대학으로 돌아오기 전까지 일본의 벤처나 VC와는 어떠한 접촉도 없었다. 필자가 실리콘밸리에서 만났던 스타트업과 일본에서 말하는 벤처는 많이 다르다고 생각한다.

이제 학교에 발을 내디딘 지 10여 년이 지나고 있다. 최근 몇 년 사이에 '스타트업'이라는 단어가 사회적으로 붐을 일으키고 있다. 그러나 아직도 대학에서 창업한 벤처 기업들 대부분이 적자를 기록하고 있다는 자조적인 내용의 뉴스가 나오고, 이것이 당연한 것처럼 여겨지는 것을 보면 아직도 많은 사람들이 스타트업의 본질을 충분히 이해하지 못하고 있다고 생각한다.

"벤처라는 것은 미국 이야기 아닌가요?". "실리콘밸리를 따라하는 것이 가능할까요?", "우리에게는 우리만의 방식이 있다"라는 말을 자주 듣는다. 물론 맞을 수도 있다. 그러나 그렇게 말하면서 도전하지 않는 사이에 잃어버린 10년이 20년, 30년이 되어가고 있다. 결국 변화를 외면하고 있는 것은 아닌가라는 생각이 든다.

이 책은 이런 사회적 배경을 가지고 나온 책이다. 또한 스타트업이나 앙트러프러너십을 제대로 알지 못하는 대학생들과 직장인을 대상으로 변화의 중심이 될 스타트업에 대한 이해를 돕는 입문서이다. 그러기 위해서 "회사와 비즈니스는 무엇인가?"라는 질문을 던지는 것을 시작으로 스타트업의 구조와 시스템에 대해 자세히 설명할 필요가 있다. 왜냐하면 스타트업은 우리가 흔히 접하는 일반적인 회사나 그들의 비즈니스와는 다른 구조를 가지고 있기 때문이다.

이 책을 쓰면서 기존의 창업 관련 서적이나 경영학 서적과 다른 시점에서 접근하기 위해 노력했다. 스타트업에 대해 많은 지식을 가지고 있는 독자들에게는 일부 내용이 장황하게 느껴질 수도 있겠지만, 입문서로서의 특성에 충실했다는 점을 강조하고 싶다.

스타트업의 구조는 지금도 계속해서 진화, 발전하고 있다. 앞으로 이삼십 년 후의 스타트업은 지금과 많이 다를 것이다. 기존의 화폐가 지배하는 주식시장이나 그곳을 기반으로 한 자금 조달 구조도 많이 변화할 것이다. 그러나 그렇더라도 새로운 비즈니스로 사회를 발전시키며 세상을 변화시키는 것이 스타트업 창업자라는 점은 변하지 않는 진실일 것이다. 이 책을 통해 독자들이 스타트업의 본질을 이해하고 일부분이 힌트가 된다면 필자에게 큰 기쁨이 될 것이다.

그리고 이 책에는 미국 유학시절을 포함하여 약 11년에 걸친 실리콘밸리 생활을 통해 필자가 습득한 지식이나 경험을 기반으로 도쿄대학에 돌아와서 만난 창업자, 학생, 동료들로부터 얻은 식견과 문제의식이 담겨 있다. 파나소닉 벤처스의 동료였던 찰스 우Charles Wu, 프랭크 린Frank Lin을 시작으로, 스타트업과 실리콘밸리의 시스템과 구조를 가르쳐준 여러 실리콘밸리의 창업자, 벤처 캐피털리스트, 친구들에게 감사를 드린다.

이 책의 구체적인 콘텐츠는 필자가 2017년 도쿄대학에서 강의한 〈앙트러프러너십 II (겸) 앙트러프러너 스쿨 기초편〉 과목의 내용을 기반으로 하고 있다. 이 책에서 다룬 내용들은 실제로 스타트업을 창업하고 경영해 나가면서 필요한 것들의 일부에 불과하다. 내용 중 상당수는 도쿄대학 내의 벤처 기업이 직면했던 과제나 인큐베이션 단계에서 생겼던 일, 학생 또는 졸업생의 창업 상담을 통해 도출된 실제적인 것들이다. 현장의 과제나 의문점을 알려준 여러분들께 감사드리며, 이러한 환경을 마련해 준 도쿄대학 산학협력추진본부와 소속 교수님들께 감사드린다.

스타트업 *101*

초판 1쇄 인쇄일 2020년 4월 10일
초판 1쇄 발행일 2020년 4월 15일

지은이 | 하세가와 가쓰야
옮긴이 | 차용욱, 윤석주
펴낸이 | 김진성
펴낸곳 | 호이테북스

편   집 | 허강, 김선우
디자인 | 이은하
관   리 | 정보해

출판등록 | 2005년 2월 21일 제2016-000006
주   소 | 경기도 수원시 장안구 팔달로237번길 37, 303호(영화동)
대표전화 | 02) 323-4421
팩   스 | 02) 323-7753
홈페이지 | www.heute.co.kr
전자우편 | kjs9653@hotmail.com

값 22,000원
ISBN 978-89-93132-70-0 (03320)